घास ढँकी पगडण्डियाँ

घास ढँकी पगडण्डियाँ

नोबेल पुरस्कार विजेता नॉर्वीजी उपन्यासकार

क्नुत हाम्सुन के संस्मरण

अँग्रेज़ी से अनुवाद

तेजी ग्रोवर

वाणी प्रकाशन

वाणी प्रकाशन

4695, 21-ए, दरियागंज, नयी दिल्ली 110 002

शाखा

अशोक राजपथ, पटना 800 004

फ़ोन: +91 11 23273167 फ़ैक्स: +91 11 23275710

www.vaniprakashan.in
vaniprakashan@gmail.com

GHAAS DHANKI PAGDANDIYAN

Translation of *På gjengrodde stier,* Knut Hamsun's memoirs, published by Gyldendal Norsk Forlag, 1949.
Translated from English by : Teji Grover

This translation has been published with the financial support of NORLA.

ISBN : 978-93-5072-722-5
Memoirs

प्रथम संस्करण : 2014

मूल्य : ₹ 425

Cover : Jitendra Thakur. *Background Painting* : Teji Grover.
Cover picture : Courtesy Gyldendal

हर्ष प्रिंटर्स, दिल्ली-110 093 में मुद्रित

वाणी प्रकाशन का लोगो मक़बूल फ़िदा हुसेन की कूची से

Thanking You for the Gift of Knut Hamsun

First and foremost, I thank Norla for making possible the publication of this last book by Knut Hamsun, a much needed closure of the trilogy I had planned for the Hindi readers who had read *Hunger* and *Pan* in my translation. This trilogy had been long overdue as an act of gratitude on my part, to the author who had set my imagination aflame, both as a reader and as a poet, when I was a student at the university. I had resolved during those days to make it possible for Hamsun to be read in Hindi.

Eva-Lie Nielsen of Gyldendal showed infinite patience in extending the deadline twice as I needed to grow a bit wiser to be able to write my essay on Hamsun, but I barely know if I have succeeded. Despite the conclusion she had come to about Hamsun's political stand during the Second World War, her passion for the author remained forever undiminished.

To the Norwegian painter Regine Hamsun (Hamsun's granddaughter) and her companion Knut Felberg, I'm indebted for their insights and constant encouragement ever since I had undertaken this challenging work. Regine had found out about me when she wanted to gift Hamsun's books in Hindi translation to her friend Lalla's school in Varanasi, and went on to make friends with me, after she contacted the online journal *Pratilipi*. She encouraged me to visit the Hamsun Centre in the Arctic Norway and gave me the names of those whose lives are intertwined with the legacy of the great author. Kirsten Hedvig Rasmussen, more than anyone else, offered her generous hospitality to Rustam and I at the Centre and its surroundings associated with Hamsun's early life, even though she and her warm, friendly companion Gert were not local and were visiting from Denmark. And even though we were not the invited participants at the Hamsun Fest, 2012, we were welcome anyway, even by the restaurant Fiskecamping, in particular, by the Swedish mother and daughter team that ran the place, and who treated us as their guests. This was the legendary hospitality of Nordland and Hamarøy, as Regine later confirmed reassuringly. For us it was even more than that. It was none other than Knut Hamsun himself who seemed to have beckoned us to the place he had cast a spell on by his sojourn in these surroundings. To make us feel at home in the middle of small fjords, pine, birch, and aspen woodland and forest, and coastal mountains, not to speak of making us listen to rapidly flowing and roaring Arctic river Glimma. This was the wild nature that had become the spirit inhabiting *Pan,* something that remains unsurpassed even in its written presence, for it was Hamsun's great passion for it at work, a passion that made him inhabit and observe it with a profoundly inward gaze. It became a high point of the festival for me, therefore, when during a seminar Kirsten Hedvig pulled out a copy of the Hindi *Pan* from her handbag and smilingly asked me to sign it! (I have no idea how she had managed to procure it from India.)

Everything pulsed with life we all seemed to have acquired from Knut Hamsun , and it was his grandson, Leif Hamsun, who along with Even Arntzen, and the couple I've mentioned above, kept us deeply immersed in Hamsun discourse during the long drawn-out dinners. I have more to say about Regine and Leif in my essay in the book but the latter, while laying a wreath on Hamsun's birthday at his bust at Hamsund, apparently made a very moving speech. Among those present was a "couple" posing in appropriate costumes as Hamsun and Marie!

Bodil Børset, the Director of the Centre, despite her busy schedule, found time to have a session with us, exclusively, aware of the fact that we couldn't benefit from the seminars held only in the Norwegian language. It was the single most important meeting we had at the Centre and which fully approached the issue of Hamsun's stature in Norway and his political position during the War years. Bodil pointed out to us that the Centre was not an exercise in hagiography and presented Hamsun's life and work in as balanced a way as was possible. Our study of the Centre fully bore out Bodil's viewpoint, and her insights remained with me throughout the writing of my essay on Hamsun. She was extremely solicitous of us and paid us close attention having sensed what had brought us all the way from India to so far north of Norway.

Rolf Steffensen, the Mayor of the municipality of Hamarøy, came and sat down with us on the grass in the colourful local market set up for the day in celebration of Hamsun's birthday on August 4, 2012. It's hard to forget his humane approach to the issue in question. He told us he regards Hamsun first and foremost as a human being. Living close to where Hamsun had once lived with his uncle for a few years and where he suffered quietly until he escaped, Rolf Steffensen must have dwelt deeply on Hamsun's predicament as a child. Bodil had said in a similar vein as a Norwegian, "We can't handle his fall from the pedestal. He shows us that the writer is not a moral figure but a human being."

May Beate Jensen very generously offered to arrange stay for me at Sortland where the second part of the festival was to take place, but we were content with what we had got at the Centre and went on instead to visit the Lofoten islands, that figure so often in the Hamsun oeuvre. Indian painter Ambadas' companion Hege Backe, herself an artist, had been sharing her views with me about Hamsun, having been a very close observer of the War as she had perceived it as a child in Norway. Lars Andersson, the celebrated Swedish writer, was my fellow explorer of the Hamsun territory offering me all possible help during "my Hamsun years" much before *Pan* appeared in Hindi in 2003. He also made it possible for me to watch Jan Troell's film *Hamsun* based on Thorkild Hansen's book about Hamsun's trial and the film had no English subtitles back in the nineties. I can't name all my Norwegian acquaintances and friends who have been helping me with Hamsun since my first visit to Norway in 1998, but they have been several, most of whom I had the chance to meet at the May 17 garden parties hosted by famous translator Per Kwale.

I also thank the Nowegian poet Hanne Bramness, who had sent an advance copy of an anthology edited by her to the Centre, an anthology in Norwegian, of nine women poets in translation, that had a section of my poems as well. It was she who had made contact with the Centre on our behalf and prepared them to expect us in addition to others they had invited. To this the Centre, I need not say, reciprocated very warmly. My friend Oliver Møystad brought me the original Norwegian of the book so that I could get help from my various Norwegian friends in tallying the text. He has been a very precious source of knowledge about the War years, sharing with me things almost impossible to find otherwise.

I return to two Hindi writers, who also happen to be, among many others, the Hindi readers of *Pan* and *Hunger (Bhookh)*, and whose intense responses to Hamsun made it worthwhile for me to complete the Hamsun trilogy. I have quoted from Manoj Rupra's letter in the essay showing what Hamsun's writing can do to the psyche of a writer. To Himanshu Vyas I remain grateful for presenting me with a handmade collection of his own haikus, with accompanying artwork, including a dry bamboo leaf, in order to express his feelings about my translation of *Hunger.*

To my friends Purwa Yagnik Kushwaha, I remain grateful for translating into Hindi for this edition Tore Hamsun's lecture about his father that he had delivered in 1973 to an audience in the U.S. This lecture was something that Regine shared with me while talking about her father's paintings.And which I thought was just the text that should go with this book. I also thank Regine for letting me use the portrait of the author done by Regine's mother Marianne Doris Hamsun. To Anne Cathrine of Gyldendal, I'm grateful for allowing me to use the picture on the cover, for which Gyldendal holds the rights. To Gert and Kirsten, once again, I remain grateful for the pictures they took for me, three of which appear on the back cover—Hamsun Centre, the bust of the author at Hamsund, and the plate on the wall of the museum devoted to the Nobel Prize winning Knut Hamsun.

My friend Madan Soni translated for me the notes at the end of the book, something for which I had no space in my head while writing the essay. I thank him for this very kind gesture.

And I thank you, Sverre Lyngstad, for the marvelous English translation. And for everything else you have said about the author.

To my publisher Arun Maheshwari I remain indebted for accepting the book as the last of the precious trilogy I had devised on my own for those who read Hamsun in Hindi.

Teji Grover

सन् 1945।

26 मई के दिन आरेण्डाल[1] के पुलिस चीफ़ ने नोरहूल्म आकर मेरी पत्नी और मुझे तीस दिन के लिए नज़र-कैद करने का ऐलान किया। मुझे पहले सूचित नहीं किया गया था। उसके अनुरोध पर मेरी पत्नी ने मेरे शस्त्र उसे सौंप दिये। पुलिस चीफ़ को बाद में मुझे लिखना पड़ा कि हाल ही में पैरिस में हुए ओलिम्पिक्स से मिलीं दो बड़ी पिस्तौलें भी मेरे पास थीं; वह इन्हें अपनी सुविधानुसार ले जा सकता था। उसी ख़त में मैंने लिखा कि नज़र-क़ैद को गम्भीरता से तो नहीं लिया जा सकता न क्योंकि मेरे खेत घर से काफ़ी दूरी पर हैं और जिन्हें देखभाल की ज़रूरत है।

कुछ समय बाद आइडे नगर के शेरिफ़ ने अपने सहायक को भेजा जो मेरी पिस्तौलों को उठा ले गया।

*

14 जून को मुझे मेरे घर से कार में ग्रिम्स्टाड[2] के अस्पताल ले जाया गया—मेरी पत्नी को कुछ दिन पहले आरेण्डाल के ज़नाना क़ैदखाने में डाल दिया गया था। अब तो, बेशक, मैं अपने फ़ार्म की देखभाल नहीं कर सकता था। उस हद तक बदकिस्मती थी यह कि महज़ एक युवक को फ़िलवक़्त देखभाल का काम सौंपा गया था। लेकिन कोई चारा नहीं था सिवा इसके।

अस्पताल में एक युवा नर्स ने मुझसे जानना चाहा कि क्या मैं तुरन्त आराम करना चाहूँगा—*आफ़्टनपोस्टेन*[3] में छपा था कि मेरी "हालत खस्ता थी और मुझे देखभाल की ज़रूरत थी।" "भला हो तुम्हारा, बिटिया, मैं बीमार नहीं हूँ," में बोला। "शायद ही अस्पताल लाये गये लोगों में कोई मुझसा स्वस्थ होगा, मुझे बस सुनायी कम पड़ता है।" उसे लगा हो सकता था कि मैं डींग हाँक रहा हूँ, और वह मुझसे और बात करने को राज़ी न थी, और उसकी यह चुप्पी अन्य सभी नर्सों की निगाह में आयी, जब तक मैं अस्पताल में रहा आया। सिस्टर मरी एकमात्र अपवाद थीं।

*

मैं अस्पताल के मैदानों में घूमता हूँ। पहाड़ी पर की एक काफ़ी पुरानी इमारत और नीचे की अपेक्षाकृत नयी इमारत जहाँ वास्तव में अस्पताल है। मैं पहाड़ी पर रहता हूँ, अकेला; तीन युवा नर्सें दूसरी मञ्ज़िल पर रहती हैं। इस इमारत में और कोई नहीं रहता।

मैं आसपास नज़र दौड़ाता हूँ। बलूत के कई विशाल दरख़्त हैं, लेकिन बहुतों को काफ़ी समय पहले काट दिया गया था, और ठूँठों से बलूत के जंगली झाड़-झंखाड़ उगे चले आते हैं जिनका कुछ ख़ास बनने वाला नहीं है। इस भूदृश्य की पश्चिमी दिशा में छोटे-छोटे खेत-खलिहान दीख पड़ते हैं।

जो पुलिस वाला मुझे गाड़ी में बिठाकर यहाँ लाया था मुझे हिदायत दे चुका था कि "इस कमरे से बाहर" नहीं जाना है मुझे। इस बात को भी जस-का-तस नहीं लेना था मुझे लेकिन मैं एक परीक्षाधीन क़ैदी की तरह आज्ञाकारी ठहरा और कदम-भर भी सीमा का उल्लंघन नहीं किया है मैंने। सोचने में विचित्र लगता है कि मैं, जिसका किसी भी देश की पुलिस से कोई वास्ता नहीं पड़ा, जिस हद तक भी मैं घूमा फिरा हूँ दुनिया में—पाँच महाद्वीपों में से चार में तो पदार्पण कर ही चुका हूँ और अब, वृद्धावस्था में, मुझे हिरासत में ले लिया गया है। ख़ैर, अगर यह हो ही गुज़रना था, इसे अभी ही होना था, मेरे मरने से पहले।

*

मैं हर दिन इधर-उधर घूमता हूँ। तीन युवा नर्सें—छात्राएँ दरअसल—बारी-बारी से मेरे लिए पहाड़ी चढ़कर खाना लाती हैं, वे सब भागकर दृष्टि से ओझल हो जाती हैं। "बहुत शुक्रिया!" मैं उनके पीछे चिल्लाता हूँ। कुछ अकेलापन महसूस होता है मुझे, लेकिन मुझे अकेला रहने की आदत है; घर में भी लोग मुझसे बात नहीं करते क्योंकि इतना बहरा और थका देने वाला जो हूँ मैं। खाना खा चुकने के बाद अपने बर्तन मैं बाहर वाले हॉल में रख आता हूँ ताकि वहाँ से उन्हें कोई उठा ले जाये।

इसके बाद या तो मुझे बाहर जाना होता है या फिर ताश का एकल खेल जमाकर बैठना होता है। मैं पढ़ने के लिए कुछ साथ नहीं ला पाया, और मेरे अख़बार अभी तक पहुँचे नहीं हैं। कुछ दिन के बाद मैं एक लड़की से पूछता हूँ, "मैंने डाकिये को आते देखा था, मेरे लिए कोई कागज़-वाग़ज़ नहीं थे?"

मैं ख़ुश हूँ कि वह उत्तर देती है, और वह ख़ूब ऊँची और स्पष्ट आवाज़ में उत्तर देती है, लेकिन वह कहती है, "आपको अख़बार पढ़ने की इजाज़त नहीं है।"

"अच्छा। यह किसने कहा?"

"आरेण्डाल के पुलिस चीफ़ ने।"

"सच में! बहुत-बहुत शुक्रिया।"

लेकिन प्रमुख नर्स इसका टोटका ढूँढ़ लेती है—मुझे पुरानी किताबों और संग्रह-लायक अख़बारों की एक पेटी की छानबीन करने की इजाज़त दे देती है। यह वो चीज़ें हैं जो मेहरबान लोगों ने अस्पताल को दी हैं—स्कूल की पुस्तकें, बच्चों और तरुणों के लिए रिसाले, अख़बारों के सजिल्द धारावाहिक, *अमीरों और ग़रीबों के लिए, सान्थाल*, इञ्जील प्रचारक[4], और इस सब के बीच यह बेश्कीमती नग : टूप्सो[5] की लिखी एक किताब।

मैं इसे एक-साथ पूरा न पढ़ जाने का फ़ैसला करता हूँ, ताकि वह देर तक चले। रोज़ाना अख़बार *मूर्गेनब्लाडेट*[6] में छपे धारावाहिक सीरियलों के सजिल्द संग्रह से मैं ख़ासतौर से ज़्यादा आस लगाये बैठा था। मैंने पाया कि स्मिथ पेटर्सन के पुस्तकालय से आये थे ये। स्मिथ पेटर्सन कभी ग्रिम्स्टाड में रहता था और बड़ा रईस आदमी था।

लेकिन टूप्सो को राशन करने का मेरा संकल्प क्षीण पड़ गया, मैं भुक्खड़ों की तरह टूट पड़ा और एक ग्रास में पूरा निगल गया उसे। टूप्सो जिसके बारे में ब्रांडेस[7] ने लिखने से मना कर दिया था। और अब वे दोनों मर चुके हैं।

*

पुलिस का एक अफ़्सर आता है और बहुत से सवाल पूछता है और मेरे उत्तर लिख लेता है। मेरी कोई रुचि नहीं है इस में। सत्ताधारियों को यह जानना महत्त्वपूर्ण लगता है कि मेरे पास क्या कुछ है—*मूर्गेनब्लाडेट* में छपा था कि मेरे पास "बहुत बड़ा जखीरा" है। मैंने अपनी कुल जमा पूँजी सब बखान दी।

फिर कुछ दिन तक शान्ति छायी रही, मात्र एक अपवाद के—पुलिस का एक अफ़सर "सम्पत्ति के प्रशासन का प्रस्ताव" और दूसरा "सार्वजनिक अभियोग का घोषणा-पत्र" लेकर मेरे पास चला आया।

"काश मेरे पास यह उम्दा साइकिल होती जो तुम लिये हो," मैंने कहा।

"आप-घोषणा-पत्र नहीं पढ़ेंगे?" उसने पूछा।

"शायद न ही पढ़ूँ।"

*

23 जून के दिन मुझे उस मजिस्ट्रेट के सामने पेश किया गया जो मुझसे पूछताछ करने वाला था।

वह मुझे मन्द-मन्द मुस्कराते हुए मिला : "जितने की घोषणा आपने की है, बेशक आपके पास उससे कहीं ज़्यादा पैसा होगा?"

मैं अवाक खड़ा रह गया और उस आदमी को देखने लगा। "मैंने पैसे को कभी ख़ास तरजीह नहीं दी," मैंने जवाब दिया।

"ठीक है, लेकिन तो भी।"

"मेरे पास वही कुछ है जिसकी घोषणा मैं कर चुका हूँ : 25000 नगद, यींलदाल प्रकाशन के 200 शेयर, और नोरहूल्म का फ़ार्म।"

"ठीक है। लेकिन अपने प्रकाशनाधिकारों के बारे में आप क्या कहेंगे?"

"मान्यवर, आज यदि आप इनके बारे में अपनी राय व्यक्त करें, तो मैं आभार मानूँगा। लेखक की हैसियत से मेरा भविष्य कुछ ख़ास आशाजनक तो नहीं है।"

या ख़ुदा, मैंने कितना निराश किया होगा उसे। और उन तमाम लोगों को भी जो मेरे पास जमा "बहुत बड़े जखीरे" में अपनी टाँग अड़ाये बैठे थे। ऐसा नहीं है कि मेरा जखीरा नाकाफ़ी था, अच्छा ख़ासा ही था वह। उसे कब्र तक ढो ले जाने में मेरी कोई रुचि नहीं थी।

मेरी सुनवाई शालीन और अनिर्णयात्मक रही आयी। मजिस्ट्रेट के बहुत से सवालों के जवाब मैंने टाल-मटोल कर दिये ताकि उस सदाशयी भद्र आदमी को मैं बिलावजह गुस्सा न दिलाऊँ। न्यायधीश स्टाबेल[8] जर्मनी के प्रति अपनी घृणा में कट्टरपन्थी हैं, और वे विश्वास करते हैं, सरसों के दाने की तरह, कि मित्र-राष्ट्रों को जर्मन राष्ट्र को तबाह कर उसकी हस्ती को पृथ्वी से मिटा देने का नेक-पाक और विशुद्ध अधिकार है। सुनवाई का जो अंश पहले ही से सार्वजनिक कर दिया गया है, उसके अलावा मैं दो-एक मामूली चीज़ों का ज़िक्र करूँगा।

उसने मुझसे पूछा यहाँ ग्रिम्स्टाड में मैं जिन राष्ट्रीय समाजवादियों की सोहबत में पड़ गया था उनके बारे में मेरी क्या राय है।

मैंने उत्तर दिया कि उस समूह में मुझसे बेहतर लोग मौजूद हैं। लेकिन मैंने यह बात अपने तक ही रखी कि उनमें कम-से-कम चार चिकित्सक भी हैं, अगर केवल किसी एक श्रेणी की बात की जाये।

ऐसा आभास मिला उन्हें जैसे नात्सी षड़यन्त्र में शरीक होने की दृष्टि से मैं कहीं बेहतर क़िस्म का शख़्स था—।

"उनमें न्यायधीश भी थे," मैंने कहा।

"हाँ, दुर्भाग्य से।" और नॉर्वे में जर्मनी द्वारा किये गये भयावह अत्याचार के बारे में मेरी क्या राय थी, जो अब प्रकाश में ले आये गये हैं?

चूँकि पुलिस चीफ़ ने मुझे अख़बार पढ़ने से रोक रखा था, मुझे इस मुआमले की कोई जानकारी नहीं थी।

मुझे हत्याओं, आतंक, यातना दिये जाने के बारे में नहीं मालूम था?

"नहीं। हिरासत में लिये जाने से पहले कुछ अफ़वाहें भर सुनी थी मैंने।"

"भई, तेरबूवेन[9] नामक एक नीच आदमी ने, जो सीधे हिटलर से आदेश लेता था, पाँच साल तक नॉर्वीजी लोगों को यातनाएँ दीं और उन्हें जान से मारा। ख़ुदा का शुक्र है कि हम अन्य लोग बच रहे। क्या आपको लगता है जर्मनी एक सभ्य देश है?"

मैंने कोई जवाब नहीं दिया।

उसने सवाल को दोहराया।

मैंने उसकी ओर देखा और कोई जवाब नहीं।

"अगर मैं होता पुलिस चीफ़ तो आपको सब अख़बार पढ़ने देता। आपका केस 22 सितम्बर तक मुल्तवी किया जाता है।"

*

यानी तीन माह।

मैं पढ़ता हूँ, घूमता हूँ, और ताश की एकल बाज़ी जमाता हूँ।

उस सीमित क्षेत्र के भीतर जो मुझे मिला हुआ है, अपनी टाँगों के व्यायाम के लिए मैं जैसे-तैसे पहाड़ी पर चढ़ता हूँ। बहुत खड़ी चढ़ाई है, और यहाँ-वहाँ मुझे एक नुकीली लाठी गड़ाकर टेक लेनी पड़ती है ताकि में पुनः नीचे न फिसल जाऊँ। इतना ही नहीं : इतना चकरा जाता है मेरा सर कि मुझे उबकाई आने लगती है और मुझे ज़बरदस्ती निगलना पड़ता है। मैंने शायद पर्वतारोहण काफ़ी देर से शुरू किया। मैं यह सैर हर रोज़ करता हूँ, कुछ अभ्यासी हो गया हूँ, लेकिन ऊपर पहुँचने पर मैं पूरा

काँप उठता हूँ।

ठीक ऊपर एक समतल सतह है। यहाँ बैठ मैं दो-एक दीपघरों को देखता हूँ, ग्रिम्स्टाड तक आने वाले जहाज़ों के मार्ग को, स्कागेर्राक की दिशा में कुछ मील तक। शुरू में मुझे एकदम शान्त बैठना पड़ता है, जुर्रत नहीं करता मैं उठ खड़े होने की और हवाबाज़ी करने की; लेकिन मेरा दिमाग़ टिक-टिक करता है और चलता है। मैं घड़ी देखता हूँ — अरे भई, चन्द लमहे ही खर्च किये हैं मैंने चढ़ायी चढ़ने में, और यह बैठा हूँ मैं अपने शिखर पर ख़ुद पर मुग्ध, जैसे मैंने वाक़ई कुछ हासिल कर लिया हो। सैर को ज़रा कठिन करने के लिए मुझे पहाड़ी के दूसरी ओर उतरने का रास्ता ढूँढ़ना पड़ता है ताकि मैं बिना किसी को दिखे चुपचाप अस्पताल में दाख़िल हो पाऊँ।

हो जाता है यह, मैं काफ़ी सुगमता से नीचे उतर आता हूँ। लेकिन यहाँ मुझे एक सड़क मिल जाती है, और मेरी हिम्मत नहीं होती इस रास्ते जाने की, कि कहीं कोई मिल न जाये। और जब मैं अपनी घड़ी को देखता हूँ, पाता हूँ कि क्या ख़ाक सैर की है मैंने—बस पलट लेता हूँ और दोबारा पहाड़ी चढ़नी पड़ती है मुझे।

यह भी मेरे लिए कोई दिक़्क़त की बात नहीं थी, हालाँकि मैं बेवकूफ़ाना ढंग से गिर पड़ा, मेरी बाज़ू दब गयी मेरे नीचे। और अस्पताल तक की खड़ी ढलान मैंने पत्तेदार टहनियों की पर्त पर बैठकर फिसलते हुए पार की।

असल में इस सब को सोचकर अमल में लाने में मैंने ढील नहीं की, अगर मैं ऐसा कह सकता हूँ, और मैंने अपने आगामी सैर-सपाटे में कोई बदलाव भी नहीं किया। मुझे केवल यही डर था कि मेरी अनुपस्थिति में कोई पुलिसवाला आकर अस्पताल में मुझे ढूँढ़ने न लगे।

लेकिन जब कई दिन या कई हफ़्ते बाद, मैंने पहाड़ी पर टहलने की उपयोगिता पर ग़ौर किया, मुझे कोई ज़्यादा सन्तोष नहीं हुआ। मेरी माँसपेशियों और बाँहों-टाँगों के लिए यह उपयुक्त व्यायाम नहीं था, और मैं बहुत थक जाता था, पसीने में नहा जाता था और शरीर में लोच आये बिना मैं चकनाचूर भी हो जाता था। मेरे नीचे मेरे पाँव मुरझाये हुए महसूस होते थे। तिस पर, मेरे जूते भी इस दबाव से जूझ नहीं पाये थे, ऊपरी हिस्सा और तले दोनों फट चुके थे। और मेरे पास कोई और जूते थे भी नहीं।

प्रमुख नर्स कभी-कभार ही दीख पड़ती है, उसकी सहायता के लिए कुछ विशेष लोग नहीं हैं और उसे खाना भी खुद ही बनाना पड़ता है। लेकिन एक बार जब उसने दर्शन दिये, उसने छूटते ही कहा कि मुझे और सैर करनी चाहिए। स्मिथ पेटर्सन के जले हुए बंगले की ओर जाती हुई अच्छी-ख़ासी लम्बी सड़क की ओर इशारा करती हुई वह बोली कि मुझे उसी पर टहलना चाहिए।

"मुझे भरोसा है आपके कहे पर, सिस्टर। बड़ी मेहरबानी।"

इससे बहुत मदद मिली मुझे, मैं इच्छानुसार तेज़ या मन्द गति से चल सकता था। और किसी फ़ार्म पर एक कुत्ता था जो हर बार मेरी बाट जोहता था और ख़ुशी-ख़ुशी दुआ-सलाम करने चला आता था।

लेकिन मैं पहाड़ी पार की सैर को पूरी तरह छोड़ना भी नहीं चाहता था। उसका ख़्वाब मैंने खुद बुना था, ऐसी चट्टानें थीं वहाँ जिन्हें मैं पहचानता था, और मैं जानता था कि एक मैत्रीपूर्ण सरसराहट मुझे घेर लेती है वहाँ, हालाँकि मैं बहरा था और अब सुन नहीं सकता था उसे।

*

मैं एक चौरस्ते पर बैठा हूँ हाथ में एक पोस्ट-कार्ड लिये। मैंने कार्ड नोरहूल्म के घर वाले पते पर लिखा है, कि क्या वे लोग मेरे लिए जूतों का जुगाड़ करने की कोशिश करेंगे, और अब मैं किसी ऐसे शख़्स की प्रतीक्षा कर रहा हूँ जो शहर की ओर जा रहा हो और जो मेरा कार्ड अपने साथ ले जाये।

सबसे पहले पहुँचने वाला एक लड़का है, क़रीब सोलह बरस का होगा वह। उसका चेहरा साँवला है, आकर्षण रहित, लेकिन मैं उठता हूँ, कार्ड उसकी ओर बढ़ाता हूँ और कहता हूँ, "क्या तुम मेहरबानी से मेरा कार्ड पोस्ट कर सकते हो?"

लड़के ने नाक-मुँह सिकोड़ा, उसका पूरा चेहरा विकृत हो आया, और मेरे बात ख़त्म करने से बहुत पहले मैं उसे बड़बड़ाते हुए सुनता हूँ और वह अपने रास्ते चल देता है।

"शायद तुम शहर की ओर नहीं जा रहे?" मैं उसकी ओर से बहाना बनाते हुए चिल्लाता हूँ।

वह जवाब नहीं देता, चलता जाता है बस।

अपनी पहली अपील में इतना बदक़िस्मत ठहरने पर मैं दूसरी कोशिश कर देखने की जुर्रत नहीं करता और अस्पताल लौट आता हूँ।

*

इसमें कोई शक नहीं होगा कि यह नौजवान लड़का मुझसे परिचित था। उसे अच्छे से पता था कि मैं हिरासत में हूँ, और अब वह इस क़िस्म के जीव के प्रति अपनी घमण्डी भंगिमा दिखा देने वाला था।

अब नॉर्वे में राजनैतिक कैदी मौजूद हैं। हमारे समय से पहले कोई राजनैतिक अभियुक्त रूसी किताबों की फ़न्तासी की तरह जान पड़ता था हमें; हम उसे कभी देखते नहीं थे, बिलकुल अनजानी अवधारणा थी यह हमारे लिए। थ्राने का संकट, किस्टियन लुफ़्टहुस, हाँस निएलस्न हाउगे[10] कुछ मानी नहीं रखते। लेकिन आज ऐसा अभियुक्त है जो मानी रखता है—वह नॉर्वे की भूमि पर हुजूम की तरह घूमता है, चालीस, पचास या साठ हज़ार नमूने होंगे, लोगों का कहना है।[11] और शायद कई हज़ार और भी।

होने दो जैसा भी यह है।

लोग राजनैतिक अभियुक्त को अपराधी की तरह देखते हैं — शायद वह मशीन गन लिये घूमता है, उसकी म्यान के चाकू से सावधान, बच्चों और नौजवानों को तो ख़ास तौर से चौकस रहना है, पिछले हफ़्तों और महीनों में मैंने इस बात पर ग़ौर किया है, इतना मार्मिक दृश्य रहा है यह। ख़ैर, उस नौजवान का क्या बिगड़ जाता भला अगर वह शालीनता से मेरा पोस्ट-कार्ड स्वीकार कर लेता? नाक तो नहीं नुँच गयी मेरी, सही है। लेकिन एक कार्ड को पोस्ट करना इतनी अनिश्चतता से भरा अनुभव है मेरे लिए। वे युवा नर्सें जो शहर जाती हैं, उन्हें तो कोई परवाह न होगी, यह तो समझ में आता है। और डाकिया तो कुछ भी ले जाने से मना कर देता है।

मैं पढ़ता हूँ, घूमता हूँ और ताश की एकल बाज़ी जमाता हूँ।

*

म्यान वाले चाकू के बारे में। म्यान वाला एक चाकू किसी तरह मेरे कमरे में पहुँच गया है, मुझे नहीं मालूम कैसे। जर्मन-चाँदी की खुदी पट्टी और चमड़े की म्यान वाला उम्दा चाकू। आँगन को बुहारने वाले बन्दे से पूछता हूँ, लेकिन उसका नहीं है। शायद मुझे प्रमुख नर्स से पूछना पड़ेगा।

एक भद्र पुरुष गर्मियों के स्लेटी वस्त्र पहने मेरे कमरे में आता है, सिर हिलाता है और कहता कुछ नहीं है। शायद उसे लगता है कि मैं उसे जानता हूँ, लेकिन मैं नहीं जानता। फिर मैं अनुमान लगता हूँ कि वह बुदबुदाता है कि वह एक डाक्टर है और अपना नाम बताता है। मुझे कुछ सुनायी नहीं पड़ता और मुझे उससे दोहराने के लिए कहना पड़ता है—"एरिकसन?" लेकिन मैं केवल एक ही डाक्टर एरिकसन को जानता हूँ और उसे हिरासत में होना चाहिए, मैंने सुना है। अजनबी अपने बटुए में कुछ टटोलता है, शायद अपना कार्ड, लेकिन उसे नहीं मिलता और वह कोशिश करना छोड़ छोड़ देता है। बात ख़त्म।

"क्या आपको मुझसे कुछ चाहिए?" मैं पूछता हूँ।

वह सिर हिलाता है, और मैं समझ जाता हूँ वह सिर्फ़ हलो कहना चाहता है।

मैं उसका शुक्रिया अदा करता हूँ। "कृपा है आपकी। वैसे तो अधिकतर इन दिनों मेरा वास्ता पुलिस से ही पड़ता है — मैं क़ैदी हूँ, आप जानते हैं, देश से द्रोह किया है मैंने— "

"आप यहाँ किस हाल में जी रहे हैं?" वह पूछता है।

"बस बढ़िया।"

कुछ देर बाद वह चला गया। बहुत दोस्ताना अन्दाज़ था उसका, लेकिन वह मेरे लिए पर्याप्त ऊँची आवाज़ में नहीं बोल पाया।

*

यूँ अगर देखा जाये, ऐसे लोग कम नहीं हैं जो मित्रों सा व्यवहार करते हैं। एक छोटा रास्ता है, एक पगडण्डी, जो मेरी पहाड़ी तक जाती है, और बहुत से लोग अस्पताल का रास्ता छोड़ इसी को पसन्द करते हैं। मैं कभी-कभी आ जाता हूँ यहाँ जहाँ आप अवाक् एकान्त में बैठ सकते हैं, चींटियों को देख दानिशमन्द होते हुए। फिर कुछ लोग वहाँ से गुज़रते हैं, दुआ-सलाम करते हैं। उन्हें मालूम है मैं यहाँ क्यों बैठा हुआ हूँ, फिर भी वे दुआ-सलाम करते हैं।

बड़ी उम्र की एक महिला एक दिन रुक जाती है और मेरी ओर देखती है। मैं उठकर खड़ा हो जाता हूँ और अपनी टोपी एक ओर से नीची कर लेता हूँ। वह बात करना शुरू कर देती है, मैं कहता हूँ मैं सुन नहीं सकता, लेकिन वह बोलती जाती है बस। फिर वह बार-बार आसमान की ओर इशारा करती है जैसे मुझे भी

मौक़ा मिलेगा शायद, और मैं सर हिला देता हूँ। वह एक और राहगीर महिला को रोक लेती है, और दोनों महिलाएँ सहमत हैं और जाते समय मुझ से हाथ मिलाती हैं। विशुद्ध मैत्रीभाव।

और मैं—अपनी अन्यमनस्कता में उन्हें अपना पोस्ट-कार्ड देना भूल जाता हूँ!

मैं सर हिलाता हूँ। और ख़ुद को सज़ा देने पहाड़ी की सबसे बड़ी चढ़ाई चढ़ता हूँ। मुझे बहुत गम्भीरता से लेना होगा इस मुआमले को क्योंकि अब मेरे जूते इतने फट गये हैं जैसे पहले कभी नहीं फटे। वे कोई आठेक साल पुराने हैं और उस साल के हैं जब मैं सर्बिया में था।

मैं पहाड़ी के उस ओर पहुँच चुका था और जब तक गिरजे की मीनार नज़र नहीं आयी मैं चलता चला गया। अब तक ज़ाहिरा तौर पर मैं वर्जित क्षेत्र में आ चुका था, लेकिन अगर मैं चुपके से पर्याप्त दूरी तय कर लेता — उससे भी ज़रा-सा आगे की—मैं घण्टा-घर की घड़ी से अपनी घड़ी मिला सकता था। हालाँकि मेरे यहाँ होने की असली वजह तो यह थी कि मैं लैटर-बक्स ढूँढ सकूँ।

मेरे दायीं ओर एक गली थी जिसमें एक भी प्राणी नहीं था। मैं इस गली में चलने लगा, लेकिन बेशक मैं डरा हुआ था, इसलिए मैं पञ्जों के बल चल रहा था। बिलकुल अन्तिम छोर पर मुझे ग्रेफ़स्टाड की हार्डवेयर की दुकान दीख पड़ी, और उसके बाहर लैटर-बक्स मौजूद था।

क्या मैं उद्दण्डता करूँ? कुछ ही कदम की तो बात थी। मैं चोर-निगाह से चहों ओर देखता हूँ, लेकिन कहीं एक भी प्राणी नहीं। फिर मैं बक्से में अपना पोस्ट-कार्ड गिराता हूँ और कौंध की तरह भागकर वापिस आता हूँ। तब मैं चलना शुरू कर देता हूँ।

मैं पहाड़ी पर अभी कुछ ही दूर चढ़ा था कि पीठ में किसी ने मुझे कोहनी से मारकर रोका। पुलिस। बेवकूफ़ और चिड़चिड़ा जैसा मैं पिछले कुछ हफ़्तों से रहा आया हूँ, मैं एकदम चौंक जाता हूँ।

"मैं आपको सिर्फ़ यह बताना चाहता हूँ कि घण्टाघर की घड़ी बीस मिनट पीछे चल रही है,"। मैं कहता हूँ। "आपके पास घड़ी है?"

वह अपनी जेब में घड़ी टटोलता है और हम लोग समय मिलाते हैं।

"लेकिन इससे आपको कोई मदद नहीं मिलेगी," वह कहता है। "आपको

सड़कों पर घूमने की इजाज़त नहीं है। आपने सोच भी कैसे लिया?"

मैं पूरी बात समझाने की कोशिश करता हूँ, एक पोस्टकार्ड, चन्द अल्फ़ाज़। "मेरे जूतों पर एक नज़र तो डालिए आप!"

"हम दो अलग-अलग चीज़ों की बात कर रहे हैं," वह कहता है।

"यक़ीनन कर रहे हैं," मैं कहता हूँ। "और मैं मुआफ़ी चाहता हूँ। कहीं आप ही तो नहीं थे जो कुछ समय पहले मुझे गाड़ी में बिठाकर अस्पताल लेकर आये थे?"

"नहीं," यह रुखाई से जवाब देता है। "लेकिन क्या फ़र्क पड़ता है कौन था वह।"

"बिलकुल नहीं पड़ता। लेकिन बात सिर्फ़ इतनी है कि यह कार्ड मुझे भेजना था जिसे लेकर मैं लैटर-बक्स तक गया था।"

"देखिए ऐसा है," वह कहता है। "आपको अस्पताल के भीतर ही रहने की ज़रूरत है और मैं आपको शहर में दोबारा देखना नहीं चाहता। समझे आप?"

"हाँ," मैं कहता हूँ। "मैं सोच रहा हूँ मैं कितना बदक़िस्मत रहा। आख़िर मैं पल-भर प्रतीक्षा कर सकता था ताकि मैं पोस्ट-कार्ड आपको थमा सकूँ, और आप उसे लैटर-बक्स में डाल देते और तब यह सब कानूनन हो गया होता।"

वह क्षण भर के लिए मेरी ओर देखता है और कहता है, "इस बार मैं आपकी शिकायत नहीं करूँगा। लेकिन अब आप यहाँ से ख़ुद को ले जाइए, ठीक इसी पल। दफ़ा हो जाइए!"

*

मूर्गेनब्लाडेट कितने शानदार धारावाहिक शाया किया करता था! मुझे नहीं मालूम अब वे कैसे हुआ करते हैं, लेकिन स्मिथ पेटर्सन के समय में साहित्य का चयन सूक्ष्म दृष्टि से किया जाता था और पढ़ने के लिए इससे उम्दा आज के दिन मुझे और क्या चाहिए। दिक़्क़त सिर्फ़ इतनी है कि चाहे ये धारावाहिक सैकड़ों पन्नों के हों उन्हें पढ़ डालने में कुछ भी समय नहीं लगता। मेरे फ़ार्म में पूरा घर-भर पुस्तकें हैं, और बीच-बीच में पूरा ट्रक भर किताबें मैं मँगवा सकता था; पर क्या आप कल्पना कर सकते हैं कि मेरे पैसे को भी मेरे साथ हिरासत में ले लिया गया है! मुझे कोई परेशानी नहीं होती; मैं मुस्कराता हूँ बस, किसी के तलुवे नहीं चाटता। जावा-वासी एक महिला ने हॉलैण्ड के रास्ते मुझे सिगारों का एक डिब्बा भेजा है, उसने और उसके

पति ने मेरी कुछ किताबें पढ़ रखी हैं, वह बताती है मुझे, और वह अभिनन्दन और आभार प्रेषित करती है। ग़ज़ब है न उसने ऐसा किया, मैं मन में सोचता हूँ, एक परदेसी होने के नाते, और वह भी इतनी दूर से, ख़ुदा भला करे उसका! लोग बूढ़ों पर मेहरबान होते हैं। लेकिन किसी दिन सिगार ख़त्म हो जायेंगे मेरे पास, तब? फिर मैं धूम्रपान करना छोड़ दूँगा, छोड़ दूँगा बस। मैं तीन बार पहले भी छोड़ चुका हूँ, हर बार एक-एक बरस के लिए आज के दिन तक। इतना बस तो चलेगा मेरा ख़ुद पर कि मैं छोड़ सकूँ। अच्छा है। लेकिन बेशक मैं दोबारा शुरू कर दूँगा, तो फिर यह सब किसलिए? इतना बस तो चलेगा मेरा ख़ुद पर कि मैं फिर शुरू कर सकूँ।

और मेरा कोई इरादा नहीं है कि मैं अपने पाँव पर कुल्हाड़ी मार लूँ।

*

मेरे रोज़ाना के चक्कर लगाने में कुछ ख़ास नहीं होता। एक बूढ़ा आदमी पहाड़ी चढ़ता है अपने हथठेले में एक ताबूत रखे, उसकी बूढ़ी पत्नी पीछे से धकियाती हुई चलती है। मेरे आने के बाद यह दूसरी बार हुआ है कि यह वृद्ध जोड़ा इस रास्ते ताबूत लेकर आया है। रात अस्पताल में किसी की मौत हो गयी थी; दफ़नाये जाने से पहले शव को एक बाहरी भवन में रख दिया जाता है। चुपचाप और शान्ति से, कुछ विशेष नहीं। वह रस्सी खोलता है, सिर की ओर जाता है, और खींचता है। पत्नी एक और धक्का देती है, और ताबूत आराम से फ़र्श पर फिसल जाता है।

"आप ने तो कोई म्यान वाला चाकू इधर-उधर नहीं छोड़ा होगा न?" मैं पूछता हूँ।

"म्यान वाला चाकू?" मुझे लगता है उसने यही कहा होगा; क्योंकि मैं देखता हूँ कि वह अपना हाथ अपने कपड़ों पर फेरता है। फिर वह न में सिर हिला देता है।

बातचीत की धारा बह निकलती है, वह चाकू के बारे में और जानना चाहता है। कैसा था वह, कैसा दिखता था वह? मैं अपने रास्ते चल देता हूँ, जैसे मुझे अपने दफ़्तर में करने वाली कोई चीज़ याद आ गयी हो।

और वाक़ई मुझे आती है। वास्तव में, मैं निठल्ला नहीं हूँ; इस ज़माने में जैसे औरों को वैसे मुझे भी रोज़ अपने मोज़े रफ़ू करने होते हैं और जैकेट को कोहनी से सुधारना होता है। और फिर इतनी सारी छोटी-छोटी चीज़ें होती हैं जिनका मैं ज़िक्र तक नहीं करूँगा; अपना बिस्तर बनाना होता है मुझे, सुबह का सिगार पीना होता

है और मक्खियों को मारना होता है। उस कुर्सी की एक टाँग को बाँधना होता है जो बार-बार टूटती रहती है और अपनी टोपी के लिए दीवाल में कील ठोंकना होता है—ऐसा करने के लिए एक पत्थर ढूँढ लिया है मैंने। अन्त में पिछले महीने मिले एक ख़त का जवाब भी देना है मुझे, लेकिन मैं कोई लेखक तो हूँ नहीं, सो मैं छोड़ देता हूँ।

यह सब-का-सब किया जाना बाक़ी है अभी।

अपने इर्द-गिर्द के माहौल के बारे में तो और भी कम है कहने को। यहाँ एक गञ्जी पहाड़ी के सिवा और कुछ भी नहीं है, फूलों की एक क्यारी भी नहीं। मौसम में पाले का आभास था, हवा लगभग झक्कड़; लेकिन पास ही में दरख़्त हैं और जंगल हैं जिनमें गायक पक्षी आकाश में विचरते हैं और कई क़िस्म की चीज़ें भूमि पर रेंगती रहा करती हैं। आह, यहाँ भी दुनिया ख़ूबसूरत है, और हमें शुक्रगुज़ार होना चाहिए कि हम इसमें शामिल हैं। चट्टान और झाड़ी दोनों में रंगों का जखीरा है, पर्णों के रूपाकार ग़ज़ब के हैं, और मेरे मुँह का स्वाद अभी तक अच्छा है, किसी पर्ण के एक टुकड़े से जो मुझे मिला था।

अब एक विमान पहाड़ी पर से उड़ता है और चीज़ों को छेड़छाड़ देता है, अब ढलान पर दो गौएँ बँधी हैं। जैसे वे खड़ी हैं वहाँ मुझे उन पर दया आती है; मैं देख रहा हूँ वे रम्भाती हैं, बेसब्री से, क्योंकि न तो उन्हें वहाँ से हिलाया जा रहा है और न ही उन्हें पानी दिया जा रहा है।

जब समय होता है मेरे लिए भोजन आ जाता है। युवा नर्सों में से कोई एक मेरी मेज़ पर एक ट्रे धकेल देती है फिर उलटे पाँव भाग जाती है। "बहुत शुक्रिया आपका!" मैं उसके पीछे पुकार लगाता हूँ। न, वे तीनों नर्सें अपने हथकण्डे नहीं बदलतीं। पहाड़ी पर चढ़ते समय कॉफ़ी या सूप को बिना छलकाए चलना शायद उन्हें भारी पड़ता होगा। मुझे मालूम नहीं। लेकिन ट्रे काफ़ी मच गयी होती है। ऐसा ही होना चाहिए, यह होना ही था मेरे साथ। यहाँ मेरे आवास के शुरुआती दौर में मैंने उन्हें समझाने की कोशिश की कि मैंने किसी को जान से नहीं मारा था, न चोरी की थी मैंने, न कोई घर ही जलाया था लेकिन उन पर इन बातों का कोई असर नहीं हुआ, वे सब ऊब गयी थीं। अब मैं कोई ख़ुलासा नहीं करता, तिलमिलाने की कोई बात नहीं है। केवल सूप, केवल कॉफ़ी—माना यह भी इतना बुरा तो नहीं है। लेकिन अब मैं ट्रे में से एक ख़त निकालता हूँ, वह खोलकर पुनः बन्द किया गया है। पुलिस

ने ऐसे ही भेजा है इसे। किसी स्वीडी अख़बार की कतरन है। या फिर कोई मोहक डेनी अभिनेत्री मुझे दुआ-सलाम भेजती है। जब मैं मछली की भाँति इस ख़त को ट्रे से निकलता हूँ, मैं इसे धूप में सुखाता हूँ। यूँ भी वह ठीक ही है। लेकिन मुझे उन तीन नर्सों पर दया आती है, तीनों युवा और ख़ूबसूरत हैं, लेकिन उनकी परवरिश अच्छी नहीं हुई।

*

स्मिथ पेटर्सन के जले बंगले के बारे में एक किम्वदन्ती है। कहा जाता है कि वह देखने लायक था, और बढ़िया सैर की जगह थी।

पहले, मैं बिना रेलिंग वाले एक पुल तक आता हूँ, छिछली जगह से अधिक नहीं है यह, लेकिन फिर मैं प्रभूर्ज के कुछ विशाल वृक्षों के पास रुकता हूँ, सैकड़ों वर्ष पुराने हैं ये और भव्य, कुल मिलाकर पाँच या छह, इससे अधिक नहीं, बाक़ी मर गये होंगे। मैं एक उपेक्षित रही आयी पथरीली सड़क तक चढ़ा चला आता हूँ और खण्डहरों तक पहुँचता हूँ।

बंगला लकड़ी का बना हुआ था, बाक़ी की दीवारों से आभास होता है कि यह मामूली ग्रामीण घर रहा होगा जिसमें आवश्यकतानुसार समय-समय पर विस्तार और बढ़ौतरी होती गयी होगी। मैं खुद को विश्वास नहीं दिला सकता कि यह जगह शेखी बघारने लायक मानी जाती होगी, लेकिन बेशक, भीतर विराटता रही होगी, आत्मीयता और आराम, शान-ओ-शौक़त और ऐश्वर्य और इहलौकिक भव्यता, मैं क्या जानूँ। और उत्सव मनाये जाते होंगे, महान क्षण और अनोखी रातें, जो किम्वदन्तियों में जीवित रही आयी हैं। यहाँ स्मिथ पेटर्सन का घराना मौजूद था, कुछेक सदस्य वाणिज्य-दूत रहे होंगे, अन्य नहीं। कोई एक स्मिथ पेटर्सन ग्रिम्स्टाड में प्रादूतिक एजेंट था, वे अभी तक स्मिथ पेटर्सन के जहाज़-घाट[12] के बारे में बात करते हैं। मैं उनमें से किसी के बारे में नहीं जानता, मुझे केवल किसी स्मिथ पेटर्सन का एक ख़त मिला था, दुर्भाग्य से जिसकी लिखावट पढ़ी नहीं जा सकती थी। क्या वह फ़्रांसीसी दूत नहीं था? वह शायद घोड़ा-बग्घी से जाता था और कोचवान के बटन चमकदार थे, और उन दिनों यह बड़ी बात हुआ करती थी; अब उसके पास दो शानदार लम्बी कारें होतीं और उसे बाध्य किया जाता कि वह अपने घर तक पक्की सड़क बनवाये।

लेकिन मैं इस चीज़ की तह में नहीं जाना चाहता, लेकिन इसकी : कि कितनी

कम चीज़ें हैं जो टिकी रहती हैं। कि वंशावलियाँ तक लुप्त हो जाती हैं। कि जो भव्य है वह भी किसी दिन ढह जाता है। इस सोच या मनन में कोई नैराश्य नहीं है, केवल स्वीकार-भाव है कि जीवन कितना गतिशील है, निश्चल नहीं। हर चीज़ गतिमान है, जीवन-तत्त्व से बलकती-छलकती, ऊपर से नीचे और चहों ओर तक; जब एक चीज़ ढह गिरती है दूसरी उठ खड़ी होती है, दुनिया में क्षण-भर के लिए बड़ी दीख पड़ती है और मर जाती है। काव्यात्मक एड्डा में *महात्मा के कथन* शोहरत की मासूम और अडिग नित्यता में विश्वास अभिव्यक्त करते हैं। लेकिन मादागास्कर के आदिवासियों का कथन है : तेसाका उन चीज़ों को पसन्द नहीं करते जो टिकाऊ हैं!

उफ़, मादाकास्कर की ये कुड़कुड़ाती मुर्गियाँ, वे तो मनमानी करेंगी!

हम मनुष्य इतने बुद्धिमान कहाँ हैं, हम नित्यता का भ्रम छोड़ नहीं सकते। ईश्वर और भाग्य का सामना करते, हम शोहरत और अमरत्व की ओर खुद को जबरन धकेलने की कोशिश करते हैं, अपनी मूर्खता को खुद चूमते और सहलाते, बिना सुरूपता और सौम्यता के जड़ों तक मुरझा जाते हैं।

मैं अन्तर्मन की दृष्टि से एंगस्ट्रोम[13] का बनाया एक रेखाचित्र देखता हूँ जो पचास साल पुराना हैः एक श्वेतकेशी दम्पत्ति एक बगीचे की बेञ्च पर ऊँघता बैठा है। पतझड़ का समय है। पुरुष की दाढ़ी कई दिन से नहीं बनी। उसके हाथ एक छड़ी को थामे हैं।

वे निम्न बातचीत को बैठे बुदबुदाते हैं :

"मुझे एमिली नाम की एक लड़की की याद आ रही है।"

"लेकिन माय डियर, वह तो मैं ही थी।"

"ओह, वह तुम थीं क्या?"

ब्योर्नसन[14] अपनी भंगुरता के बारे में जानते थे : समय सर्वस्व ले भागता है! तो हम बाक़ी लोगों का क्या कहना है! जहाँ तक मेरा सवाल है, मैं बैठा नोट्स लेता हूँ, जल चुके काष्ठ-बंगले के बारे में कलमघिसायी करता हूँ और इस प्रसंग में कुछ अपने ही विचार आते हैं मुझे। सबसे पास वाले फ़ार्म पर एक छोटा-सा कुत्ता आगे-पीछे दौड़ रहा है—मैं देख सकता हूँ वह मुझ पर भौंक रहा है, लेकिन इससे मेरा ध्यान भंग नहीं होता। मैं सुख-शान्ति में हूँ, मेरा मन साफ़ है और मेरी अन्तरात्मा

स्वच्छन्द। मुझे ऐसे ख़त प्राप्त होते हैं जो मुझे बताते हैं कि मुझे युगों तक पढ़ा जायेगा, देशप्रेमी[15] लोग भी मुझे लेकर डींगें हाँकते हैं। यह दयालुता जैसी भी है सो है। किसी भी हाल में, कम चीज़ें ही टिक पाती हैं, समय उन्हें ले भागता है, समय सब और स्र्वस्व ले भागता है। मैं दुनिया में अपना ज़रा-सा नाम ही खोता हूँ, पोट्रेट, अर्ध-प्रतिमा—यूँ भी कोई अश्वारूढ़ प्रतिमा तो बनने वाली नहीं थी।

लेकिन कुछ और है जो बदतर है — बात करने की गर्ज़ से भी। मैं सोचा करता था बच्चों के साथ मेरे सम्बन्ध अच्छे हैं। वे कभी-कभी अपनी पुस्तिकाएँ लेकर आया करते थे, मेरे दस्तख़त करवाने, और वे झुक कर अभिवादन करते थे और आभार व्यक्त करते थे और हम एक साथ खुश हो जाया करते थे। अब मुझे डरावे के तौर पर इस्तेमाल किया जाता है।

यह भी ऐसा ही सही। सौ बरस या इससे भी कम अवधि में, बच्चों के नाम भुला दिये जायेंगे, मेरे नाम सहित।

*

मैं समझ नहीं पाता। वह शख़्स कैसा होगा जिसने टूप्सो की किताब ख़रीदी और जिसे वह अस्पताल ले आया। मैं कुछ दिन से इस पर सोच-विचार कर रहा हूँ। और अब जब मैं इस किताब को दोबारा लेना चाहता हूँ, वह ग़ायब है।

ग़ायब!

कौन ले गया? पूछने का कोई फ़ायदा नहीं, ज़्यादा-से-ज़्यादा वे कहेंगे, "नहीं पता!" मैं एहतियात से किताब को जाँचता, आख़िर कोई निशान ढूँढ लेने; मुझे अफ़सोस है मैंने उसी वक़्त ऐसा नहीं किया, और अब बहुत देर हो चुकी है। अच्छी और इस्तेमाल न की गयी प्रति थी वह, लेकिन हो सकता है उसे पचास या सौ साल पहले ख़रीदा गया हो—सालों का हिसाब खो चुका हूँ मैं, और कुछ है भी नहीं जिसमें देख सकूँ।

अपने युवा दिनों में मैं टूप्सो परिवार से पैरिस में मिला था, लेकिन केवल पत्नी और तीन छोटे बच्चों को, टूप्सो की मृत्यु हो चुकी थी। ख़ूबसूरत और प्यारा परिवार, उत्तम अभिरुचि वाला; एक लड़की वायलिन बजाती थी, दूसरी मुझे लगता है कला की शिक्षा ग्रहण कर रही थी, इनमें से कोई भी मेरा क्षेत्र नहीं था।

लेकिन वह मरीज़ जो एक दिन टूप्सो की एक किताब उठाये ग्रिम्स्टाड के

अस्पताल आया था, वह कौन था? अपने निठल्लेपन और मन्दता में मैं ख़ुद के लिए खेल खेलने लगता हूँ, यह दिखावा करते हुए कि इस राज़ का पर्दाफ़ाश करना बहुत महत्त्वपूर्ण है; असल में मेरी इस बात में ज़रा भी रुचि नहीं। और इतनी बात मैंने ख़ुद से कही भी, साफ़-साफ़ शब्दों में : यह सिर्फ़ बकवास है, क्रासवर्ड पहेली और ताश की एकल बाज़ी से भी बदतर, और आपको लगता है मैं नहीं जानता!

इसके बाद मैं कुछ कपड़े धोने में लग जाता हूँ ख़ुद को उपयोगी बनाने की गर्ज़ से। गर्म पानी नहीं है, लेकिन मेरे पास साबुन है और मैं कुछ भी होऊँ असहाय तो बिलकुल नहीं हूँ; विशाल वृक्षहीन मैदान में गुज़रे अपने युवा दिनों से यह तरक़ीब मुझे मालूम है, जब वहाँ भी गर्म पानी नहीं हुआ करता था।

अचानक दरवाज़े पर दस्तक होती है। मैं आधे कपड़े पहने हूँ, तब भी मैं कह देता हूँ "आ जाइए!" एक भद्र महिला है, नवयौवना। "यह क्या हुआ भला!" बरबस मेरे मुँह से निकलता है। क्योंकि न केवल कमर से ऊपर मैं निर्वस्त्र हूँ, मेरे दाँत भी सही जगह नहीं हैं।

वह अपने ओंठ हिलाती है। वह ज़र्द और शर्मसार है।

"मैं तुम्हें सुन नहीं सकता, कन्या।"

वह काग़ज़ पर लिखती है, "मैं इस किताब को आपसे दूर ले जाने के लिए मुआफ़ी चाहती हूँ।"

"कौन-सी किताब? टूप्सो? मेरी नहीं है यह किताब।"

"मैंने इसे कल आपकी मेज़ से उठाया था।"

"अच्छा। मैंने तो ख़ैर इसे हॉल में रखी पेटी में पाया था। डेनी किताब है यह।"

"हाँ। अद्भुत!" उसने लिखा। "मुझे नहीं मालूम था टूप्सो नाम का कोई व्यक्ति कभी था।"

इस बीच जैसे-तैसे मैं कपड़े पहन लेता हूँ।

युवती लिखती है, "मैं बहुत शर्मिन्दा हूँ! मैंने कल भी आपके दरवाज़े पर कई बार दस्तक दी, सच में। और फिर मैं अन्दर चली आयी।"

अपनी घबराहट में मैं कहता हूँ, "मैंने सोचा था तुम डेनमार्क से हो।"

उसने न में अपना सिर हिलाया और अपना नाम लिख दिया।

उसने मुझे बताया कि वह तट पर एक छोटे से ग्रीष्म घर में रह रही थी। वह और उसकी माँ। हर साल आया करती थीं वे। टापू पर कॉटेज भर था। लेकिन अब, बदक़िस्मती से उन्हें जाना पड़ रहा है।

"तुम काग़ज़ और कलम लिये क्यों घूमती हो? पढ़ते समय नोट्स लेती हो?"

उसके चेहरे पर सुर्ख़ी दौड़ गयी और उसने लिखा, "मुझे मालूम था आप बहरे हैं।"

"बैठोगी नहीं तुम, कन्या?"

वह लिखती रहती है—उसके हाथ कितने सुन्दर हैं, नाख़ून भी, बायें हाथ में दो-एक अँगूठियाँ हैं। उसके चेहरे पे किसी क़िस्म की पुताई नहीं है। वह युवा है और कुदरतन ऐसी है, मेरा मतलब है मासूम।

मैं थोड़ा-थोड़ा बतियाना शुरू करता हूँ: "मुझे हँसना पड़ेगा यह सोच कर कि जब तुम अन्दर आयीं मैं कैसा दिख रहा था, ज़रूर कुछ आया होगा तुम्हारे मन में! असल में, मुझे बीच-बीच में कपड़े धोना होते हैं; मैं घर भी भेज सकता हूँ, लेकिन बहुत समय लगता है। जूतों की एक जोड़ी जो मैं बड़े जतन से घर से मंगवाने की कोशिश कर रहा था, आज ही पहुँची है।"

"मुझे अफ़सोस है!"

"नहीं, नहीं मैं हँस कर टाल देता हूँ। टल जायेगा यह वक़्त भी।"

"आप ऐसे ही बात करते हैं! कभी-कभी घर पर हम सब हँसते हैं जब आप कुछ मज़ेदार लिखते हैं! लेकिन कभी-कभी— "

"क्या बहुत लोग हैं घर पे?"

"सिर्फ़ मेरी बहन है, लेकिन अब उसकी शादी हो चुकी है और उसका अपना घर है। फिर पिता हैं, माँ और मैं।"

"क्या तुम्हारे पिता टापू पर नहीं हैं?"

"नहीं। इस साल नहीं। उन्हें हिरासत में ले लिया गया है।"

चुप्पी।

"तुमने अच्छा किया जो मुझसे मिलने चली आयीं।"

"नहीं। हमें अच्छे से पता था आप नहीं चाहेंगे। लेकिन देखिए, हम लोग निकलने वाले हैं अब, और इसलिए मुझे भेजा गया है। पूरे परिवार के द्वारा। हा-हा," वह हँसती है।

"ओह हाँ, अच्छा किया तुमने। सच है, मैं चाहूँगा कोई मुझसे मिलने न आये, लेकिन सामान्यतया कहने की बात है यह। मैं चूँकि बहरा हूँ और किसी में इतना सब्र नहीं कि मुझसे बात करे, और इसलिए मैं खुद भी भूल गया हूँ लोगों से बात कैसे करनी है।"

"मैं अचरज कर रही हूँ क्या आप वाक़ई पूरी तरह बहरे हैं। मैं कोशिश कर सकती हूँ?"

वह मेरे बाँयें कान में धीमे और धीरे कुछ बोली, इधर-उधर की बातें और फिर वह सवालिया निगाहों से मेरी ओर देखने लगी।

"हाँ," मैं कहता हूँ और सिर हिलाता हूँ।

"क्या आपको सच में सुनायी दिया?"

"हाँ, हर शब्द, मुझे लगता है। तुम्हें कैसे पता चल मेरा बाँया कान अच्छा है?"

"क्योंकि आप सुनते समय अपना बाँया कान मेरी ओर करते हैं। मैंने ग़ौर किया था।"

हम लोग बात करते रहे, उसनेऔर नहीं लिखा। मैंने उसकी सूक्ष्म-दृष्टि की प्रशंसा की, और उसने मुझे बताया वह नर्सिंग की शिक्षा ग्रहण कर रही है। मैंने उसे आने के लिए धन्यवाद दिया—ओह, दुआएँ दी उसे! "यह मैं बताऊँगी घर जाकर!" वह बोली।

वह अपने बैग में कुछ टटोलती है और मुझे पेश करती है।

"माँ ने भेजा है," वह बोली, "ऊनी धागा है, रफ़ू करने के लिए। कल मैंने देखा था आपने एक मोज़ा सुधारना शुरू कर रखा है, सुई लगी थी, वहाँ बिस्तर पर रखा था— "

"तो?"

"ओह, लेकिन आप इसे अन्यथा मत लीजिए," वह बोली, "कृपया! मैं आमतौर पर ऐसे चोरी-छिपे— "

"ओह, मेरी प्यारी बच्ची।"

"नहीं करती मैं। लेकिन मैंने ग़ौर किया कि आप सूती धागे से मोज़ा सुधार रहे हैं।"

"ऐसा है कि पूरी तरह से सीखा हुआ नहीं हूँ मैं।"

"लेकिन आपके पास नहीं होगा न—माँ ने सोचा आपके पास ऊनी धागा नहीं रहा होगा।"

"ओ हाँ, लेकिन मैं भूल गया। जितना चाहूँ ला सकता हूँ।"

"कहाँ से? अब थोड़े ही ख़रीद सकते हैं आप।"

कितनी शैतान है लड़की! उसने मुझे निरुत्तर कर दिया और मुझे कहना पड़ा : "कृपापूर्वक अपनी माँ का शुक्रिया अदा कर देना मेरी ओर से। लेकिन बहुत बड़ी मेहरबानी की है उन्होंने। ऐसा कहीं नहीं सुना मैंने, इन दिनों ऊनी धागा!"

बेशक, हम बात करते हैं और सफलता से। लेकिन उसकी ओर से कुछ त्याग की दरकार है : उसे मेरे कान के बहुत पास रहना पड़ेगा। वह कहती है वह आज मुझसे मिलकर बहुत ख़ुश है, क्योंकि कल उन लोगों को चले जाना है। मैं कहता हूँ उसके आने को लेकर मैं शुक्रगुज़ार हूँ और इस बात से उदास कि वह जा रही है। "सच?" वह पूछती है। "यह बात भी मैं घर पर बताऊँगी!"

जब वह चली गयी मैं वहाँ अकेला बैठा मनन करने लगा। मेरे लिए यह मुलाक़ात ग़ज़ब की रही थी। सुनायी देती हुई ख़ामोशी अब जबकि वह जा चुकी है। और मेज़ पर वह रही टूप्सो की किताब, पहले की ही तरह रहस्यपूर्ण; लेकिन अब मुझे यह जानने की कोई परवाह नहीं कि पिछली शताब्दी में यह किसके पास थी। ज़िन्दा जीवन की साँस को महसूस करने जैसा और कुछ नहीं है।

*

2 सितम्बर। एक पुलिस वाला मेरे पास आकर बिना किसी भूमिका के कहता "आपको यहाँ से कहीं और जाना होगा।"

"सच। तो कहाँ जा रहा हूँ मैं?"

"लांड्वीक।"

प्रमुख नर्स भी आकर कहती है लांडवीक। मैं पूछता हूँ कैसी जगह है

लांड्वीक। इसका कोई जवाब नहीं मिलता मुझे, लेकिन प्रमुख नर्स मुझे समझाती है कि अस्पताल में अब पोलियो के मरीज़ आयेंगे और मेरा कमरा भी भर जायेगा।

मैं उसे यहाँ अपने आवास के लिए धन्यवाद देता हूँ और उन सब किताबों के लिए भी जो मुझे उधार दी गयी थीं और जिन्हें अब मैं पढ़ चुका हूँ। फिर मैं अपना सूटकेस पैक करता हूँ और ड्राइवर के संग बैठ जाता हूँ।

मैं और सवाल नहीं पूछता कि लांड्वीक में किस जगह। मुझे कोई फ़र्क नहीं पड़ता हम कहाँ जा रहे हैं। हम एक ओर किसी ठूँठ सी गली में घुसते हैं और घूम कर जाते समय मैं पढ़ता हूँ **वृद्धाश्रम**, एक बड़ी-सी सफ़ेद इमारत पर।

तो यह बात थी। इसीलिए प्रमुख नर्स और पुलिस वाला मुँह बन्द किये बैठे थे, वे मुझे वृद्धाश्रम के बारे में बताकर डराना नहीं चाहते थे। लेकिन मेरे लिए यह भी ठीक है, और उनके सरोकार के बारे में सोचकर मैं मुस्कराता हूँ। मैं ख़ुद को परेशान नहीं होने देता और बाहर निकलने में समय लगाता हूँ। सिर्फ़ दिखावा है यह। दरअसल इतने सारे बुड्ढे लोगों को देख मैं काफ़ी घबरा जाता हूँ।

मैं मैनेजर को नमस्कार करता हूँ, महिला है, दूसरी मञ्ज़िल पर कमरा मिल जाता है मुझे, और मैं पुलिस की गाड़ी को विदा करता हूँ। आज रविवार है और ख़ूब उजला दिन है, धूप खिली है, इसलिए सब सीढ़ियों के पास बैठे हैं। मैं उन सब में शामिल हो जाता हूँ, लेकिन कोई मुझसे बात नहीं करता; कोई फ़ायदा भी नहीं होता, उनका नया साथी इतना बहरा जो है।

और यहाँ वृद्धाश्रम में मैं हर दिन को एक-एक करके लेता हूँ। मेरे यहाँ होने से कोई फ़र्क नहीं पड़ता, लेकिन सब चीज़ें अपने-अपने क्रम से होती हैं। रोमाञ्चकारी घटनाएँ? महान आघात? क़तई नहीं। अगर्चे गेटे के वर्ण-विज्ञान में सहायक रंगों के बारे में बिना कुछ पल्ले पड़े पढ़ने को अनुभव कहा जा सके।

लेकिन मैं पुलिस का शुक्रगुज़ार हूँ कि मैं यहाँ आया, मेरे लिए यह एक आदर्श जगह है। यहाँ मैं नगर की सीमाओं के बारे में बिना एक शब्द सुने लम्बी सैर कर सकता हूँ; मैं खाता हूँ, सोता हूँ, और पढ़ता हूँ। मैं थोड़ा-बहुत लिखता भी हूँ, लेकिन मैं इसका ज़िक्र नहीं करूँगा ताकि कोई चिढ़ न जाये।

वृद्धाश्रम एक बड़ी-सी जगह है, एक बड़े समुदाय के लिए उपयुक्त। यहाँ एक नगर-पालिका कक्ष है, कई दफ़्तर हैं और एक सार्वजनिक पुस्तकालय भी; रोज़ डाक

बाँटी जाती है, फ़ोन, रेडियो हैं, और कई लोग अपने काम-धन्धे से आते-जाते रहते हैं, और केन्द्र के पार गाँव-देहात है। सबसे अहम दफ़्तर तो लेखापाल का है, लेकिन ग़रीबी-राहत कार्यालय की शान वे दो युवा लड़कियाँ हैं जो बैठ कर लिखती रहती हैं, इस अविश्सवनीय अस्सी और नब्बे साल के धवलकेशियों के बीच दो सुन्दरियाँ।

चूँकि मुझे अख़बार पढ़ने की इजाज़त नहीं, मैं चोरी-छिपे ऐसा करता रहा हूँ। अस्पताल में मेरे लिए कठिन था, लेकिन घर से जब मेरे धुलाई के कपड़े आये, एक अलग पुलिन्दे में अख़बार भी भेजे गये, सो मुझे थोड़ा-बहुत पता चला क्या होता रहा है, हमारे देश में जर्मनी द्वारा ढाये गये अत्याचार के बारे में भी। धुलाई के साथ भेजी गयी इस जानकारी में कई रिक्त स्थल भी थे, लेकिन मैं पूरी तरह अपढ़ भी तो नहीं था।

यहाँ वृद्धाश्रम में मुझे ज़्यादा सहूलियत है, रसोईघर में बैठे-बैठे मैं ग्रिम्स्टाड में छपने वाले अख़बार पढ़ सकता हूँ, और इससे बहुत मदद मिलती है। कुल मिलाकर यहाँ हर चीज़ ज़्यादा सरल है। मैनेजर एक ख़ुशमिजाज़ और सहानुभूति-पूर्ण महिला है जो तेईस साल से इस जगह की देखभाल करती आयी है, और हालाँकि वह हम में से कुछ लोगों से आधी उम्र की है, वह नियमित रूप से अपने गोद लिए बच्चों के लिए चॉकलेट, और गोलियाँ और केक लेकर आती है जब राशन यहाँ पहुँचता है। जो एक चीज़ वह मेरे लिए हासिल नहीं कर पायी वह है लाइब्रेरियन का सहयोग। यह वह नहीं जुटा सकी। एक अर्द्ध-शिक्षित आदमी, शिक्षक, वह मुझे सावर्जनिक पुस्तकालय से कोई किताब नहीं निकालने देता।

जबकि उनमें से कुछ तो मेरी ख़ुद की लिखी हुई होंगी। मुझे नहीं मालूम।

*

जब मैं सैर करता हूँ तो मैं पूरी तरह झोंक देता हूँ, ताकि ख़ुद को धिक्कारने कुछ न हो मेरे पास। मैं अपनी रातों की ख़ातिर यह करता हूँ, नींद को अर्जित करने के लिए। नींद भोजन से बेहतर है, कोई तुलना नहीं। ओ, यह मत सोच लीजिएगा कि नींद का अर्थ है मुँह में भोजन ठूँसते जाना! नींद वह ग़ज़ब का पागलपन है जिसमें मुझे जेब में रखे वो पैसे मिल जाते हैं जिन्हें मैंने कभी नहीं खोया और जिन्हें बदहवासी में मैं ढूँढ़ता रहा हूँ। नींद है कि मैं एक माँसल नाविक को धकेल गिराता हूँ जिसकी मैं हत्या कर देने वाला था और जो बदले में मुझे एक बड़ी-सी कर्तरी से

चुटकी काट रहा है। आह, क्या ग़ज़ब की चीज़ है नींद, जीवन और आख्यायिका और चमत्कार सब एक साथ।

इस सब के बावजूद भी, भोजन भी कुछ तो काम का हो सकता है, मैं नकारूँगा नहीं इस बात को।

मेरी कोई तयशुदा दिनचर्या नहीं है, जब मेरे मन में आता है मैं अपनी छड़ी उठाता हूँ और चल देता हूँ। मेरे लिए स्वाभाविक नहीं है कि मैं छड़ी का अधिक उपयोग करूँ, वह बस कुत्ते की तरह मेरे साथ आती है, इससे अधिक नहीं। ''क्या मैं आपकी टहलने की छड़ी उठाकर लाऊँ?'' वे एक समय होटल में मुझसे पूछा करते थे। लेकिन मुझे लगता है यह कुछ ज़्यादा ही शिष्ट वर्णन था, सो मैं तो हमेशा इसे अपनी छड़ी कहता आया हूँ। वक्राकार है यह और रबर का सिरा है, लेकिन दुर्भाग्य से अन्तिम छोर पर भद्दी-सी स्टील की तार है, जहाँ छड़ी दरक गयी है। वैसे भी छड़ी पर माप सम्बन्धी कई निशान हैं, जिनकी बदौलत मैं आत्म-निर्भर हूँ अगर ज़रूरत आन पड़े तो।

जब बच्चे मिलते हैं मैं हलो कहता हूँ; कुछ लड़कों ने सुन रखा होगा मैं बहरा हूँ और वे बहुत पास आकर कुछ-कुछ चिल्लाते हैं अपना जी बहलाने के लिए। मैं वयस्कों को भी हलो कहता हूँ अगर वे यह चाहते हैं, लेकिन अगर वे परे-परे रहते हैं और उपेक्षा करते हैं मेरी तो मैं भी बिना परवाह किये पास से गुज़र जाता हूँ। लेकिन मैं दुआ-सलाम करने के लिए तत्पर रहता हूँ, नकार नहीं सकता मैं यह, मैं बहुत तत्पर रहता हूँ दुआ-सलाम के लिए। बचपन में मुझे यह सिखाया गया था, वे कहा करते थे दुआ-सलाम करना अच्छी बात है और अब तक मेरे साथ रही आयी है।

प्राग की एक धूप-खिली सुबह मैं सिगार की दुकान ढूँढ़ रहा था। जब मैं भीतर आया एक भिक्षु खड़ा था वहाँ, काउण्टर के पीछे खड़ी एक महिला उसे एक सिक्का थमा रही थी; वह आभार व्यक्त कर जाने वाला था। मेरे नॉर्वीजी हृदय के लिए यह दृश्य बड़ा विचित्र था और ऐन उसी घड़ी मैंने भी अपनी ओर से एक सिक्का जोड़ दिया। भावातिरेक में भिक्षु कुछ कहने लगा, अपनी दोनों बाँहें उठाये, मैं भूल गया मैं किस काम से आया था और कुछ नहीं ख़रीदा मैंने, बस भाग खड़ा हुआ मैं, बाहर सड़क पर फिर और दूर। इसके बाद मैं दिल में प्यार लिये-लिये घूमता रहा, लोगों के लिए और अपनी इस दुनिया के लिए; उन सबका अभिवादन किया मैंने जो मुझसे

मिल रहे थे और वापिस उन्होंने मेरा। और किसी ने मुझे रोका नहीं, यह सब बहुत ख़ूबसूरत था। लोगों ने क्या सोचा, गली ने क्या सोचा, मुझे नहीं मालूम — शायद यह कि मैं भोर का परिन्दा हूँ, क्योंकि मैं इतनी सुबह मद्यशाला से लौट भी रहा था। मैं क्या परवाह करता हूँ! मैं जो हूँ सो हूँ, और प्राग एक शानदार शहर है।

बहुत समय पहले मैंने पढ़ा था — मैं इतना बुढ़ा गया हूँ कि अब सभी कुछ बहुत-बहुत साल पहले हुआ था — मैंने सुकरात के बारे में एक कहानी पढ़ी थी। वह किसी मित्र के साथ सड़क पर चल रहा था, और सुकरात ने किसी मिलने वाले का अभिवादन किया। मित्र गुस्सा खाते हुए बोला, "उसने जवाब नहीं दिया!" सुकरात ने मुस्कारते हुए कहा, "मुझे कोई नुक़सान नहीं पहुँचता अगर मैं उससे अधिक शिष्ट हूँ।"

बहुत-सी चीज़ों का जमघट घिर आया है इस क्षण मेरे पास, ऐसी चीज़ें जो मैं अपने पक्ष में कह सकता था, लेकिन मैं उनके बारे में चुप्पी साधे रहूँगा। शायद मैं पुराने ज़माने के नॉर्वीजी लोगों का हवाला दे सकता हूँ, जो एक-दूसरे का अभिवादन करते समय अपना दाँया हाथ सामने कर दिया करते थे यह दिखाने कि वे निशस्त्र हैं। और उस वक्त के बारे में क्या जब मैं किसी जापानी दूत के साथ लिफ़्ट में था और दोनों समान रूप से शिष्ट होने के नाते बाहर निकलने की पहल नहीं कर रहे थे? न ही मुझे इस बात का अफ़सोस है कि एक दिन वर्साइ के शहर में ट्राम पर सवारी के दौरान मैंने उठकर अपनी सीट किसी महिला को दी थी। तब तो सभी पुरुष उठ खड़े हुए, बेशक, लेकिन पहला मैं था। वह एक आकर्षक वृद्धा थी जो वैधव्य की चूनर ओढ़े थी और जिसने गले में मोतियों की लड़ी पहन रखी थी, शायद उसकी रगों में राज-घराने का ख़ून था, निश्चित ही—वह मुझे गोद ले सकती थी। ख़ैर मैंने इन फ़्रांसीसी लोगों को शिष्टता का एक सबक तो दे ही दिया जिसे वे नहीं भूलेंगे, मैं पहला था।

ख़ैर, वे मेरे यौवन के दिन थे, जिनमें अब मेरी कोई रुचि नहीं और इसलिए उनका ज़िक्र अब और नहीं। लेकिन नूरलांड[16] में भी, साल्टन[17] की नगरपालिका में मुझे याद है कि हम लोग प्रविष्ट होते समय अपनी टोपी विनम्रता से अपनी बाँयी बाज़ू तले दबाकर कहते थे, "शान्ति!" "ईश्वर-सी रफ़्तार!" उन लोगों से कहते जो काम कर रहे होते, और "सुख-शान्ति बनी रहे!" निकलते समय।

यही अभिवादन था हमारा।

*

आज, 22 सितम्बर के दिन, मजिस्ट्रेट के सामने पेशी।

सुबह-सुबह का वक़्त है, मेरे लिए भी और पूरे वृद्धाश्रम के लिए। मुझे पहले से जानकारी दी जा सकती थी, लेकिन नहीं दी गयी; फ़ोन काहे को होते हैं फिर? पुलिस वालों को चिन्ता करने की कोई ज़रूरत नहीं, वे तो आसानी से कार-वार में बैठ जाते हैं, लेकिन क़ैदी को तो ऐसे ही आना होता है न। मैं चाहता था मैं तैयार होकर ठीक से कपड़े पहन कर मजिस्ट्रेट के सामने पड़ता। रूस में ज़ार के राज्य में भी आपको साँस लेने के लिए समय मिलता था। यहाँ नहीं।

मैंने बुदबुदाते हुए क्षमा-याचना की और बड़ी उम्र के भले से न्यायधीश ने क्षमा कर दिया मुझे। यूँ भी उनके मन में कुछ ज़्यादा नहीं था : मेरा निर्धारित समय आज पूरा हो चुका था, और अब 23 नवम्बर तक अवधि बढ़ा दी गयी थी। मुझे बात समझायी गयी, दर्ज की गयी और इधर-उधर के सवालों से पुख़्ता की गयी जिन्हें न्यायधीश ने मुझे लिखित रूप में पेश किया था ताकि उन्हें मेरे बहरे कानों में बोलना न पड़े। मैंने एक-एक कर सब के जवाब दिये, अपने पहले बयान की पुष्टि करते हुए कि मैं उस सब के लिए ज़िम्मेदार हूँ जो मैं कर गुज़रा हूँ।

फिर हमारा काम ख़त्म हुआ, और मैं सवारी से वापिस जाने को तैयार था और कुछ कपड़े पहन लेने को।

*

दो महीने और—अच्छा है, किसी भी हाल में कोई फ़र्क नहीं पड़ता मुझे। वृद्धाश्रम मेरे लिए उपयुक्त जगह नहीं है, मैं यहाँ घुसपैठिया जैसा हूँ; लेकिन बूढ़े लोग दोस्ताना हैं और मुझे इस बात पर ग़ौर नहीं करने देते। वे यहाँ स्वेच्छा से पधारे हैं इस जगह को अपने अन्तिम दिनों के लिए सर्वथा उपयुक्त मानते हुए, जबकि मैं यहाँ पुलिस की कृपा से आया हूँ और वाग्बद्ध हूँ। दूसरों की भी कमियाँ हो सकती हैं, पीठ की समस्या से त्रस्त या टांगों से कमज़ोर, लेकिन मेरी तो बात ही और है, किसी एक अर्थ में नितान्त गया-बीता और इसलिए मैं इस काम का भी नहीं कि कोई बुदबुदा सके और मुझसे मुख़ातिब हो, यह ख़ामी कोई कम नहीं है, और फिर मुझ में तो कई और भी कमियाँ हैं, कभी-कभी मैं किसी शब्द के लिए इतनी बदहवासी से अटक-भटक जाता हूँ कि कुछ कहने के लिए मुझे पहले कुछ और कह जाना पड़ता है। केवल मैं ही इस रोग से पीड़ित नहीं हूँ, अच्छी-ख़ासी पुरानी समस्या

है यह और इसे वाचाघात कहा जाता है; इंग्लैण्ड के जॉनथन स्विफ़्ट इसके मुझसे भी गम्भीर रोगी थे।

लेकिन बड़बड़ क्यों करना, हरेक की अपनी-अपनी तक़लीफ़ है। यहाँ वृद्धाश्रम में कोई भी चीज़ वास्तव में मानी नहीं रखती, हम लोगों को आवाजाही की आज़ादी है, घूमने-फिरने की, एक-दूसरे का अवलोकन करने की। सब भरे हैं यहाँ पन्द्रह, बीस, स्त्री-पुरुष, कई बिस्तर पकड़ चुके है। बीच-बीच में कोई मर भी जाता है, कोई चारा नहीं, लेकिन बचे हुए लोग इससे ख़ास मुतासिर नहीं होते। अपनी आँखों से हम लोग सफ़ेद ताबूत का पीछा करते हैं, लेकिन जब शव-वाहन चला जाता है हम लोग पुनः स्वयं में लौट आते हैं।

सोचकर देखा जाये तो आजकल क्या रिवाज़ ही चल नहीं निकला कि ताबूत को सफ़ेद ही होना चाहिए? मुझे मालूम नहीं ज़्यादा प्रासंगिक क्या हो सकता है, लेकिन मेरे बचपन में ताबूत काले हुआ करते थे, केवल बच्चों के ताबूत सफ़ेद होते थे। और कई तरह से रिवाज़ और चलन जगह के हिसाब से बदल गये हैं: यहाँ शव के लिए पूरा दिन झण्डे झुका दिये जाते हैं; नूरलांड में चलन था कि जैसे ही ताबूत को कब्र में उतार दिया जाता है, झुके झण्डे को फिर पूरा फहरा दिया जाता था।

दोनों ढंग अच्छे हो सकते हैं, शायद एक-से अच्छे।

*

एक दिन टहलते समय जब मैं अपने लिए कुछ छोटी-मोटी चीज़ें लिखता हूँ, एक आदमी पीछे से आकर मेरे साथ हो लेता है। यह कुछ विचित्र था, क्योंकि मैं एक दूरस्थ वन्य पगडण्डी पर मुड़ा था जो ट्रैफ़िक से बहुत दूर थी और मैने सोचा मुझे कोई नहीं देख सकता।

वह आदमी बमुश्किल मुस्कराया और मेरे साथ-साथ चलने लगा। यह मेरे लिए ठीक नहीं था और मैं ज़रा पिछड़ने लगा। कोई मदद नहीं मिली। "मुझे सुनायी नहीं देता," मैंने कहा। उसने सिर हिलाया, और अचानक वह कुछ ऐसा कहने में सफल हुआ जो ग़ज़ब का स्पष्ट था : "मुझे मालूम है तुम किस तरह के क़िरदार हो!"

हलका-सा झटका मुझे लगा, मैं मज़ाक की उसकी झेंपती हुई कोशिश पर मुस्कराया और बोला, "मैं अकेले टहलना पसन्द करूँगा।"

उस बन्दे ने मेरा पीछा नहीं छोड़ा, वह कुछ इधर-उधर की बात करने लगा और

मुझे बीच-बीच में एकाध शब्द समझ में आने लगा।

उसका चेहरा-मोहरा चोर जैसा तो नहीं था लेकिन वह फ़ालतू का आदमी था; मेरा मन किया मैं पलट कर लौट चलूँ, सो मैंने अपने लिखे को पढ़ना शुरू कर दिया उसकी परवाह किये बिना। लेकिन अचानक मैंने साल्टन के इलाके की एक असली अभिव्यक्ति करते हुए सुना उसे : "नाराज़ न हो जाइएगा इस बात से!"

इन सहज शब्दों में एक स्मृति कौंध गयी, मेरे हृदय ने इन्हें सुना : "क्या तुम नूरलांड से हो?" मैंने पूछा।

"बिलकुल," वह बोला। "लेकिन आप मुझे नहीं जानते।"

अब वह बारी-बारी से मुझे अलग-अलग तरह से सम्बोधित करने लगा, औपचारिक से परिचित और फिर स्थानीय बोली में, साथ-साथ वह छोटे-छोटे वाक्यों में साफ़-स्पष्ट मेरे कान के पास बोलने की ज़ेहमत उठा रहा था। शायद उसकी आवाज़ की लयात्मकता ने मुझे उसकी अधिकांश बात सुनने में सक्षम बना दिया था।

मैं उसकी शक्ल-सूरत के बारे में एक शब्द भी नहीं कहूँगा, वह मामूली आदमी था, बेहद मामूलीः मध्यम कद का, सदाशयी चेहरा, दुबला और प्रौढ़। शायद मुफ़लिसी की वजह से, शायद विनम्रता से, वह अपने जूतों को एक-साथ बाँधे कन्धों पर ढोये था और नंगे पाँव चल रहा था।

"मैं खुश हूँ कि आप मुझे मिल गये।"

क्या कभी ऐसा आदमी रहा हो सकता है! मैं क़रीब-क़रीब अपने दाँत पीस सकता था।

"और आप मेरी बात सुनने को राज़ी हैं," वह बोला।

"मैं बहरा हूँ, आपको बता चुका हूँ। क्या सुनूँगा मैं?"

"हम दोनों हामारॉय[18] से हैं।"

चलो। मैंने दिखाने की कोशिश की कि इसमें कोई ख़ास बात नहीं है, लेकिन इससे मैं नर्म पड़ गया।

उसने मुझे कई साल पुराना एक पञ्चांग थमा दिया, फटी-पुरानी चमड़े की जिल्द थी, लिखावट से भरे कई पन्ने थे जो वह चाहता था मैं पढ़ूँ।

मुझे इसी की अपेक्षा थी, कहानी, उसके जीवन की।

"नंगे पाँव चलने के लिए बहुत ठण्ड नहीं हो गयी?" मैंने विषय बदलते हुए पूछा। "अक्तूबर आने वाला है।"

"मैंने सभी कुछ सच-सच लिखा है," वह अपनी ही धुन में खोया कहने लगा।

उफ़ सब कितना परिचित था! दस साल पहले तक मुझे डाक में पार्सल मिला करते थे जिनमें स्थानीय सत्य-कथाएँ और प्रेम और कविता होती थी। "मैं नहीं पढ़ पाऊँगा," मैं बोला। "मुझसे नहीं बनता।"

"चूँकि हम दोनों हामारॉय से है — "

"वहाँ तुम कहाँ से हो?"

"साग़फ़्योर्ड[19], क्लोट्टरान से।"

"नाम क्या है तुम्हारा?"

"मेरा नाम? मार्टिन। मुझे एनेवूल्डसेन के नाम से जानते हैं।"

"मैं कोशिश करूँगा देखने की," मैंने थकते हुए कहा, पाण्डुलिपि को पलटते हुए। "लेकिन मैं पूरी नहीं पढ़ सकता, बस यहाँ-वहाँ।"

स्कूल के किसी अध्यापक के बारे में थी वह और एक आदमी जिसका नाम बेर्तियुस था; मुझे एक-दो बार आल्विल्दे नाम दीख पड़ा, ख़ुदा से समझौता करने के बारे में कुछ, क्लिंगेन्बर्ग[20] जाने के बारे में और किसी ऐसे पादरी के बारे में जो रोज़ी-रोटी की तलाश में था, पहाड़ों में खानें ढूँढता हुआ।

न, उसके वहाँ खड़े-खड़े देखते रहने के दौरान में नहीं पढ़ सकता था। मैंने उसे पाण्डुलिपि लौटा दी, लेकिन ज़ाहिरा तौर पर मैं इस आदमी से यूँ ही पीछा नहीं छुड़ा सकता था; अन्त में ऐसी कोई इच्छा भी नहीं रही मेरी। वह याचना कर रहा प्रतीत होता था, और पूरी तरह से मुझ पर आश्रित था।

हम लोग हपुषा की झाड़ियों में बैठ बातें करने लगे; मैंने अपनी पाइप सुलगा ली, लेकिन वह नहीं पीता था, वह बात कर रहा था। मैंने ग़ौर किया कि उसे इस बात का डर था कि कहीं वह मुझे थका न दे, और उसने डायरी की ओर इशारा करके कहा, "क्नुत, बेहतर होगा तुम इसे खुद ही पढ़ लो।"

लेकिन मैं सुनना ज़्यादा पसन्द करता।

"विचित्र है कि मैं तुम्हें अच्छे से सुन सकता हूँ, मार्टिन," मैंने कहा, उसके आत्मीय सम्बोधन के अनुसार बातचीत करते हुए। "किसी और की बात इतने अच्छे से कभी नहीं सुनायी पड़ी मुझे।"

"प्रवचन देते समय मैं एकदम स्पष्ट बोलने का आदी हूँ," वह बोला।

"कैसे प्रवचन?"

"प्रार्थना-सभाओं में।"

"ओह, प्रार्थना-सभाओं में", लेकिन मैं शब्दों के बारे में नहीं सोच रहा था, ध्वनि, धुन के बारे में। शब्दों की धुन। उसकी आवाज़ में ख़ास दम नहीं था लेकिन वह मेरे कानों के लिए बनी थी, और इसलिए पार हो गयी। ऐसी आवाज़ में उससे पद्य का पाठ सुनना रोमाञ्चकारी होता।

"क्या तुम भजनों का जाप करते हो?" मैंने पूछा।

"ओह नहीं। हाँ, डेविड के स्रोत-संग्रह।"

"और क्या तुम गाते हो?"

"नहीं लेकिन मैं अरगना बाजा बजाता हूँ।"

"तो आल्विल्दे नाम की एक लडकी थी?" मैं अचानक बोला, उसकी ओर देखते हुए।

वह अचम्भित था और बोला, "हाँ, उसका नाम आल्विल्दे है। आपको कैसे पता पड़ा?"

"मैंने तुम्हारी किताब में पढ़ा।"

"आपका स्वागत है। स्वागत से भी ज़्यादा, दरअसल! आपने कुछ ग़लत नहीं किया।"

"लेकिन मुझे बताओ, इस चीज़ में तुम्हारा दख़्ल कैसे हुआ?"

"खुदा की रहमत से!" उसने जवाब दिया।

"ठीक है। लेकिन क्या तुम साग़फ़्योर्ड पर स्थित क्लोट्टरान से सीधे आकर प्राथना-सभाओं में बोलने लगे?"

"ओ नहीं, नहीं," वह निरुपाय होता हुआ बोला। "यह तो पादरी था जिसने मुझे इस काम में लगाया। एक जनाज़े के दौरान मुझे पहली बार लगा मैं इसी काम के लिए बना हूँ।"

"और तुम बोले। क्या कहा तुमने?"

"मैंने कुछ नहीं कहा। मैंने ख़ुदा से दुआ की। बेर्तियुस के जनाज़े में। सब लिख रखा है वहाँ।"

कोई फ़ायदा नहीं था, वह मुझे छोड़ने वाला नहीं था और मुझे पढ़ना शुरू करना पड़ा। मुझे कोई नुक़सान नहीं हुआ, वह तो दूर की बात है; साधारण शब्द और वर्णन अच्छी कहानी कह रहे थे और मुझे बहा ले गये।

मैंने पढ़ा :

*

बात बेर्तियुस के होने से शुरू हुई, वह क्वैडफ़्योर्ड[21] से आया था और वह बस चुका था। वह शादी-शुदा था और एक बच्चा था उनका। वह और मैं अक्सर साथ होते थे, हालाँकि वह मुझसे बड़ा था और मछली पकड़ने वाली नाव का कप्तान था। हर मायने में बढ़िया आदमी था वह और भाइयों में भाई जैसा था। हिल्लिंगेन में स्कोनिग के यहाँ से उसने लकड़ी प्राप्त की, और जब उसने घर बनाया तो मैंने उसकी मदद की, और बदले में मेरे आवास और खान-पान का बन्दोबस्त उन्होंने कर दिया और मैंने और कुछ माँगा भी नहीं। पतझड़ के समय वह क्वैडफ़्योर्ड लौटकर लूफ़ूटेन टापुओं की ओर रवाना हुआ, उसकी अपनी आठ चप्पुओं की नाव थी। उसकी पत्नी अपने नये घर में हमारे संग ही रही। मैं उसके ख़िलाफ़ कुछ नहीं कहूँगा, लेकिन दूसरों के संग वनबेरियाँ बटोरने जब जंगल का रुख़ करती थी वह तो बच्चे को अकेला छोड़ जाती थी। सर्दी काफ़ी बीत चुकी थी जब वे बेर्तियुस को खेते हुए घर लेकर आये, उसे टायफ़ाइड था और वह दो दिन और दो रात तक अपनी पीठ के बल लेटा रहा। उसका चित्त लगातार भ्रान्त रहा आया, और कोई उसके पास फटकना नहीं चाहता था क्योंकि टायफ़ायड संक्रामक था; उसकी पत्नी की भी हिम्मत नहीं हुई इस डर से कि बच्चे पर आँच न आये। और इसलिए केवल मैं ही उसके साथ रहा, शक्कर-मिले पानी में पंख भिगो-भिगोकर उसके ओंठों को तर करता बैठा रहा मैं, जबकि उसके चित्त की भ्रान्ति ज़रा भी ख़त्म नहीं हुई। केवल दो दिन और दो रात यह सब चला, फिर वह चल बसा।

मैं एकदम हतप्रभ रह गया जब ऐसा हुआ, क्योंकि हम सब सोच रहे थे वह ठीक हो जायेगा, लेकिन ऐसा नहीं होना था। मैं पूरी तरह बेख़बर था कि कैसे उबरा

जाये इससे, कैसे इस अचानक हुई मौत से समझौता किया जाये; जब हम लोगों ने घर बनाया था वह कितना भला-चंगा था, और फिर उसे बुला लिया गया! इस सब पर मैं रात के समय मनन करता रहा, कोई आराम नहीं था मुझे। उसकी पत्नी चाहती थी उसे क्वैडफ़्योर्ड के कब्रिस्तान में दफ़्नाया जाये, लेकिन उसका रास्ता आसान नहीं था, बहुत दूर भी था, क्योंकि उसकी नाव और साथी नाविक लूफ़ूटेन टापुओं को रवाना हो चुके थे, और कोई साधन था भी नहीं। कुछ भले लोग ताबूत और जनाज़े-सम्बन्धी अन्य सामान लाने नाव से क्लिंगेनबर्ग चले गये, लेकिन मैं उनके संग नहीं गया। अगर मुझे भी बेर्तियुस की तरह मौत का बुलावा आ जाता तो मेरा क्या हाल होता? स्कूल के शिक्षक ने आकर मुझसे बात की, यह कहते हुए कि इतनी बुरी तरह मुतासिर नहीं होना चाहिए मुझे, लेकिन कोई फ़ायदा नहीं था। तब मैं बर्फ़ के भीतर से घिसट-घिसट कर गरुड़ श्रृंग नामक एक खड़ी चट्टान पर जा चढ़ा, और वहाँ मैंने अपने दुख और रञ्ज में ख़ुदा और यीशु को पुकारा। मेरा बहुत भला हुआ इससे, मैंने अपनी रूह की रोशनी और दानिशमन्दी के लिए दुआ की, और सच में मेरी दुआ ऐसे सुनी गयी जैसे पहले कभी नहीं। बहुत समय बीत गया, सूरज आसमान से नीचे ढुलक आया, इमारतों के पास मैंने बहुत से अजनबियों को देखा, वे क्लिंगेनबर्ग से ताबूत लेकर लौट रहे थे। यह तब की बात है कि मैंने अपने भीतर ग़ज़ब की पारदर्शिता और रोशनी को फैलते हुए महसूस किया, उच्चतम गौरव की अनुभूति जैसा था यह। मैं आपा खो चुका था और बिना रुके घर पहुँचने तक लगातार बोलता रहा। पादरी आ चुके थे और शव को ताबूत में रखा जा चुका था और वे लोग मुझे चुप कराने लगे, लेकिन पादरी ने उन्हें हाथ से इशारा किया, क्योंकि उन्होंने ही मुझे ईसाइयत बख़्शी थी और वे मुझे जानते थे : "छोड़ दो मार्टिन को!" वे बोले। मैंने अपने हाथ जोड़े, उन्हें ऊँचा उठाया और बेर्तियुस की आत्मा और हम सबके लिए दुआ करने लगा; मुझे बमुश्किल ही मालूम था मैं क्या कर रहा हूँ याकि मैं कितनी देर लगा रहा, जब तक कि पादरी ने मेरा हाथ थामकर शुक्रिया अदा नहीं किया। लेकिन जब मैं बैठा तो मैं अपनी कुर्सी पर सो गया, मारे थकान के। या ख़ुदा, तेरी रहमत! यह जो मैंने लिखा है गरुड़-शृंग पर उस दिन से लेकर अब तक, ख़ुदा की जो रहमत मुझ पर बनी रही, उसके बारे में है।

समय बीतता गया और कुछ और नहीं हुआ। विधवा की मंशा थी वह क्वैडफ़्योर्ड लौट जाये और वह आठ पतवार की नाव की राह देख रही थी ताकि नाविक उसे ले जायें। अप्रैल का महीना था अब। वह घर का क्या करे? उसने उसे बेचने की

कोशिश की लेकिन वह सफल नहीं हुई, इसलिए उसने मुझसे कहा मैं शेरिफ़ की मदद से बेच दूँ, और मैंने ऐसा करने का वादा किया। जब मैं शेरिफ़ के यहाँ से लौटा उसने मुझसे कहा कि इस बीच मैं घर का उपयोग कर सकता हूँ। मैंने उससे पूछा उसका आशय क्या है। "मुझे नहीं मालूम मेरा आशय क्या है, लेकिन घर बनाने में तुमने बेर्तियुस की मदद की थी, इसलिए मैंने ऐसा कहा!" मुझे तब भी समझ में नहीं आया उसका आशय क्या था। "नहीं, तुम किसी और के बारे में सोच रहे हो," वह बोली, "और वह तुम्हें बुद्धू बना रही है, क्योंकि वह अब स्कूल-मास्टर के साथ रहेगी, मालूम है!" "हाँ, मुझे मालूम है," मैंने कहा, "और अब हम इसके बारे में और बात नहीं करेंगे, चुप रहेंगे।" लेकिन अगले ही दिन आठ पतवार की नाव आकर उसे और उसके बच्चे को ले गयी, और वह अपने लोगों के पास क्वैडफ़्योर्ड चली गयी, जहाँ से वह आयी थी। सब वैसा ही हुआ जैसा होना था। गर्मी का मौसम आया, और स्कूल-मास्टर ने घर ख़रीद लिया, वहाँ आकर रहने लगा वह और स्कूल चलाने लगा। भरी गर्मियों में उसने शादी कर ली और भाण्डे-बर्तनों सहित वह सब भी ख़रीद लिया जिसकी क्लिंगनबर्ग में ज़रूरत थी; खुश दम्पत्ति था वह और वे लोग भूसे में लेटे रहते थे और सन्तुष्ट थे। स्कूल-मास्टर खुद एक हथौड़ा लेकर पड़ोस के पहाड़ों में खनिज ढूँढ़ने निकल जाया करता था, लेकिन उसे कोई कीमती धातु न मिले जिन्हें वह कहीं भेज सकता था, जो कुछ भी उसने ख़रीदा था, सब ख़ाक हो गया; घर की ख़रीद भी उसे रद्द करनी पड़ी क्योंकि पहाड़ों में कुछ मिला जो न था उसे।

पतझड़ काफ़ी बीत चुका था जब हेल्गेलांड[22] में उसे बेहतर नौकरी मिल गयी और वह वहाँ चला गया; हमें उसकी बहुत याद आती थी, क्योंकि वह होशियार आदमी था और हर क्षेत्र में महारत हासिल थी उसे। वह ट्रोम्सो टीचर्ज़ कॉलेज[23] से था अपने साथ विद्वत्ता और अन्तर्दृष्टि लाया था, आनन-फानन में मशीनें बना डालता था, सभी कुछ उसके भेजे में था। ऐसे आदमी पर दया आती है आपको। उसने मुझे अरगना बाजा बजाना सिखाया और अन्य कई कौशल; उसका नाम था हांस नैस और वह कद्दावर और आकर्षक आदमी था, लेकिन किसी चीज़ में रम जाने में उसे कठिनाई होती थी, ऐसा लगता था, और वह अपने खुदा को भूल जाता था। उसने हेल्गेलांड में एक फ़ार्म ख़रीदा, लेकिन उसका भी कुछ ख़ास बना नहीं; सिर्फ़ दो साल बाद उसे वह छोड़ देना पड़ा, और जो कुछ भी उनके पास था वह ज़ब्त कर लिया

गया। अन्त में उसने सोचा कि उसे अमरीका चले जाना चाहिए और कि उसे शुरू से ही वहाँ होना चाहिए था। इस मुद्दे पर, बाक़ी लोगों को लगा वह सही थाः क्योंकि ऐसा आदमी जिसे इतना सब पता था और जो अपने भेजे और हाथों के उपयोग में इतना होशियार था, उसके लिए ज़रूर अमरीका ही सही जगह होगी। उसने टिकट के लिए पैसा उधार लिया और पूरी उम्मीद से तैयारी की उसने; उस समय संयोग से मैं हेल्गेलांड में था जब उसने अपने परिवार से विदा ली और रवाना हुआ। मैं सिर्फ़ इतना कर सकता था कि पूरे मन से ख़ुदा से उसकी नयी दुनिया में सफलता के लिए दुआ करूँ, अन्त मैं मैंने यह दुआ भी की कि ख़ुदा उसकी बीवी पर भी नज़र रखे और उसकी और पीछे छूटे बच्चों की हिफ़ाज़त करे, जो पति की माली हालत सुधरने पर उसके पास चले जाने वाले थे। और इस तरह वह चला गया। ख़ुदा की मर्ज़ी! वह उससे फिर कभी नहीं मिल पायी।

न, इस जहान में तो वह उससे फिर कभी नहीं मिली। उसे कुछ ख़त ज़रूर मिले उसके जिनमें उसने बताया कि वह ठीक-ठाक पहुँच गया था और पश्चिम की ओर निकल रहा था; इसके बाद फिर कोई ख़बर नहीं आयी। उसने अख़बारों में पढ़ा कि शिकागो में भीषण आग लगने से बहुत लोग मारे गये थे, सो हो सकता है वह मृतकों में शामिल हो, या ऐसा भय हुआ होगा उसे लेकिन उसकी बाबत पूछताछ करना कभी नहीं छोड़ा उसने और साल-दर-साल उसके बारे में सोचती रही वह। फिर वह घनघोर मुफ़लिसी में भी रहती थी। बड़ा मुश्किल वक़्त था उसके लिए; वह न तो ब्याही थी न कुँवारी, और उसे अपना और अपने प्यारे बच्चों का गुज़ारा भी चलाना होता था। जब मैं देश के उन हिस्सों में चला आया करता तो वह बमुश्किल ही मुझे बरदाश्त कर पाती थी। और उसने मुझे बताया कि मैंने अच्छा किया होता अगर मैं उसके पति को टिकट का पैसा उधार न दिया होता और इस तरह उन सब पर गाज न गिरायी होती। मुझे समझ में नहीं आया मैं इस बात का जवाब कैसे दूँ और मैं सीने में ग़म लिये चला आया वहाँ से। उसकी मनःस्थिति को देखते हुए मेरी हिम्मत नहीं होती थी मैं उससे ज़्यादा मिलूँ, लेकिन मैं सिर्फ़ क्रिस्मस और अन्य त्यौहारों पर उसे शुभ-कामनाएँ भेजता रहा। इससे भी वह मुझसे ख़फ़ा हो जाती थी, और जब मैं अगली बार आया वह कड़ुवाहट से भरी हुई थी और नफ़रत भरी कई बातें उसने मुझसे कहीं। "मुझे नहीं मालूम तुम दबे-पाँव इन इलाक़ों में क्यों चले आते हो," वह बोली, "हामारॉय में तुम्हारा घर नहीं है क्या?" "मैं दक्षिण से आया हूँ और बिलकुल उत्तर की दिशा में जा रहा हूँ," मैं बोला, "तो मेरा मन किया यहाँ आने का।" "नहीं, तुम भेद लेने आते हो," वह बोली, "और लोग वहाँ अपने इलाक़े

में क्या-क्या नहीं सोचते होंगे? कहीं तुम यह तो नहीं सोचते, बोलो, कि तुम मुझे उस आदमी को भूल जाने को राज़ी कर सकते हो जिसे तुमने यहाँ से भिजवा दिया; हा-हा, मेरे अच्छे मार्टिन, तुम ख़ुद को उसकी जगह पेश तो नहीं कर रहे न?" "नहीं, मेरी ऐसी कोई मंशा नहीं रही," मैंने कहा। "ठीक है, वे सब चीज़ें ले जाओ जो तुम लेकर आये हो, मैं उन्हें अपनी नज़रों के सामने नहीं रहने दूँगी," वह बोली। "हमें किसी भी चीज़ की ज़रूरत नहीं और तुम्हें ज़ेहमत उठाने की कोई ज़रूरत नहीं!" "बच्चों के लिए ज़रा-सा कुछ था," मैंने कहा।। "लेकिन मुझे नहीं पता तुम यहाँ से दूर क्यों नहीं रहते," वह बोली। "मैं दूर रहूँगा," मैं बोला।

यह कहकर मुझे पछतावा हुआ, क्योंकि हालात और बिगड़ गये और आँसू उमड़ पड़े। देखना कष्टकारी था। मैंने उसे बताया कि मैं उसके कहे हुए पर ज़रा भी और नहीं सोच रहा था, लेकिन वह अपने आपको सबसे घिनौनी गन्दगी और कीड़े जैसा बताने लगी और उसे धीरज बँधाना असम्भ्व था। जब में निकलने को हुआ वह मुझे बाहर छोड़ने आयी, पूरा समय रोती हुई। "मैं मानूँ कि मैं आख़री बार मिल रही हूँ तुमसे?" वह बोली। "इतने दुःख-भरे अल्फ़ाज़ मत इस्तेमाल करो," मैंने जवाब दिया, "अगली बार तक शायद तुम्हें कोई ख़बर मिल ही जाये। ख़ुदा के लिए कुछ भी नामुमकिन नहीं!"

*

मैंने आगे नहीं पढ़ा और डायरी उसे लौटा दी। वह निराश हो गया। यह भी मेरे लिए परिचित बात थीः वे समझते नहीं आख़िर कोई आगे का पूरा कैसे पढ़ सकता है, जो पिछले से बदतर नहीं है।

"तो स्कूल-मास्टर ने कष्ट सहा," मैंने उसे दिलासा देते हुए कहा। "उसने आल्विल्दे से शादी की थी, नहीं?"

उसे झटका लगा। "ऐसा तो कहीं नहीं लिखा," वह बोला।

"नहीं।"

"इस बात का ज़िक्र तो कहीं नहीं है।"

"अब तुम मुझे बताओ, तुमने जवानी से लेकर अब तक के अपने दिन प्रार्थना-सभाओं में बोलते हुए गुज़ारे हैं?"

"मैं ज़्यादा बोलता नहीं हूँ, इतना नहीं सीख पाया मैं। मैं ख़ुदा से दुआ करता

हूँ।''

''इतने साल हो गये तुम्हें, जीवन-भर ही हो गया होगा।''

''यह बात तो है। समय बीत गया और सारे साल भी बीत गये, मुझे खेद है यह कहते हुए, और तब भी मैंने हम इनसानों के लिए इस पृथ्वी पर कुछ नहीं किया।''

''तुम यहाँ कहाँ निकल आये, दक्षिण की ओर इतनी दूर?''

''ओ, मैं तो बस चल देता हूँ।''

''पैदल?''

''हाँ। मैं पैदल चलता हूँ। स्वीडन और फ़िनलैण्ड भी गया हूँ मैं।''

''मुआफ़ करना पूछने के लिए,'' मैंने कहा। ''क्या तुम्हें कुछ मिलता-विलता भी है? मेरा मतलब है क्या कोई तुम्हें पैसा देता है?''

''नहीं। लेकिन खुदा की रहमत है मुझ पर, मुझे किसी चीज़ की कमी नहीं आती। अक्सर मैं दिहाड़ी कर लेता हूँ और थोड़ा-सा मिल जाता है मुझे; कई बार कुछ बच भी रहता है। सो अच्छी निभ जाती है मेरी।''

''क्या तुम भीतर जाकर खाने को कुछ माँग लेते हो बस?''

''नहीं,'' उसने जवाब दिया। ''लेकिन जब कुछ ऐसा हो गुज़रता है, मुझे मेज़ के गिर्द बैठे अन्य लोगों के संग खाने को मिल जाया करता है।''

''अच्छा। लेकिन जब ऐसा कुछ नहीं होता?''

''तब मैं किसी अन्य जगह की प्रतीक्षा कर लेता हूँ, या फिर मुझे कुछ चाहिए ही नहीं होता। कुछ भी हो, ज़्यादा तो चाहिए भी नहीं होता।''

मैंने उस दुबले से मुसाफ़िर की ओर देखा और बोला, ''मुआफ़ करना, लेकिन क्या तुम्हारे लिए बेहतर नहीं होगा कि किसी संस्था या धार्मिक समुदाय में शरीक हो जाओ, तो कुछ नियमित मिलता रह सके तुम्हें?''

''हाँ, हो तो सकता होगा शायद,'' वह बोला। ''लेकिन देखिए मैं न तो शिक्षित हूँ न ही कुछ जानता हूँ जो मैं किसी को दिखा सकूँ, इसलिए मुझे अकेली राह पकड़ना है और खुदा के अंग-संग रहना है, मैं खुदा से दुआ करता हूँ, और सुरक्षित महसूस करता हूँ। जब मैं किसी कॉटेज या घर में दाख़िल होता हूँ, मैं ख़ुदा

का शुक्रिया अदा करता हूँ कि इस छत के नीचे पनाह मिली मुझे और मैं दैवीय आशीर्वाद और हम सब की ओर क्षमा माँगता करता हूँ। आमतौर पर कुछेक लोग सुनने आ जाते हैं, अगर आसपास कहीं हार्मोनियम होता है, कृतज्ञतास्वरूप अच्छा-ख़ासा भजन-गायन ही हो जाता है। ऐसा होता है।''

''तुम्हारे लिए इतना ज़रूरी क्यों है कि मैं तुम्हारी डायरी को पढ़ूँ?''

''देखिए ऐसा है, इसकी एक वजह थी। बेशक, हामारॉय में जब मैं बड़ा हो रहा था मैं बीच-बीच में आपके बारे में सुनता रहता था, इसीलिए मैं आपके नाम से वाक़िफ़ था।''

''लेकिन तुम्हें कैसे मालूम पड़ा कि मैं यहाँ हूँ?''

''किसी से संयोगवश सुना था मैंने। और मैंने तुरन्त फ़ैसला किया कि मैं आपसे मिलने की कोशिश करूँगा।''

''ओह, वाक़ई।''

''मैंने सुना था कि आप बहरे हो गये हैं, बेशक, लेकिन इस बात की मुझे ज़्यादा फ़िक्र न थी। मेरे पिता बहरे थे और मेरी माँ बहरी थीं, उन पर चिल्लाने का कोई फ़ायदा नहीं था, वे सुन नहीं सकते थे। प्रार्थना-सभाओं में बहुत से ऐसे लोग होते हैं जो सुन नहीं सकते और खुदा के बारे में एक लफ़्ज़ तक नहीं सुन सकते, न उस दुआ को जो उससे माँगी जाती थी।''

''अच्छा। और तुम क्या सोचते थे मुझसे क्यों मिलना चाहते थे तुम?''

''ऐसा है, मैं यह भी बता सकता हूँ आपको, अगर आप इसे अन्यथा नहीं लेंगे?''

''नहीं, नहीं।''

''तब मैं सिर्फ़ एक बात कहूँगाः कि आप अपने जीवन को संवार लें। समय आ चुका है। आप बूढ़े आदमी हैं।''

हम दोनों चुप हो गये, और उसने और कुछ नहीं कहा। कोई उपदेश नहीं। उसमें इतना विवेक था कि उसने अपने शब्दों को हलका-फुलका नहीं बनाया। शायद उसने विदाई के शब्द पहले से ही सोच कर रखे थे, शायद वह रास्ते में मिलते बूढ़ों से यही बात कहने का आदी था।

''आज मुझसे बात करने की ज़ेहमत उठाने के लिए तुम्हारा शुक्रिया,'' मैंने

कहा, उसकी जेब में एक छोटा-सा नोट सरकाते हुए।

लेकिन इससे हम दोनों झेंप गये, और बात को हवा में उड़ाने की गर्ज़ से मैं बोला, ''यहाँ से तुम कहाँ जाने वाले हो?''

''शहर,'' वह बोला।

''फिर तुम्हें अपने जूते पहन लेने चाहिए,'' मैंने कहा।

''हाँ, लेकिन कोई जल्दी नहीं मुझे,'' वह बोला। ''जब तक लोगों के बीच नहीं पहुँच जाता मैं बचाये रखूँगा इन्हें।''

*

अक्तूबर आ चुका है। ज़ाहिर है, सिगार ख़त्म हुए काफी समय बीत गया, लेकिन कोई फ़र्क नहीं पड़ता, मेरे पास टीन की डिब्बियों में तम्बाकू है, नॉर्वे के ब्रांड का, और मैं अपनी पाइप पिऊँगा। एक दिन मैंने देखा एक बूढ़े आदमी को तम्बाकू का एक लम्बा-सा पौधा घर लेकर आते हुए, पत्तियों से भरा, जो उसे किसी जगह मिल गया था; वह एहतियात से हर सूखे पत्ते को टहनी से तोड़ता है, पाइप को भरता है और सुलगा लेता है। ऐसे भी चल जाता है, अच्छे से चल जाता है, हम बाक़ी बुढ्ढे यह नज़ारा देखकर ही शेखी में आ जाते हैं। इन गर्मियों के बाद, जब से मुझे घर से बेहतर जूते प्राप्त हुए हैं, मुझे किसी भी चीज़ की कमी महसूस नहीं हुई। डेनमार्क से मुझे सभ्यता के विषय में एक मोटा-ताज़ा ग्रन्थ प्राप्त हुआ है, और यहाँ मैंने एक बाइबल का जुगाड़ भी कर लिया है, न्यू गिनी के बारे में एक बड़ी-सी किताब के साथ।

एक शाम डॉक्टर आता है और कहता है कि वह मेरी जाँच करेगा।

''क्यों?'' मैं पूछता हूँ।

''पुलिस अचरज कर रही है, आपको वापिस नोरहूल्म जाना है, या कुछ भी।''

''मैं कपड़े उतारूँ?''

''नहीं, बिलकुल नहीं,'' वह जवाब देता है, ''बस ज़रा कमीज़ के कुछ बटन खोल लीजिए।''

उसने मेरी छाती और पीठ को सुना। ''रक्त-चाप शायद कुछ ज़्यादा है,'' वह बोला। ''क्या आप घर जाना पसन्द करेंगे?''

"मैं वही चाहता हूँ जो पुलिस चाहती है। अब मेरी अपनी कोई मर्ज़ी नहीं है।"

काम ख़त्म। केवल दस मिनट लगे।

मैंने इस जाँच को कोई ख़ास महत्त्व नहीं दिया। पुलिस ज़रूरत से ज़्यादा ख़याल रख रही थी, मैं बिलकुल भला-चंगा था। उच्च रक्त-चाप? मैंने कभी नहीं सुना इसके बारे में। मुझे कुछ नहीं हुआ था, मैं सिर्फ़ बूढ़ा और बहरा था।

दो दिन के बाद एक वकील बहुत-से बड़े-बड़े काग़ज़ लेकर आया; उसे मेरी सकल सम्पत्ति की सूची बनाना थी, उसने बताया। मजिस्ट्रेट को मैंने जो बताया था वही उसे भी: 25,000 नकद, नोरहूल्म का फ़ार्म और यीलन्दाल प्रकाशन के 200 शेयर।

"लेकिन कृतियों का स्वामित्व भी तो है," वह बोला, और उसने 100,000 लिख लिया।

विशुद्ध अटकलबाज़ी। मैं बोला, "हो सकता 100,000 क्रोनर के हों, हो सकता है 5 क्रोनर के भी न हो, कोई नहीं जानता, मैं एक मरा हुआ आदमी हूँ। यीलन्दाल से जाकर पूछ लीजिए जहाँ उनके पास इस काम के लिए व्यवसायिक लोग हैं।"

उसने 100,000 को काट कर 50,000 लिख दिया।

"ज़ेवर?" मैंने सोचा उसने पूछा मुझसे।

क्योंकि मैं अंगूठियाँ नहीं पहनता, मैंने अपनी बण्डी में गोता मारा और अपनी घड़ी उसे देने वाला था, लेकिन उसने मना कर दिया।

काम ख़त्म।

एक सप्ताह गुज़र गया। मुझे ऐसा लगा सब ठीक-ठाक है, मेरी बेटी और बहू नोरहूल्म से मिलने आयीं मुझसे, मैंने उनके साथ हँसी-मज़ाक किया, अपने जीवन के बारे में उन्हें छोटी-छोटी चीज़ें बतायीं। मेरे रिश्तेदार मुझे बता पाये कि अब मैं ऑस्लो जाने वाला हूँ, किसी "बढ़िया यात्री-भवन में;" उनके किसी जानकार पुलिस वाले ने बतलाया था। हम्म्म ठीक है मेरे लिए। मैं एक पखवाड़े के भीतर चला जाऊँगा, पुलिस ने संकेत दिया था। मेरे रिश्तेदारों ने एक-एक कर मुझे पैसे का पैकेट दिया, जो मुझे अपने लौट आने तक उनके लिए रखना होगा — जब भी उनके हाथ चन्द पैसे लगते, वे ऐसा ही किया करते थे।

अगली शाम पुलिस आयी और गाड़ी में बिठाकर मुझे आरेण्डाल ले गयी। रविवार का दिन था। मैं एक खचाखच भरी रेलगाड़ी में बैठ गया और अभी तक मुझे अपनी यात्रा के प्रयोजन के बारे में कुछ भी मालूम नहीं था — जब तक कि बड़ी शिष्टता से उन्होंने मेरे हाथ *आफ़्टेनपोस्टेन* की एक प्रति नहीं लग जाने दी, जहाँ यह बताया गया था कि मुझे मनोरोग चिकित्सालय जाना था। यहाँ भी गोपनीयता। जब ट्रेन ऑस्लो पहुँची तो मैं रात-भर बारह घण्टे बैठा रहा था। और मैं कोई नौजवान नहीं था। नाव में सात घण्टे लगते, और मैं लेट सकता था।

सोमवार की सुबह 15 अक्तूबर के दिन, दस और ग्यारह के बीच दाख़िला मिला मुझे, तीन तालाबन्द दरवाज़ों के पार, मनोरोग चिकित्सालय में। और तीनों दरवाज़े मेरे पीछे बन्द कर दिये गये।

श्वेतधारी नर्सों का एक झुण्ड मेरी ओर बढ़ा। मैं जेबों में जो कुछ भी लिये था मुझे उन्हें सौंप देना था, मेरी चाबियाँ, मेरी घड़ी, नोटबुक, जेबचाकू, पेन्सिल, चश्मा, सभी कुछ। जेब की लुप्पी में दो पिन लगे थे, वे भी ले लिये गये; मेरे सूटकेस के कवर को उतार लिया गया, शायद इस डर से कि कहीं मैंने कुछ ख़तरनाक चीज़ तो नहीं छिपा रखी। फिर उन्होंने सूटकेस खोला और चीज़ों की छानबीन करने लगे।

डाक्टर की रिपोर्ट के विषय में एक सवाल उठ खड़ा हुआ। क्या डाक्टर ने मुझे कुछ लिखकर दिया था? नहीं। पुलिस मुझे यहाँ लेकर आयी थी, मैं हिरासत में था; मैं देशद्रोही था, उन्हें पता होना चाहिए। मैत्रीपूर्ण प्रमुख नर्स ने मुझसे पूछा कि ऐसा दुर्भाग्य क्यों रहा मेरा। "कोई बात नहीं," मैंने कहा। "नहीं, नहीं, यह बहुत बुरी बात है, दुःख होता है।" मैंने कहा मैं सब कभी बाद में बताऊँगा।

वे मुझे स्नानघर ले गये। मैंने कहा मैं थका हुआ हूँ और भूखा हूँ, लेकिन वे कहने लगे पहले मुझे नहाना है। जब मैं दोबारा कपड़े पहनने लगा, मुझे मेरी टाई की पिन नहीं मिली। वह मेरी टाई से उस समय निकाल ली गयी जब मैं टब में था, और मैंने किसी ने कुछ नहीं कहा। मैं फ़र्श पर लेट कर उसे ढूँढ़ने लगा, लेकिन नहीं। मैंने परिचारक से पूछा, नहीं। मैं तैश में आ गया और शोर मचाने लगा। शश्श, शश्श, शश्श! मैंने उन्हें समझाया कि वह महंगी नन्ही पिन थी, पूर्वी मोती, उन बड़े से टूम-छल्लों जैसा मत समझिए उसे जो कुछ लोग लगाये हुए घूमते हैं। आख़िरकार एक नर्स कहती है कि पिन सम्भाल कर रख ली गयी है।

और अन्ततः उन्होंने मुझे ब्रेड के पतले-पतले स्लाइस दिये जिन्हें मैंने चबाना

शुरू कर दिया। जब मैं इस काम में व्यस्त था, मेरा नाम पुकार लिया गया। मैं समझा नहीं वे क्या कह रहे थे, और जब मैंने पूछा, उन्होंने एक काग़ज़ के टुकड़े पर *लेगेन*[24] लिख दिया। "*लेगेन* यह क्या है?" मैंने पूछा। उन्होंने काग़ज़ के एक और टुकड़े पर *लेगेन* लिख दिया और नीचे लकीर खींच दी। "आपका मतलब है *लैगेन* जो डाक्टर है?" "हाँ, हाँ, हाँ" उन्होंने मुण्डी मटकायी। "डाक्टर मेरे किसी काम का नहीं," मैं बोला। "मैं बीमार नहीं हूँ।"

डाक्टर दूसरी मञ्ज़िल पर था और मैं कठिनाई से ऊपर पहुँचा। आवेश में तो मैं था ही और हर तरह की चीज़ बोलता गया; जबर-जबर करता गया, मैंने शिकायत की कि मैं बेहद थका हुआ हूँ कि मुझे नाव से आने की इजाज़त मिलनी चाहिए थी। स्टेनो ने सब नोट किया, डाक्टर बड़ा सहिष्णु था और मेरी मदद करना चाहता था, "अगर आप नाव में नहीं आये तो इसी वजह से क्योंकि ट्रेन ज़्यादा जल्दी ले आती है," वह बोला। "बिलकुल, सिर्फ़ पाँच घण्टे *धीमी*" मैं बोला।

मैंने उससे उसका नाम पूछा। "रूड," वह बोला। "मैं बहुत थक गया हूँ, मुझे सोना है," मैंने कहा।

*

एक छोटी-सी भूमिका।

तो, मैं ऑस्लो में स्थित मनोरोग-चिकित्सालय में भर्ती हो गया, जो "स्नायविक और मानसिक रोगियों की संस्था" है। सन् 1945, 15 अक्तूबर से। मेरे दिन प्रोफ़ेसर लांगफ़ेल्ड्ट* के लिखित सवालों के जवाब देने में बीतते। यह जवाब मैं हड़बड़ी में देता हूँ, विकट परिस्थितियों में लिखे, कड़े नियमानुसार समय का पालन करते हुए, बढ़ते अवसाद की मनःस्थिति में। सो मैं यह तो कहीं कह सकता वे बहुमूल्य नगों का संग्रह है। लेकिन वे *मेरा* काम हैं।

क्योंकि इतना समय ही नहीं था कि मैं अपने लिखे जवाबों की एक और प्रति बना सकता और प्रोफ़ेसर लांगफ़ेल्ड्ट ने मुझे मूल प्रति देने से इनकार कर दिया, मेरे पास ऐसा कुछ नहीं है जो मैं इस शून्य में भर सकूँ।

*

---

*प्रोफ़ेसर गाब्रिएल लांगफ़ेल्ड्ट, चिकित्सा विज्ञान में पीएच. डी. मनोरोग चिकित्सालय।

सन् 1946 है यह, 11 फ़रवरी।

अब मैं संस्था में नहीं हूँ।

इसका यह अर्थ नहीं कि मैं आज़ाद हूँ, लेकिन मैं दोबारा साँस ले सकता हूँ। साँस लेते रहना ही वह एकमात्र चीज़ है जिसे मैं फ़िलवक़्त करता रह सकता हूँ। मैं बेहद अवसाद-ग्रस्त हूँ। मैं एक स्वास्थ्य-संस्था से लौटा हूँ और बहुत अवसाद में डूबा हूँ। जब गया था वहाँ तो अच्छा-भला था मैं।

शायद मनोरोग चिकित्सालय में लौटकर रहने के लिए समय हो: मैत्रीपूर्ण नर्सें, पूरे मन से दयावान प्रमुख नर्स, क्रिस्मस '45, रोगी, बाहर मेरी छिट-पुट सैर—इस सब को प्रतीक्षा करनी पड़ेगी। मुझे ठीक होना है।

पहले, मुझे लाड्वीक के वृद्धाश्रम में लौटने की अनुमति लेना पड़ेगी। यह आसान बात नहीं होगी; वृद्धाश्रम के नये प्रबन्धक आ चुके हैं, मेरे पुराने कमरे में किसी और बुड्ढे को बसा दिया गया है, सब जगहें भरी जा चुकी हैं। आरेण्डाल के पुलिस चीफ़ ऊंसरूड ने वह सब किया जो वह मेरे लिए कर सकता था, और आश्रम में बाक़ी सब ने भी सदाशयता दिखायी, तो मुझे जगह मिल गयी।

और अब मेरा स्वास्थ्य-लाभ शुरू होना था। लेकिन मैं कोई नौजवान आदमी नहीं था, और मेरे लिए हस्बे-मामूल अपनी ज़िन्दगी को दोबारा पा लेना आसान नहीं था, जो चार महीने पहले भंग कर दी गयी थी; सेहत सुधरने में महीना-दर-महीना बीतते चले गये। मैं किसी से मुलाक़ात करने से मना कर देता था, पत्र आते थे लेकिन मैं जवाब नहीं देता था, परवाह भी नहीं थी मुझे। मैं बर्फ़ के कीचड़ में सैर करता था, लेकिन बाद में मैं काँपने लगता था। मैं बहुत ऊँघता और सोता था, दिन-दिहाड़े कुर्सी पर बैठे-बैठे भी। यहाँ के लोग कहते थे थकान की वजह से ऐसा था।

मैंने खुद को सम्भाला और म्यान वाला चाकू भेज दिया मैंने। ओह, वह चाकू! मैंने उसे हथियाया नहीं था, वह ग्रिम्स्टाड अस्पताल में मेरे साथ नत्थी हो गया था और फिर चार महीने के लिए चिकित्सालय के भूमिगत कक्ष में मेरी और चीज़ों के साथ दफ़नाया जा चुका था। मैंने डाक से चाकू को अस्पताल वापिस भेज दिया: "यह रहा म्यान वाला चाकू, इसे ले लीजिए, मैं इसे और देखना बरदाश्त नहीं कर सकता, यह मेरा नहीं है।"

कई और तरह से भी जितना बन पड़ा मैंने अपने मुआमलों को सुधारने-संवारने

की कोशिश की। कैलेण्डर पर अहम तारीखों पर निशान लगाये मैंने, कुछ अख़बारों को बुलाने पैसा भेजा बिना अनुमति लिए, और अपने कपड़ों को रफ़ू किया। भरी सर्दी है, लेकिन चमकती धूप है और लम्बे होते दिन; भूमध्य-रेखा जैसा समय है: रात होने से पहले 7 बजे का झुटपुटा, अगले 7 बजे पौ फटती है सुबह होने से पहले। कुछ समय ऐसा बढ़िया चलता है, जब तक कि भूमध्य रेखा स्थान नहीं बदलती।

इस समय पढ़ने की मेरी कोई इच्छा नहीं थी। बेशक, मेरे पास सभ्यता का इतिहास रखा था, बाइबल और न्यू गिनी पर लिखी कृति, लेकिन मैं जल्दी ही ठीक-ठाक किताबों से ऊब जाता था और कचरा एवं अख़बार पढ़ना ज़्यादा पसन्द करता था। कभी-कभार, रसोई में, मुझे कोई मज़हबी रिसाला मिल जाया करता था जिसे मैं देखता रहा करता था; बढ़िया लेखन और अक्सर सुविचारित, एक पत्रिका थी *इवेंजलिस्ट*, जो यहाँ निःशुल्क भेजी जाती थी, और कई एडवेंटिस्ट (अवतारवादी) प्रकाशन जो साधारण उपदेशकों द्वारा भेजी जाती थीं। यह दूसरे प्रकाशन काफ़ी नफ़ीस थे, उन्हें उलट-पलट कर देखना लुत्फ़ देता था और मेरी कमज़ोर नज़र के लिए आरामदेय। मुझे बरबस नूरलांड में क्लोट्टरान से अपने मित्र की याद हो आयी, वह इस विशाल संगठन का सदस्य बन सकता था और नंगे-पाँव चलने से बच जाता वह। लेकिन उसे अकेला जाना होता था, उसने कहा था।

एक शाम ग्रिम्स्टाड अस्पताल की प्रमुख नर्स कार से आन पहुँची। उसका काम था मुझे लौटाना—म्यान वाला चाकू!

मैं अभी गहराई से सोचने के क़ाबिल नहीं हो पाया था, और मैं वहाँ खड़ा रह गया बस।

"देखिए," वह बोली, "यह म्यान वाला चाकू जो आपने मुझे भेजा है अस्पताल का नहीं है, और हम इसे नहीं रखेंगे। यह ख़ूबसूरत चाकू है, लेकिन यह हमारा नहीं है।"

"मेरा भी नहीं है," मैं बोला।

"आपको घर पूछ कर देखना पड़ेगा," वह बोली, "ज़रूर नोरहूल्म से आया होगा।"

मैंने नहीं पूछा, बहुत अधिक हो जाता यह मेरे लिए।

*

दिन बीत रहे हैं, महीने बीत रहे हैं, और मेरी हालत ज़्यादा नहीं सुधर रही। कुछ लोग वृद्धाश्रम में मर जाते हैं, बहुत से बूढ़े लोग हैं जिनमें से कुछ चुने जाते हैं; कुछ ग़ायब हो जाते हैं लेकिन दूसरे उनकी जगहें ले लेते हैं, और जो बच रहते हैं उन पर कोई असर नहीं होता, ऐसा ही होना चाहिए। बर्फ़ चली गयी है, और वसन्त आ चुका है; मेरा और से और मन करता रहा है मैं काम करूँ, लेकिन दम नहीं है मुझमें। ख़तों का जवाब मैं अब भी नहीं देता।

तम्बाकू पर राशन अब नहीं है, लेकिन इसमें भी मुझे मज़ा नहीं आता, बिलकुल भी नहीं, तो मैं चाहता क्या हूँ, इतना अड़ियल क्यों हूँ? वसन्त और ग्रीष्म और सब, लेकिन या ख़ुदा, हालात कितने मूर्खतापूर्ण हैं। मैं दो ताज़ा पेंसिलों को म्यान वाले चाकू से तराशता हूँ ताकि शानदार ख़ुलासा कर सकूँ, लेकिन यह ख़ुलासा आने से मना कर देता है। तो मैं करूँ क्या? मैं बिलकुल उलट-पलट पड़ा हूँ, यही समस्या है; मैं ख़ुद से तंग आ चुका हूँ, कोई इच्छाएँ नहीं हैं मेरी, कोई रुचि नहीं, कोई ख़ुशियाँ नहीं। चार या पाँच इन्द्रियाँ दबी पड़ी हैं, और छठी नष्ट हो गयी है।

इसके लिए मुझे मुख़्तार-आम का शुक्रगुज़ार होना चाहिए।

*

लाड्वीक वृद्धाश्रम, ग्रिम्स्टाड, 23 जुलाई, 1946

मेरे प्रिय मुख़्तार-आम

ऑस्लो

इस बात को लेकर मैं संशय में रहा हूँ कि यह ख़त मुझे लिखना भी चाहिए या नहीं। इससे शायद मुझे कोई फ़ायदा नहीं होगा। अलावा इसके मेरे पास करने को और काम होने चाहिए, वृद्ध जो हूँ मैं। बहाना यह है मेरा कि मैं आज के दिन की ख़ातिर नहीं लिख रहा, किसी भी ऐसे शख़्स के लिए लिख रहा हूँ जिसे शायद हमारे बाद यह पढ़ने को मिले। और मैं हम सबों के नाती-पोतों के लिए लिख रहा हूँ।

पिछले ग्रीष्म की दो-एक सरगर्मियों के बाद मुझे ऑस्लो के मनोरोग चिकित्सालय में भर्ती करा दिया गया था। यह भर्ती मेरे अलावा औरों के लिए भी एक पहेली है। इस संस्था को, आधिकारिक तौर पर, "स्नायविक और मानसिक रोगियों हेतु" बताया जाता है, लेकिन मैं न तो स्नायविक, न मानसिक रोगी था। मैं एक बूढ़ा आदमी था और मैं बहरा था, लेकिन उस समय मैं भला-चंगा था जब मुझे मेरी रोज़मर्रा ज़िन्दगी और काम से चीर-फाड़ कर मुझे क़ैद कर लिया गया। किसी दिन शायद मेरे प्रति मुख़्तार-आम के मनमाने और विवेकहीन बरताव की बुनियाद पर सवाल उठाया जायेगा। आप मुझे अन्दर बुलाकर पल-भर के लिए मुझसे बात कर सकते थे; आपने ऐसा नहीं किया। आप किसी डाक्टर से प्रमाण-पत्र ले सकते थे कि मुझे जबरन भर्ती की ज़रूरत है; आपने नहीं लिया। ज़िले के डाक्टर ने दस मिनट जाँच की मेरी — "केवल शारीरिक," उसके मुताबिक—"कुछ अधिक रक्त-चाप," का ज़िक्र किया उसने, शायद रक्त स्राव का भी। रक्त-चाप के रहते क्या किसी की ऐसी तालाबन्द जाँच करने की ज़रूरत है जैसे वह मनोरोगी हो? क्या मस्तिष्कीय रक्त-स्राव जिसने मेरी मानसिक क्षमता पर ज़रा भी खरोंच नहीं डाली ऐसी हिरासत के लिए पर्याप्त कारण हो सकता है? मस्तिष्कीय रक्त-स्राव कुछ कम लोगों को नहीं हुआ, न ही धमनियों का संकरापन इतनी दुर्लभ और असामान्य बीमारी है। मैं एक ऐसे आदमी को जानता हूँ जिसे मस्तिष्कीय रक्त-स्राव हो चुका है, तब भी वह दो डॉक्टरेट हासिल कर चुका है; उसका दावा है कि रक्त-स्राव से उसे कोई क्षति नहीं पहुँची।

मुझे मानकर चलना पड़ रहा है कि मुख़्तार-आम मेरे नाम से वाक़िफ़ नहीं थे। लेकिन जानकारी जहाँ थी, वहाँ से ले जा सकते थे आप। कोई आपको ज़रूर बता देता कि मनोविज्ञान के क्षेत्र में ऐसा नहीं है कि मेरी कोई पहचान नहीं, कि लेखक की हैसियत से इतना लम्बा कार्य-काल रहा है मेरा कि मैंने सैकड़ों क़िरदारों की रचना की — उन्हें अन्दरूनी बाहरी दोनों तौर पर रचा है, बिलकुल जीवित लोगों की तरह, हर मनोवैज्ञानिक दशा और हाव-भाव में, स्वप्न में और कर्म में। आपने मेरे बारे में इस जानकारी की तलाश नहीं की। आपने एक तरह से अनदेखे ही एक ऐसी संस्था और प्रोफ़ेसर के हवाले मुझे कर दिया जिन्हें मेरे बारे में कोई भी जानकारी नहीं थी। निश्चित ही, वे अपनी पाठ्य-पुस्तकों और ग्रन्थों से लैस होकर आये जिन्हें वे रटे हुए थे, जिनके आधार पर परीक्षा में बैठे थे वे, लेकिन यहाँ ध्यान रखने लायक बात कुछ और ही थी। क्योंकि माननीय मुख़्तार-आम के पास जानकारी नहीं थी, प्रोफ़ेसर को मुझे वहीं-का-वहीं खारिज कर देना चाहिए था। उन्हें शायद अपनी विशेषज्ञता सहित यहाँ नमूदार होने से पहले ज़रा झिझकना चाहिए था, जहाँ जो काम किया जाना था, वह उनके दायरे के भीतर क़तई नहीं था।

अलावा इसके—इस सब का उद्देश्य भी क्या था? मुझे पागल क़रार दे मुझे मेरे किये-धरे की ज़िम्मेदारी से बरी करना? क्या मुख़्तार-आम यह मेहरबानी करना चाहते थे मुझ पर? अगर ऐसा है, तो इसमें मैं तो कहीं था ही नहीं। 23 जून के दिन न्यायधीश की कचहरी में मैंने अपनी ज़िम्मेदारी क़ुबूल की थी, और तब से मैं इसी नज़रिये पर अडिग रहा हूँ। क्योंकि दिल-ही-दिल मैं जानता था कि अगर मैं बिना किसी बन्दिश के बोल पाऊँगा, तो माहौल यूँ बदल जायेगा कि बरी हो जाऊँगा मैं, या बरी होने के इतना क़रीब जितनी मैं जुर्रत करूँगा और न्यायालय मंजूर करेगा। मुझे मालूम था मैं निर्दोष हूँ, बहरा और निर्दोष; पूरा सच बोलकर मैं सरकारी वकील की पूछताछ के दौरान खरा उतरने वाला था।

लेकिन यह स्थिति माह-दर-माह मेरी तालाबन्द हिरासत के चलते गड़बड़ाती चली गयी — जबरन, मेरी मर्ज़ी के ख़िलाफ़, और ज़ोर आज़्मा कर, यातना देकर, जाँच-पड़ताल करके। मुझे एहसास है कि संस्था ऐसे उम्दा दस्तावेज़ जुटा सकती है जो कुछ और बात कहेंगे। जुटा ले! हम सब की मुतासिर हो जाने की क़ुव्वत अलग-अलग होती है, अच्छे या बुरे के लिए, और सफलताएँ अलग-अलग तरह से प्रकट होती हैं। कुछ लोग रह-रहकर जीते हैं, विश्राम करते हैं और काम करते हैं, सिलसिलेवार सोचकर वे कहीं नहीं पहुँच पाते। ख़ुदा की रहमत की एक कतरन

नसीब हो जाये उन्हें, तो कभी फ़ौरन पार हो जाते हैं वे, जबकि किसी और घड़ी कुछ होता ही नहीं। जहाँ तक मेरा सवाल हे, मैं दस बार किसी मामूली जेल में ज़ंजीरों में जकड़ा बैठा रहूँगा बनिस्बत इसके कि मैं लगभग मानसिक रूप से रोगी लोगों के साथ जबरन मनोरोग चिकित्सालय में ठूँस दिया जाऊँ।

लेकिन यहीं अटका रह गया मैं।

क़ैदी को कुछ मुआफ़ नहीं। प्रोफ़ेसर मुझसे सवाल पूछते गये और मैं जवाब देता गया; चूँकि मैं बहरा था मैं लिखता चला गया, सब चीज़ों के जवाब देने की ज़ेहमत उठायी। मैं छत में बहुत ऊपर लगे एक धुँआसे गोलक की मरियल-सी रोशनी में बैठा रहता था साल के सबसे अँधेरे महीनों में, यह ग़ौर करता कि मेरी नज़र लगातार कमज़ोर होती जा रही है, लेकिन मैं लिखता रहा ताकि विशेषज्ञ और वैज्ञानिक मेरी वजह से कष्ट न सहें। फिर प्रोफ़ेसर ने यह माँग की कि मैं अपनी "दो शादियों" का ब्यौरा दूँ, यह व्यक्त किया उन्होंने। मैंने मना कर दिया — पहली बार तो इतने ज़ोर से कि मैंने सोचा यह काफ़ी होगा। लेकिन यह काफ़ी नहीं था। प्रोफ़ेसर ने अपने वहशत भरे सवालों को दो बार और दोहराया, मौखिक और लिखित रूप में, हर बार "अधिकारियों" को दोष देते हुए। मैंने जवाब में एक शब्द भी नहीं कहा। मैं ख़ुद को बचाने की कोशिश नहीं कर रहा था, मैं चाहता था हिंसात्मक कार्यवाही को रोकना।

लेकिन प्रोफ़ेसर असमंजस में नहीं पड़ा। उसने "अधिकारियों" से इजाज़त ले ली ताकि मेरी पत्नी को आरेण्डाल से ऑस्लो के चिकित्सालय तक पहुँचा दिया जाये। इस सत्र का जो परिणाम निकला उसे जूरी को भेजे गये महाग्रन्थ के पृष्ठ 132 एफ़एफ़ पर पढ़ा जा सकता है।

क़ैदी को तब भी कुछ मुआफ़ नहीं। किसी भी कीमत पर!

जब एक बिन्दु पर मैंने सोचा कि विशेषज्ञता के अन्त की झलक पा सकता हूँ, प्रोफ़ेसर ने मुझे एक ऐसी चीज़ से गुज़ारा जिसे वे न्यायिक जाँच-पड़ताल या परीक्षण कहते थे। यह पहले की गयी कार्यवाही से ज़रा भी अलग नहीं थी। हर प्रकार से जो कई माह तक पूछा और बताया जाता रहा था ठीक वैसी ही थी यह। लहजे तक में कोई बदलाव नहीं था; न कोई नया दृष्टिकोण ही था या किसी भी चीज़ की पहले से बेहतर नापजोख, कोई ऐसा अन्तर जिससे यह दिखे कि अब हम पहले से अधिक गहराई में उतरे हैं। कुछ भी नहीं। सब चीज़ लटकती चली गयी, कई

सप्ताह और कई माह तक लटकती चली गयी।

पिछली बार जब मैंने अन्त की तलाश करने की कोशिश की, मुझसे कहा गया प्रोफ़ेसर को लिखे गये अपने तीन ख़तों की सफ़ायी दूँ मैं। ये ख़त 50 —पचास —साल पुराने थे और उनका ऐसे किसी ग़लत काम से वास्ता नहीं था जो मैंने किया था, बल्कि उस दुर्व्यवहार से था जो बदनाम मूस्सिन[25] के पुलिस में रहते समय मेरे साथ किया गया था। अब मुझे लिखना और बार-बार लिखते रहना था क्योंकि मैं बहरा था; किसी जीवित या मृत व्यक्ति के साथ अब इस बात का कोई सम्बन्ध नहीं था, लेकिन इस घटना का उपयोग मुझे कुछ और यातना देने के लिए किया गया। मैं इससे भी अब उबर चुका हूँ, निश्चित तौर पर, लेकिन पिछले कुछ हफ़्तों में मैं अपने अन्त को सिर्फ़ अपनी बची-खुची जान की बिना पर टालता रह पाया हूँ। जब एक मित्र ने मुझे ढूँढ कर बाहर निकाला, मैं गूदे की तरह था।

और इस सबका फ़ायदा क्या हुआ? कानून और इनसाफ़, एक बड़ा-सा ढाँचा। मजिस्ट्रेट द्वारा दो मनोचिकित्सकों की पूर्व नियुक्ति, देशभर में पुलिस की देख-रेख में इधर से उधर ले जाये जाना, ऐसा प्रचार जिसमें विदेशी लोग भी आये और जिन्हें क़ैदी जानवर दिखाया जाना था, चार महीने का समय जिसमें हर ऐसी मनःस्थिति जो मेरी हो सकती थी, उसपर विद्वतापूर्ण लेबल लगाये गये—और फिर, आख़िरकार, यह फ़ैसला : *मैं पागल नहीं था, कभी नहीं था, लेकिन मेरी ज़ेहनी ताक़तें हमेशा के लिए हूँ ख़राब हो चुकी थीं।*

बदक़िस्मती से, हाँ। और वे ठीक इसी वजह से ख़राब हो गयी थीं कि मुझे मनोरोग चिकित्सालय में रखा गया था।

दो विशेषज्ञ थे, लेकिन उनमें से एक इस सब से बाहर ही रहा था — या बाहर रखा गया था उसे। बड़े वाले से मैं दो बार मिला, दोनों बार पन्द्रह मिनट के लिए; वह मुझे एकदम साफ़-स्पष्ट आदमी लगा, घमण्डी बिलकुल नहीं था वह, उससे बात की जा सकती थी। बस उसने एक ग़लती की जिसकी कोई अपेक्षा मुझे नहीं थी, उसने तपाक से मुझ पर उस एक रिपोर्ट से वार किया, जिसके अनुसार हिटलर से मेरी मुलाक़ात के दौरान मैंने यहूदियों के विरोध में अपनी भावनाएँ प्रकट की थीं। मैंने आज तक इस रिपोर्ट को पढ़ा नहीं है, स्वीकार तो मैंने क्या ही किया होगा इसे। यहूदियों पर प्रहार करूँगा मैं! उनमें मेरे कई परम मित्र रहे हैं, और इन दोस्तों ने अच्छी निभायी है मुझसे। मैं उससे सविनय अनुरोध करता हूँ कि वह मेरे सम्पूर्ण कृतित्व

को पलट कर देखे कि क्या यहूदियों पर आँच आयी है कहीं?

प्रोफ़ेसर, जो दूसरा विशेषज्ञ है, जिसके बारे में और जिसके ख़िलाफ़ मैंने जो भी लिखा है, उसमें शुद्धतः उसकी योग्यता पर सवाल उठाने की मेरी कोई मंशा नहीं रही। ऐसा करने की दृष्टि से मेरी कोई क़ाबिलियत ही नहीं है। बेशक, वह अपनी चीज़ों को जानता है; यानी, वह *अपनी* चीज़ों को जानता है। मैं सिर्फ़ इसी बात का दम भरता हूँ कि उसकी चीज़ों से मुझे कोई सरोकार नहीं था। न तो वह ख़ुद, न उसका धन्धा मेरे लिए कोई मानी रखते थे।

मेरे प्रिय मुख़्तार-आम! जब आपने मुझे विशेषज्ञों का फ़ैसला पढ़ सुनाया, आपने उसी वक़्त जनता को यह बयान मोहय्या करवाया कि आपने मेरे ख़िलाफ़ कानूनी कार्यवाही को रद्द कर दिया है और दोषारोपण को हटा लिया है।

क्षमा कीजिए, लेकिन यहाँ भी आपने मेरा बिना ही कार्यवाही की है। आपको सूझा भी नहीं कि इस फ़ैसले से मैं असन्तुष्ट हुआ हो सकता हूँ; मजिस्ट्रेट के न्यायालय में आप इस बात को भूल गये कि मैं अपने किये-धरे की ज़िम्मेदारी स्वीकार कर चुका हूँ और सज़ा की प्रतीक्षा में हूँ। आपके सनकी हस्तक्षेप ने मुझे आसमान और ज़मीन के बीच लटका दिया, और तब भी मेरे मुआमले का निपटारा नहीं हुआ। आधा बच रहा वह। आपने सोचा था इतने से चल जायेगा, लेकिन ऐसा नहीं था, और मुझे लगता है कुछ लोग मुझसे सहमत होंगे। अभी हाल तक ही मैं नॉर्वे में और दुनिया में कोई-सा भी आदमी नहीं था, और यह मुझे गवारा नहीं था कि मैं अपने बाक़ी दिन एक तरह से आपकी दी गयी मुआफ़ी के साये में गुज़ारूँ, अपने किये हुए की ज़िम्मेदारी से बचा लिये जाते हुए।

लेकिन आपने, माननीय मुख़्तार-आम, मेरे हाथ से जबरन हथियार छीन लिया!

बेशक आप यह सोचेंगे आपने स्थिति को सुधार लिया है—बाद में—ऊपरी न्यायालय से मुझे बुलावा दिलवाकर। किसी भी चीज़ में सुधार नहीं हुआ, मुझे मेरे पुख़्ता और साफ़-सुथरे धरातल से धकेल दिया गया है। अब क्या हुआ आपके "कानूनी कार्यवाही को रद्द" करने और "दोषारोपण को हटाने" का? आप अपने वकीलों और दफ़्तर के क्लर्कों को यह इजाज़त देते हैं कि जब भी मेरे मुआमले में नज़रिया बदलता है तो कोई भी आकर उनसे बातचीत कर सकता है; अपनी अजीबो-ग़रीब न्यायिक विधियों का परीक्षण आप मुझे चीर-फाड़कर करते हैं। आप

सुनवाई के दौरान मेरे रवैये से संकेत ले सकते थे, और धीरे-धीरे पत्रकारों एवं प्रेस के दिये गये निर्देशों के अनुसार अपने काम को नियन्त्रित करने से बच सकते थे। और अन्त में, आप चिकित्सालय में चार महीने मुझे दी गयी यातना के बारे में क्या करने वाले हैं? क्या आपके हाथों यह मुझे मुफ़्त में मिल जाने वाली है? क्या यह *अग्रिम* सज़ा के रूप में मिलेगी मुझे जो आगे मिलने वाली सज़ा के अलावा होगी?

अगर मुझे चैन से रहने दिया जाता तो मैं सर्वोच्च न्यायालय में निर्दोष होने का बयान देता। यह विचार हक़ीक़त से इतना दूर नहीं है जितना आप सोचते होंगे। "हमेशा के लिए ख़राब हो चुकी अपनी ज़ेहनी ताक़तों" का कुछ अंश तो मुझमें बचा ही है, और मैं उसे, पहले, किसी सामग्री विशेष की चर्चा करने में इस्तेमाल करता, और फिर न्यायालय को अपने मुआमले में न्याय और सिर्फ़ न्याय करने का निमन्त्रण देता।

लेकिन यह योजना अब मैंने छोड़ दी है, मैं हिम्मत हार चुका हूँ। न्यायालय में अगर फ़ैसला मेरे पक्ष में भी होता है, सार्वजनकि दृष्टिकोण में कोई और दाँव-पेंच निकल आने की स्थिति को अब कुछ भी रोक नहीं सकता। एक बार फिर चीर-फाड़ लायक बना दिया जाऊँगा मैं।

सादर आपका

*

गर्मी का मौसम चला जा रहा है। मुझे मौसमों में कोई बड़ा अन्तर महसूस नहीं होता, वे महीना-दर-महीना एक दूसरे के बाद नहीं आते; समय समयहीन है और गर्मी मुझ पर व्यर्थ गंवा देती है ख़ुद को।

लेकिन कुछ हो गुज़रा है। मैं कोई किताब नहीं लिख रहा, एक डायरी तक नहीं, ख़ुदा मदद करे मेरी; मैं लम्बे फ़ासलों पर कूदता-फाँदता चला जाता हूँ और इस बात की ख़बर नहीं रखता कि क्या हो रहा है। लेकिन बाहर से रिसकर कुछ तो मुझ तक पहुँच ही जाता है, बेशक। आश्रम की पहली मैनेजर छोड़ चुकी है और उसकी जगह पर दूसरी आ गयी है। नीचे के दफ़्तर में बैठने वाली दो सुन्दरियों में से एक चली गयी है, लेकिन दूसरी अभी है। हम बूढ़ों का आश्रम हमारे लिए कुछ अधिक ही जीर्ण-शीर्ण हो चुका है और हम लोग एक नया बनाने का इरादा रखते हैं।

यह कोई छोटा-मोटा मुआमला नहीं है। मैं हम बुड्ढों को देखकर बता सकता

हूँ कि हमारे पास बड़बड़ाने को कुछ गम्भीर मुद्दा है; हमें स्नानघर, धुलायी-घर, जीर्ण रोगीशाला, बेकरी, मुर्गीघर, काठगोदाम और बीस या तीस लोगों के लिए कमरे चाहिए, एक ही छत के नीचे। हमने ऐसे ऐश्वर्य के बारे में कभी नहीं सुना, और हमारी कल्पना कुछ इस तरह पुलकित हो उठी है जैसे जवानी के दिनों से अब तक पहले कभी नहीं। हम में से कुछ लोग अपने वृद्धाश्रम का पक्ष लेने की कोशिश करते हैं, हम किसी भी मायने में बदहाल नहीं हैं यहाँ, और फिर क्या असल बिन्दु यही नहीं है कि हम लोग यहाँ मरने आये हैं? हाँ, बेशक। लेकिन अन्तिम क्षण तक हमें ज़्यादा-से-ज़्यादा चीज़ों को धर-पकड़ना चाहिए, जितना भी कर सकें हम। क्या समय के साथ-साथ नहीं चलना चाहिए हमें, क्या एक नये आश्रम के लिए हमारा आधुनिकीकरण नहीं हो जाना चाहिए? सब मिल जाये हमें—नयी ज़रूरतों के आदी तो हो ही जायेंगे जैसे-जैसे हम जाने की तैयारी में होंगे और मुँह में सिग्रेट दबाये ही मरेंगे फिर तो।

हम मरेंगे तो सही। लेकिन अभी, बिलकुल अभी नहीं, जैसे सन्त अगस्तीन कहते हैं।

*

मैं जूतों के तमसे ख़रीदने बाहर जाता हूँ। वे बहुत लम्बे हैं और तीन बार मेरी टाँग के गिर्द लिपट सकते हैं, लेकिन कोई फ़र्क नहीं पड़ता। मुझे वह आदमी दीख पड़ता है जो पहाड़ी पर घर बना रहा है। आँखों के लिए शर्मनाक है यह—वह अपनी नयी छत बना रहा है पुरानी छत के भीतर से एक बेढब कोण पर, जबकि पुरानी छत भी रहेगी। क्या सड़क से जो दिख रहा है मुझे इतना ही बुरा है? इस आदमी ने अमरीका में सीखा था उसारी का काम, सो वह जानता ही होगा वह क्या कर रहा है। लेकिन मैं खुद को तैयार नहीं कर पा रहा जाकर पता लगाऊँ कि हम में से कौन ग़लत है। पिछले साल मैं ऐसा ही करता, डाक्टरों के हाथ पड़ जाने से पहले।

अब चूँकि पतझड़ आने को है मैं अपने रबर के जूतों को सुधरवाने की सोचकर लम्बे समय से दिमाग़ लड़ाने की कोशिश कर रहा हूँ। पहले विश्वयुद्ध के समय के हैं वे लेकिन तलुवे अभी ठीक हैं; केवल सीधे पैर का फट रहा है और मेरे पाँव पर टिकता नहीं है। कई सालों से मुझे परेशान करता आ रहा है यह, लेकिन अब इसकी हालत काफ़ी बिगड़ चुकी है, क्योंकि इसे पहने मुझे ठोकर लग गयी और मुझे इसे हाथ में उठाकर घर लाना पड़ा। अब यह बड़ा तंग करना शुरू हो गया है मुझे। मैं

इसे अच्छे मज़बूत ऊनी धागे से सिलने की कोशिश करता हूँ, लेकिन कोई फ़ायदा नहीं होता, टाँके उघड़ जाते हैं और सब पहले से भी बदतर हो जाता है। सो बात यहीं ख़त्म होती है; लेकिन ये जूते बहुत काम के रहे हैं, मैंने कई देशों में इन्हें पहना है, उघड़े-फटे जैसे भी, और वे मेरे साथ विएना भी गये थे और एक मशहूर मौक़े पर मेरे साथ हिटलर के पास भी। अब तो मैं उन्हें बहुत दूर फेंक-फाँक देता अगर मेरे जूतों को चलने के लिए मोटे तलुवों की ज़रूरत न होती। एक चीज़ दूसरी से जुड़ी है। और मैंने फटे हिस्से को एक पैर के तमसे से बाँध रखा है।

एक, दो, तीन, चार—यूँ मैं अपने लिए छोटी-छोटी पर्चियों पर कलम घिसता हूँ। कुछ नहीं बनेगा इसका, बस पुरानी आदत है। मैं तल्ख़ शब्द रिसाता हूँ। मैं टपकने वाला नल हूँ: एक, दो, तीन, चार —।

क्या मीरा[26] नाम का एक सितारा नहीं है? मैं कुछ खोलकर देख सकता था, लेकिन खोलने को मेरे पास कुछ है ही नहीं। कोई बात नहीं। मीरा एक सितारा है, जो कुछ देर चमकता है और चला जाता है। यह उसकी पूरी जीवन-यात्रा है। और मर्त्य आदमी, यहाँ मैं तुम्हारे बारे में सोचता हूँ। संसार के सब जीवों में तुम्हीं हो जो किसी भी चीज़ के लिए पैदा नहीं हुए। तुम न अच्छे हो न बुरे, तुम किसी भी तर्कसंगत कारण से अस्तित्व में नहीं आये। तुम एक धुन्ध में से आते हो और फिर धुन्ध ही में चले जाते हो, इस हद तक अपूर्ण हो तुम। और मर्त्य आदमी, तुम अगर किसी दुर्लभ घोड़े पर जा बैठते हो, वह घोड़ा फिर दुर्लभ नहीं रह जाता। हमेशा यूँ, दिन का सफ़र धीमे-धीमे—।

क्या आप कूद कर उतर जाते हैं और अपनी टोपी ज़मीन पर फ़ेंक देते हैं किन्हीं आँखों की ख़ातिर, आँखें जिनसे आप मिलते हैं? इसके लिए जोश नहीं है आप में।

अभी-अभी एक आशावान पीढ़ी गहराइयों को मथती हुई ऊपर चली आ रही है। एकदम नवजात और मासूम, मैं उसके बारे में पढ़ता हूँ लेकिन कोई नाम नहीं जानता; कोई बात नहीं। वे सब-के-सब छलावे जैसे हैं, आते हैं और चले जाते हैं, जैसे मैं आया और चला गया।

*

एक बार हामारॉय में मेरे एक अंकल हुआ करते थे, पक्के तौर पर कुँवारे,

कंजूस और गुस्सैल, एकदम चुपीते, तथाकथित कुशाग्र-बुद्धि और साधन-सम्पन्न। वे कोई रोशन सितारा तो नहीं थे, लेकिन पादरी की चार-दीवारी में उनका एक घर था और वे पूरे परगने के पोस्ट-मास्टर थे—उन दिनों हर दसवें घर के बाद डाकखाना नहीं हुआ करता था। मेरे अंकल अपने ही ढंग के ग़ज़ब के आदमी थे, उन्होंने पादरी की चारदीवारी ही की इमारतों में से एक बड़ा-सा घर और गोदाम ख़रीद लिया था। यह वे कैसे कर पाये मैं नहीं जानता, लेकिन पादरी, जिससे उन्हें मजबूरन वास्ता रखना पड़ा होगा, उसका नाम था बेंट फ़्रेडरीक हानसन और जो बाद में ओरलान्डेट[27] चले गये थे। उसके बाद फ़्रेडरिक मूत्ज़फ़्रेल्ड्ट राउम फ़्लाडमार्क हामारॉय में हमारे बीच आये, और बाद में वे उत्तरी उडाल[28] चले गये। अन्तिम पादरी थे किस्ट्रियन एंगेबर्ट निकुलाइसेन, जो न जाने कहाँ गये होंगे, क्योंकि मैं घर छोड़ चुका था और उनका कोई सुराग नहीं था मेरे पास। लेकिन पूरा समय मेरे अंकल गोदाम सहित उस बड़े-से घर में रहे आये जो पादरी की सम्पत्ति से ख़रीदा गया था।

डाक के अलावा वे सार्वजनिक पुस्तकालय की देखरेख भी करते थे, जिसे, दरअसल, उन्होंने पूर्णतयः नष्ट हो जाने से बचा लिया था। वे बिना लाइसेंस के कुछ-कुछ ख़रीद-फ़रोख़्त कर लिया करते थे, बिक्री पर लगी किताबों को दक्षिण से मंगवाया करते थे और अपनी मर्ज़ी से भी पुस्तकालय के लिए किताबें मंगवा लेते थे। वे किसी की अनुमति नहीं लेते थे। उनके घरेलू कामकाज करने वाली महिला का नाम सिस्सेल था; शायद वह अच्छी शख़्स रही होंगी, लेकिन उन्होंने कई साल तक मुझे भूख से बिलबिलाते हुए रखा।

मेरे समय में मेरे अंकल बूढ़े आदमी नहीं थे, तब भी उनके हाथों को लकवा मार रहा था और वे लिख नहीं पाते थे। मैं आठ साल का था जब मैं उनके संग रहने चला आया, और मुझे उनका सारा लेखन करने का प्रशिक्षण मिला। बड़े शर्मनाक अनुशासन के ज़रिए यह सब हुआ करता था। ख़ुद वे पूरे वस्त्र पहने सोफ़ा-बेड पर पूरा दिन बैठे रहा करते थे, और-से-और लकवा-ग्रस्त होते हुए।

यह सब महत्त्वपूर्ण नहीं है।

लेकिन एक दिन, जब मैं क़रीब नौ साल का रहा होऊँगा, एक बहुत लम्बा, साँवला आदमी डाकखाने में दाख़िल हुआ, बड़ा-सा दानव। मैंने उसे बड़े कौतूहल से देखा। उसने मुझे एक ख़त दिया और टिकट लगाने के लिए चार ओरे का एक सिक्का।

मेरे अंकल ने उससे बात करना शुरू किया। उसका नाम था हांस पाउलसेन

टूर्पेल्वांड, और वह दरअसल पड़ोसी परगने टिसफ़्योर्ड में रहता था, लेकिन हमारे डाकखाने का उपयोग करता था क्योंकि वह ज़्यादा क़रीब था।

"आज तुम सड़क पर निकले हुए हो?" मेरे अंकल ने पूछा।

"हाँ! किस्तिआनिया में अपने बेटे के नाम एक छोटा-सा ख़त लिए।

"मैंने उसके बारे में पढ़ रखा है," मेरे अंकल बोले।

"हम्म," पिता ने कहा। "यूँ तो मैंने भी उसके बारे में पढ़ रखा है, लेकिन मैं बहुत कम समझता हूँ।"

"ऐसा ही होता है।"

"और उसकी माँ सोचा करती थी वह पादरी बनने की शिक्षा लेकर लौटेगा। लेकिन कोई सम्भावना नहीं है वह ऐसा करेगा।"

अंकल ने अपने पलंग से उत्तर दिया, "उसकी शिक्षा किसी भी पादरी की शिक्षा से बेहतर है।"

मुझे नहीं मालूम मेरे अंकल को यह जवाब कहाँ से सूझा होगा, शायद उन अख़बारों और किताबों से जिन्हें वे सूँघते रहा करते थे। लेकिन क्रिस्तिआनिया में रहने वाला वह होनहार सुपुत्र कौन था। वह और कोई नहीं पॉल बुट्टेन-हानसन[29] था। अपने समय के नॉर्वे के बेहतरीन इनसानों में शुमार था जिसका। मेरे बाप का भी कभी एक बेटा हुआ करता था जिससे वह उम्मीद लगाये था।

और इस उम्मीद को थोड़ी देख-भाल की ज़रूरत होती है। लेकिन हमें अपनी निराशा में त्रासदी का तत्त्व नहीं लाना चाहिए। इसके लायक नहीं है यह सब।

*

एक नन्हा चीड़ का पेड़ पड़ोस के उपेक्षित बगीचे के निचली ओर खड़ा है। मुझे क्या लेना देना? इसलिए मैं उसकी दिशा में बमुश्किल ही देखता हूँ। उसकी हालत ख़राब है और निश्चित ही वह मर जायेगा। वह इतना छोटा और प्यारा है, क़रीबन तीन फ़ुट लम्बा और मोमबत्ती की तरह सीधा, लेकिन एक चिनार उस पर छाया हुआ है और अपने पत्तों के झुण्ड से उसकी फुनगियों को दिन-रात सहलाता है, एक पल की शान्ति भी नहीं लेने देता उसे। अगर वह मेरे रास्ते में न खड़ा होता —लेकिन और कोई रास्ता भी तो नहीं है—या अगर वह इतना निरुपाय न होता!

लेकिन मेरा कोई वास्ता नहीं है इससे। क्योंकि मुझे इससे कुछ लेना-देना नहीं, मैं पतझड़ की अँधेरी शाम में सैर को जाता हूँ और पत्तियाँ और टहनियाँ काट फेंकता हूँ ताकि चीड़ को रात-भर के लिए कुछ चैन नसीब हो। लेकिन बहुत-सी सुबहों में नये पत्ते और नयी टहनियाँ उग आती हैं और मैं इतना ऊपर नहीं पहुँच पाता। मैंने एक लकड़ी की पेटी ढूँढ़ निकाली है जिस पर मैं खड़ा हो जाता हूँ, लेकिन सभी खिड़कियों में रोशनी है और एक कुत्ता मुझे चेतावनी देता रहता है। क्यों न मैं दिन-दिहाड़े जाकर एकबारगी सब पत्तों और टहनियों को साफ़ कर दूँ? पिछले साल मैं यह कर सकता था। लेकिन तब मैं यहाँ नहीं था, हिरासत में।

कितना मूर्खतापूर्ण है यह सब!

मैं पड़ोसी पर नज़र रखता हूँ, उसे हलो कहता हूँ और बताता हूँ, "आपको चिनार की छँटनी करनी चाहिए और उस नन्हे चीड़ को बचा लेना चाहिए।" वह जवाब नहीं देता, उसने अख़बार में पढ़ा होगा कि उन्हें मेरे मनोरोग का परीक्षण करना पड़ा है। "मुझे बहुत दुख होता है उस नन्हे चीड़ को लेकर," मैं कहता हूँ। वह आदमी इमारत की एक खुली खिड़की की ओर देखते हुए इस दुखद स्थिति पर मुस्कराता है और चला जाता है।

पतझड़ की कुछ और अँधेरी शामों के दौरान वक़्त काटने की गर्ज़ से मैं और पत्ते और टहनियाँ काटता हूँ, लेकिन मैं ऊपर नहीं पहुँच पाता, और हवा के बहने से नये पत्ते और नयी टहनियाँ झूम उठती हैं। नाउम्मीदी!

लेकिन एक सुबह कुल्हाड़ी और आरी लिए एक आदमी ऊपर से नीचे तक चिनार की छंटनी करने लगता है। मेरा कोई वास्ता नहीं है इससे, लेकिन ऐसा लगता है उसे आदेश मिला है; वह कुछ दूसरे बड़े पत्तेदार दरख़्तों की छंटनी भी करता है। यह उसका मुआमला है।

क्या किसी ने कुछ रोज़ पहले खिड़की के पीछे बैठ पड़ोसी के साथ हुई मेरी बातचीत सुन ली थी, और उसकी तिरछी मुस्कान देख ली थी? मैं उसकी पत्नी के बारे में अटकल लगाता हूँ।

ख़ैर, कुछ भी हो, अगले वसन्त से पहले हम लोग पता नहीं लगा पायेंगे कि चीड़ की फुनगियाँ बच रहीं या नहीं। लम्बा समय प्रतीक्षा का।

*

कोई मुझे बुला रहा है, मैं सुन पा रहा हूँ—।

लेकिन यह सच नहीं है, निरा चित्त-भ्रम है। मैं ख़ुद के लिए दिलचस्प होना चाहता हूँ। मैं चूक गया इस नन्ही-सी हत्थी को घुमाना, मनोचिकित्सकों की ख़ातिर, नहीं तो एक गरिमामय नाम इसके लिए मिल जाना था मुझे। यहाँ बैठा हूँ मैं, हट्टा-कट्टा, ख़ुद को जानबूझ कर बुद्धू बनाता। कम-से-कम स्कित्सोफ़्रीनिया तो होगा ही।

कोई मुझे पुकारे यह सरासर शरारत है, लेकिन यह तथ्य कि मैंने इसे ख़ुद के लिए गढ़ लिया है, यह बात थोड़ी ठस है — कोई और करता तो बरदाश्त न करता मैं। किसी ने नहीं पुकार लगायी मुझे, मैं सिर्फ़ दिखावा कर रहा था।

मैं क्यों करता हूँ यह? मेरे विचार दूर-दूर उड़ानें भरते हैं। मैं इसे एक अभ्यास की तरह करता हूँ। मैं यह करता हूँ और मनोरोग चिकित्सालय में अवसाद-ग्रस्त होने के उपरान्त अब उबरने की कोशिश करता हूँ। कई माह के बाद कुछ सुधार तो हुआ है, लेकिन पूरी तरह यह मनोदशा जाने को राज़ी नहीं है। जब यह प्रयोग मुझ पर आरोपित किया गया, मैं बहुत बूढ़ा था, अब इससे उबर पाने में वक़्त लगेगा। मैं केवल अपनी किसान-बुद्धि और अपने सामान्य अच्छे स्वास्थ्य पर ही भरोसा कर सकता हूँ।

तब, क्या, यह विचार कि कोई मुझे पुकार रहा है महज़ हवाई बात थी? इसका सिरा प्रोफ़ेसर लांगफ़ेल्डूट के दोएक सवालों में ढूँढ़ा जा सकता है। क्या मैं कभी किसी विचित्र अनुभूति से गुज़रा हूँ, कुछ ऐसा जिसे अलौकिक कहा जा सके? मैंने बचपन के एक अत्यन्त गहरे और सुन्दर अनुभव की पुनर्रचना करना शुरू किया, लेकिन उसका कुछ नहीं हुआ, और मेरी तमाम कोशिशें उस पर ज़ाया चली गयीं; वह कुछ भी समझ नहीं पाया। "लेकिन क्या आपने कुछ *सुना* नहीं?" उसने पूछा। मैंने जवाब नहीं दिया। मुझे क्या पड़ी थी।

बेशक इसी सत्र की स्मृति ही थी जो मुझे कोई पुकार रहा है में बदल गयी। इसके बारे में मैं इससे गहरी बात कहने की नहीं सोच सकता।

लेकिन म्यान वाले चाकू के बारे में इहलौकिक पहेली अब सुलझा ली है मैंने। कुछ तो है यह, कम-से-कम। मधुर और अनपेक्षित प्रसंग था कि यह सब सुलझा। आह, हम जो ज़रूरत के गुलाम है, जिन्हें कुछ नहीं सूझता, जिन्हें सहज अनुभूति

कम होती है। मुझे खुद ही तह में पहुँचना चाहिए था इसकी, लेकिन नहीं।

जब स्टीवेन्सन[30] अपने दक्षिणी द्वीप पर लिख रहे थे, उन्हें अपने भीतर एक दैवी स्वर सुनायी पड़ता था। उन्होंने कोई सवाल नहीं पूछा, कोई किताबें नहीं देखीं, वे प्रतिभाशाली व्यक्ति थे, उन्हें इल्हाम हुआ करते थे। वे बीमार थे, लेकिन उन्होंने स्वयं को दैवी पागलपन में लिख-लिख कर स्वस्थ कर लिया। उन्होंने कंक्रीट के युग में मानव-जाति के बारे में पढ़ा और पक्षाघात से उनकी मृत्यु हो गयी।

ओ हाँ, म्यान वाला चाकू मेरा अपना है, बहुत समय पहले एरिक क्रीडेनलुंड[31] ने भेजा था मुझे, जो आउरडाल के पोस्टमास्टर थे। कितनी बुरी बात है कि पतझड़ की उन अँधेरी शामों में जब मैं टहनियाँ और पत्ते काट रहा होता था, यह उम्दा चाकू मेरे पास नहीं था।

लेकिन इतने गोपनीय ढंग से ग्रिम्स्टाड के अस्पताल में यह चाकू मुझ तक कैसे पहुँच गया भला? बड़ी सीधी-सी कहानी है, नन्हा एस्बेन साथ आना चाहता था, और वह इस बड़े-से ग़ज़ब के चाकू पर हाथ आज़्माने को बेहद लालायित था, तो उसकी माँ को इसके अलावा और कुछ नहीं सूझा कि लकड़ी की पेटी के तल में छिपा दे उसे। बढ़िया। लेकिन घर लौटते वक़्त बेशक वह भूल गयी मुझे चेताना।

जब मैं म्यान वाले चाकू की बात कर ही रहा हूँ, मुझे एक और चीज़ का ज़िक्र भी कर देना चाहिए; जूतों पर पहनने रबर के नये जूते मिल गये हैं मुझे। घर में बैठे वे मुझे लैस कर रहे हैं, अपने क्रोनर और ओरे जोड़-जाड़ लिये होंगे उन्होंने।

लेकिन मुझे रबर के नये जूतों की ज़रूरत नहीं है, मैं अपने पुराने वालों को मोटे तलुवों से बाँध कर कई महीने से पहन रहा हूँ। अपने लम्बे तमसों को मैं भला और किस उपयोग में लाता सिवा इसके कि उनसे चीज़ों को बाँधा जा सके? और बख़ुशी वे इस काम के लिए उपयुक्त हैं; आप बन्धन को बमुश्किल ही देख पाते हैं।

रबर के नये जूतों को इस्तेमाल करने की कोई मंशा नहीं है मेरी।

*

सिर्फ़ अगर सर्दी बीत चुकी होती। उफ़, ख़ुदा के वास्ते, अगर सिर्फ़ सर्दी बीत चुकी हाती!

मेरी नज़र ज़रा-सी ख़राब तो हुई है। मुझे विचित्र लगता है कि मैं अच्छे से

देख नहीं पाता, और शुरू-शुरू में मुझे यक़ीन नहीं हुआ यह सच है, मैं सोचता था मेरी आँखों में धूल के कण आ गये होंगे। मैं अपना एकदम बढ़िया चश्मा पहने हुए था, जिससे अभी कुछ ही माह पहले तक मैं एकदम अच्छे-से देख पा रहा था; क्या वह अब किसी काम का नहीं रहा था?

मैं ख़ूब पैसा खर्च कर टैक्सी से आँखों के डाक्टर के पास गया। "अब देखिए: मैं ठीक से देख नहीं पा रहा, पहले की तरह पढ़ नहीं सकता, सुई में धागा नहीं पिरो सकता, यह किस क़िस्म की घटना है? क्या मेरी दोनों आँखें एक साथ ख़राब हो गयी हैं?" इसका मुझे कुछ ख़ास उत्तर नहीं मिलता, वह हत्थी घुमाकर उसे सफ़ेद लकीरों और लाल लकीरों और अक्षरों और अंकों तक ले आता है। "मेरी बायीं आँख में कुछ गड़बड़ है," मैं उसकी मदद करने की गर्ज़ से कहता हूँ। वह जवाब नहीं देता। मैं नाराज़ होकर अड़ा रहता हूँ: "बिलकुल, जब मैं अपनी बायीं आँख को ढाँपता हूँ मैं तब भी बड़े और स्पष्ट अक्षर पढ़ लेता हूँ। लेकिन अगर इससे उलट जाँच करूँ और दायीं आँख ढाँप लूँ, तो केवल एक बड़ा-सा काला धब्बा दिखायी देता है।" "हम्म," वह कहता है। इससे मैं और चिढ़ जाता हूँ, और ज़ोर देकर कहता हूँ कि ज़रूर मेरी बायीं आँख गड़बड़ है! "मैं खुशी से आपको प्रिज़्म लेंस दूँगा," वह आख़िरकार कहता है। "बेशक मैं ले ही लूँगा प्रिज़्म-लेंस," मैं कहता हूँ। "प्रिज़्म-दूरबीन भी कहलाने वाली एक चीज़ है, और उसके साथ तो हम ख़ूब-ख़ूब अच्छे से देख सकते हैं।" "शायद इससे ज़्यादा और कुछ नहीं करना चाहिए हमें," वह झुकते हुए कहता है।

इससे ज़्यादा कुछ सोच सकते हैं आप! मैं टैक्सी पर सवार होकर घर लौटता हूँ, आँख के डाक्टर पर आग-बबूला होता। मुझे उस पर भरोसा नहीं है, रत्ती भर भी भरोसा नहीं है।

अब मैं ऑस्लो जाने का तरीक़ा खोजता हूँ, क्रिस्मस आने वाला है, मुझे जल्दी करना होगा यह। चूँकि मैं बारह घण्टे सीधा बैठा ट्रेन में सफ़र नहीं कर सकता, मैं वह तिथि नोट कर लेता हूँ जब मैं नाव से जा सकता हूँ, और मैं निकल पड़ता हूँ। सब सुगमता से हो जाता है, सब लोग-मदद करते हैं, और-तो-और नाव में मैं ख़ूब मस्त हूँ, यौवन के चरम पर जैसे कोई आदमी। सब व्यवस्था कर दी गयी है मेरे लिए; मैं ऑस्लो में हूँ, पैदल चलकर अपने होटल पहुँचता हूँ, भोजन मिल जाता है मुझे और दाढ़ी बनाकर मैं आँखों के डाक्टर के पास पहुँच जाता हूँ।

यहाँ आकर कुछ तनाव शुरू हो जाता है। नीरस-सा दिन है; बारिश हो रही है, गलियाँ भयावह हैं, और मैं देख नहीं पाता हूँ। मैं किसी इमारत की चौथी मञ्ज़िल तक चढ़कर वापिस उतर आता हूँ। मुझे शक होता है मुझसे ग़लती हुई है और मैं खड़ा-खड़ा नम्बरों का मुआयना करता हूँ। अचानक मेरे सामने खड़े एक सज्जन हलो कहते हैं, वे एक युवती के साथ हैं। "मैं आपकी कुछ मदद कर सकता हूँ?" वे पूछते हैं। "नहीं, शुक्रिया, मैं आँखों के डाक्टर को ढूँढ रहा हूँ।" "वो उधर!" वे कहते हैं, इशारा करते हुए। महिला मुस्कराती है। "आप इस मनहूस मौसम में एक अजनबी को राह दिखाने की ज़ेहमत क्योंकर उठा रहे हैं?" मैं पूछता हूँ। महिला और भी मुस्कराने लगती है। "हमने आपको पहचान लिया था," वे कहते हैं। मैं ख़ूब अच्छे-से झुककर उनका शुक्रिया अदा करता हूँ और इमारत में दाख़िल होता हूँ। क्या इसी इमारत की चौथी मञ्ज़िल तक चढ़ा नहीं चला आया था मैं पहले? अब मैं हर मञ्ज़िल की छानबीन करता हूँ और सभी नामों की और मुझे डाक्टर मिल जाता है। मुझसे पहले तीन लोग प्रतीक्षा-कक्ष में बैठे हैं।

आदत के मारे मैं अख़बार और रिसाले देखना शुरू करता हूँ, लेकिन कुछ ख़ास पल्ले नहीं पड़ता। मुझे प्रतीक्षा करनी होगी। मरीज़ बाहर जाते हैं और बारी-बारी से भीतर लौट आते हैं; एक नर्स आकर मुझे खुश करने की कोशिश करती है, यह कहते हुए कि मुझे प्रतीक्षा करनी पड़ेगी, लेकिन ज़्यादा देर नहीं।

और अब मैं काफ़ी शान्त हूँ, मुझे उम्मीद है जल्दी ही मेरी दृष्टि मुझे वापिस मिल जायेगी। कितने दोस्ताना थे वे सज्जन और महिला जिन्होंने समय निकाल मुझे बारिश में रास्ता ढूँढ़ने में मदद की। एक मरीज़ा मुझसे बात करती है, लेकिन चूँकि मैं बहरा हूँ मुझे कैसे भी तो मुण्डी मटकानी पड़ती है। वह बोलती रहती है, और मैं अपने कान की ओर इशारा कर यह संकेत देना चाहता हूँ कि पिछले कुछ समय से मेरी सुनने की क्षमता काफ़ी खराब रही आयी है, और कि मेरी दृष्टि में कोई गड़बड़ नहीं है, सिर्फ़ मेरी बायीं आँख में धूल है। मैं बड़े जोश में हूँ और बक-बक करता रहता हूँ। आख़िरकार महिला मेरी विभिन्न इन्द्रियों को लेकर सशंकित हो उठी होगी, सो उसने मुझे मेरे हाल पे छोड़ दिया। बहुत समय तक मुझे भीतर से बुलावा नहीं आता। और अब एक पन्ने पर उस महिला ने कुछ शब्द लिखकर मुझे दिखाये हैं; वह दो-एक किताबों के लिए मेरा शुक्रिया अदा कर रही है या ऐसा ही कुछ—

डाक्टर के पास पहुँच मुझे कभी यह तो कभी वह करके देखना पड़ता है,

लेकिन वह बड़ा दयालु आदमी है और मुझे लाल लक़ीरों और अक्षरों की गिरिफ़्त में नहीं ले लेता। हम चश्मे और लेंस आदि को बदल-बदल कर देखते हैं, जब तक कि मुझे पुनः प्रतीक्षा-कक्ष में लौट नहीं आना पड़ता। अब अन्दर जाने की बारी उस महिला की थी, और इसके बाद मैं उससे फिर नहीं मिला।

बाक़ी समय जल्दी बीत गया। डाक्टर ने मुझे सुझाव दिया कि मैं बोल कर किसी से लिखवा लिया करूँ। "बोलकर? यह तो मैं नहीं कर सकता, कभी नहीं कर सका।" लेकिन क्यों लिखवाऊँ बोलकर? फिर लिखना भी तो छोड़ चुका मैं, कई साल पहले छोड़ चुका हूँ। तब भी, अपनी दृष्टि मुझे वापिस मिल जाये तो शायद यह अच्छा होगा मेरे लिए और मैं कुछ पढ़-वढ़ सकता हूँ। "हाँ-हाँ, बिलकुल।" उसने चश्मा बनाने वाले को बुलाकर जनवरी के लिए कुछ तय किया, मुझे प्रतीक्षा करनी पड़ेगी। "लेकिन क्या आप फ़िलवक़्त चश्मा नहीं दे सकते मुझे?" मैंने पूछा। "ज़रा अपना चश्मा दिखाइए मुझे। यह चश्मा तो ठीक-ठाक होना चाहिए," वह बोला। "वाह, क्या बात है," मैं बोला; "अभी कुछ माह पहले तक जैसे अपनी जवानी में इस चश्मे से साफ़-साफ़ देख सकता था, वैसे ही देख पाता था मैं, लेकिन अब शायद मुझे अलग चश्मे की दरकार है, शायद ज़्यादा नम्बर वाला, या क्या?" उसने पर्ची पर कुछ नुस्खा लिख दिया—मैंने बमुश्किल ही देखा उसे, लेकिन बाक़ी विवरण जनवरी में मिलना थे। नहीं, चश्मा तो नहीं मिला मुझे, लेकिन एक अजूबा मिल गया जो मैंने नहीं माँगा था, हाथ में पकड़ने वाला एक लेंस और आयोडिन की एक शीशी! फ़ार्मेसी पर रुककर आयोडिन तो मैं तुरन्त ले सकता था, उसने मुझसे कहा। जब मैंने उसे पैसा देना चाहा, उसने हाथ हिलाकर मुझे विदा किया और अपनी डेस्क की ओर मुड़ गया।

और आयोडिन की शीशी लेकर मैं होटल लौट आया और लेंस की एक पर्ची जो चश्मा-साज़ से मुझे जनवरी में प्राप्त होना था। नज़र के लिए मुझे कुछ नहीं मिला।

विचित्र प्रजाति है ये आँखों के डाक्टर! उन्होंने मुझ पर कुछ अच्छा प्रभाव नहीं छोड़ा।

लेकिन इस सबके बावजूद ऑस्लो में मेरा रहना निरा मज़ा और सुख था, किसी होटल में बिताया गया मेरे अनुभव का सबसे उल्लास-पूर्ण क्रिस्मस। मैं चौतरफ़ घूमता रहा, अपने बच्चों और नाती-पोतों से मिला, प्रदर्शनियों में गया, और अनगिनत

सालों के बाद ऑस्लो शहर को देखता-दाखता चहलक़दमी करता रहा। मेरे लिए कई चीज़ें नयी थीं, बस का ट्रैफ़िक, सारे रेस्तराँ, एक सरासर अपरिचित युवा पीढ़ी दिन-रात हलचल करती हुई। सैर के दौरान सभी शिष्टता से पेश आते, अपनी सीट या अख़बार मुझे देते, और मुझे उतरते देख दरवाज़ा खोल देते; लेकिन मैं शिकागो की ट्रामों में कण्डक्टरी कर चुका था और अपना ध्यान रख सकता था। कुल मिलाकर मुझे ऐसा नहीं लगा कि मुझे लेकर उनके मैत्रीभाव में कुछ कमी आयी हो हालाँकि मैं अब भी हिरासत में था। कार्ल युहान मार्ग के बीचों-बीच एक महिला ने मुझे रोका, कुछ बोला उसने, हँसी, और अपनी बाँहों से घेर लिया मुझे। मुझे याद है उसकी आँखें भूरी थीं। एक महाशय ने जो पीठ पर रकसैक बाँधे घूम रहे थे, मुझे देखा और बोले, "इस मौसम में आप रबर के जूते नहीं पहने हैं? मेरे साथ आइए, हम दिलवाते हैं आपको।" उन्होंने मुझे खींच कर अपने साथ ले जाने की कोशिश की। जब वे पीछे ही पड़ गये तो मैंने उनका शुक्रिया अदा किया और खिसक कर होटल चला आया।

लेकिन छुट्टियों में नाव पकड़ने में काफ़ी दिक़्क़तें पेश आयीं; मुझे कई ऐसी नावों की प्रतीक्षा करनी पड़ी जो आयी ही नहीं और कुछ ऐसी की जो रद्द की जा चुकी थीं। वृद्धाश्रम लौटकर आने में मुझे दस दिन लग गये।

*

मेरे कामकाज सभी शर्मनाक ढंग से उथल-पुथल हो चुके हैं; मैंने ख़तों के जवाब नहीं दिये और फूलों एवं कार्ड और शुभकामनाओं सहित मिले उपहारों के लिए आभार भी व्यक्त नहीं किया। अब दूसरा साल हो रहा है कि मैंने बार्सिलोना में अपने भलेमानस प्रकाशक का शुक्रिया भी अदा नहीं किया, वह नये साल की शुभकामनाएँ तार से भेजना कभी नहीं भूलता। मेरे सूटकेस की तह में विदेश से आये ख़तों का पुलिन्दा रखा है, और पिछले साल के भी बहुत से ख़त रखे हैं। वे नहीं जानते कि मैं हिरासत में हूँ, वे कल्पना नहीं कर सकते कि "बदले हालात" के बाद मुझे ख़त मिलना बन्द हो गये हैं। लेकिन मैं कल्पना कर सकता हूँ।

दिन बीत रहे हैं।

दुनिया में जो हो रहा है उसमें से ज़्यादातर को मैं अब भी समझ नहीं पाता, मैं अख़बार पढ़ता हूँ और भेजी जा रही ख़बरों का अध्ययन करता हूँ, लेकिन पहुँच से परे रहता है तब भी बहुत कुछ, और सुधरनी चाहिए यह स्थिति। ऑस्लो यात्रा

मेरे लिए अच्छी रही, जबकि आँखों के लिए कुछ मिला भी नहीं मुझे। हम किसी पालतू पशु को हलके से बाँधते हैं, लम्बी तान देते हैं, और उसे अकेला छोड़ देते हैं। ठीक है, बँधा हुआ है वह। फिर भी, उस आधिकारिक दयालुता के लिए शुक्रगुज़ार होना चाहिए मुझे जिसकी बदौलत मैं यह यात्रा कर पाया, बुरा होता अगर मैं नहीं जा पाया होता। आख़िर कितना कुछ हुआ भी तो था वहाँ। जिस महिला ने कार्ल युहान मार्ग पर मुझे बाहों में लिया उसके लिए मैं बुढ़ापे की कोई बहुत अच्छी मिसाल तो नहीं रहा होऊँगा न। और मैं किसी फटे-पुराने कोट में नहीं एक शानदार कोट में था जब वे जनाब मुझे रबर के जूते दिलाने चले थे। और उन दोनों के अलावा, और भी कई लोग थे जो दोस्ताना ढंग से पेश आ रहे थे। न तो मुझसे लोग घृणा करते हैं न हिक़ारत से देखते हैं। और यह अच्छा है। अगर करते भी, मुझे कोई फ़र्क नहीं पड़ता। मैं इतना बूढ़ा जो हूँ।

*

एक और चीज़ जिसे समझने में मुझे दिक़्क़त पेश आ रही है वह यह है कि अख़बारों के लिए लिखने वाले लोग खुद अपने और दूसरों के लिए मेरे ''केस'' में रुचि क्यों बनाये हुए हैं, और कि यह केस टाला किसलिए जा रहा है।

पिछली गर्मियों में अलग-अलग समय पर इसे तीन बार मुल्तवी किया गया था। और इससे कोई फ़र्क नहीं पड़ा कि 1 मई, 1946 को ग्रिम्स्टाड पुलिस ने मुझे उच्चतर कोर्ट में हाज़िर होने का एक संजीदा बुलावा भेजा। इससे कोई फ़र्क नहीं पड़ा। बस केस—पतझड़ तक, सितम्बर के माह तक मुल्तवी-भर हुआ। तनी रस्सी के खेल अब मज़ाक में बदलते जा रहे थे। मैं और ग़ौर नहीं करूँगा इस सब पर।

क्या घटनाओं पर नज़र रखने और सूचित रहे आने का कष्ट नहीं किया मैंने? लेकिन मैंने जिस ओर भी रुख़ किया हलचल थी और ओहदे बदल रहे थे। पहले-पहल तो मुख़्तार-आम सेवा-निवृत्त हुए। फिर मेरे ज़िले के न्यायधीश पद त्याग अपनी पुरानी जगह काउण्टी के प्रमुख न्यायधीश बनकर चले गये। मुझे बार-बार सूचित किया जाता रहा कि मेरा केस *पूरा* हो चुका है। बस वह न्यायालय में पहुँचा ही नहीं।

मैं बैठा विचार करता रहा और खोजबीन करने की कोशिश कि इस तरह मुआमले को ''मुल्तवी'' करने में क्या कोई न्यायिक लाभ है। क्या यह सम्भव है कि कोई मेरे बुढ़ापे को जुआ समझ बैठा है, इस उम्मीद में कि मैं मर जाऊँगा, खुद ही मर जाऊँगा मैं? लेकिन अगर ऐसा है तो मेरा केस हमेशा के लिए लटका रह

जायेगा, लेकिन इससे फ़ायदा क्या होगा? क्या मेरे जीवित रहते मेरे बारे में कुछ करना ज़्यादा बुद्धिमता का काम नहीं है? अलावा इसके किसी के मरने की प्रतीक्षा करना सबसे उबाऊ और अन्तहीन चीज़ होती होगी। किन्हीं उत्तराधिकारियों के पास इस सिलसिले में कहने को कुछ होगा तो!

बोगानिस[32] एक कुत्ते के बारे में बताते हैं जिससे गन्ध का सुराग छिन गया था लेकिन वह उसे दोबारा मिल गया जब वह कूदकर नाला पार करने लगा—और तब बस दूसरी ओर से उसने अपना काम जारी रखा। बिलकुल जारी रखा उसने अपना काम।

और चीज़ें जारी रहती हैं: हाल ही में मेरा केस मार्च,'47 तक मुल्तवी किया गया था न? अब मार्च,'47 है, या फिर वास्तव में अप्रैल '47। लेकिन आज मैंने पढ़ा कि मुझे मुल्तवी कर दिया गया है "गर्मियों में किसी वक़्त" तक। मैं कुछ नख़रेबाज़ी नहीं करता, बस मुण्डी मटका कर दिखाता भर हूँ कि मैं ऐसी घटनाओं से परिचित हूँ।

यह हो सकता है कि अब के बाद छह माह या फिर एक साल तक मुल्तवी करना ज़्यादा व्यवहारिक हो। क्योंकि और किस प्रकार से भविष्य के कई सालों के दौरान वे जीवन पर मेरी मज़बूत पकड़ पर ख़ुद को हावी कर पायेंगे? कल्पना कीजिए ऐसे घटिया लतीफ़े से पछाड़ खा जाना!

अब सर्वोच्च न्यायालय को दोष दिया जा सकता है, मेरे मुआमले में अपना काम पूरा न करने के लिए। चट्टान-सी ठोस कोई चीज़ हो दोष देने को, यह अच्छा है।

*

क्या यह तथ्य नहीं है, कि आज की बनिस्बत बहुत समय पहले हम मुनष्यों के जीवित रहे आने में ज़्यादा आनन्द हुआ करता था? शायद मुझे काफ़ी अच्छे-से पता है कि पूछने के लिए यह सवाल ग़लत है और कि इसे लिखा भी ठीक से नहीं गया, लेकिन मैं जानबूझ कर ऐसा कर रहा हूँ। यह सवाल मेरे भीतर किसी चीज़ को स्पर्श करता है, वह कुछ भी हो, शायद मेरी अपनी कमियों को लेकर मेरी सहनशीलता। एक सायास निरुपायता, बाइबल का संक्रमण।

बनयन का एक शब्द सूझता है मुझे : "इस संसार के बीहड़ में से चलकर निकलते हुए, एक जगह विशेष पर प्रकाश पाता हूँ मैं —"[33] यहाँ बनयन की मेरी

स्मृति का अन्त होता है। लेकिन इस अभिव्यक्ति की एक मधुर अनुभूति बनी रहती है मुझमें। अपूर्णता की ख़ुशकिस्मत झलक।

एक लाप्पी आदमी ने जो ऊँचे पठार से आया था और जिसे हरे-भरे खेत और जंगल देखने को मिले, इसके बारे में एक जॉयक[34] बना डाला और बोला, ''इतना सुन्दर है यह कि मुझे हँसना पड़ेगा!'' यह गीत में कहा गया था, लेकिन गीत से कुछ ज़्यादा था। ''सेलाह!'' डेविड कहता है। मुझे नहीं मालूम ''सेलाह'' का अर्थ[35] क्या है, लेकिन यह डेविड कहता है। सुन्दर है यह।

खुदा उस सब पर मेहरबान हो जो मनुष्य की सामान्य वाणी नहीं है जिसे हमें समझना है। ख़ामोशी पर भी ख़ुदा की रहमत है।

युद्ध के दौरान दूसरों की सूरत देखकर मैं यह बता सकता था कि बन्दूकें दागी जा रही हैं। लेकिन तोपों की आवाज़ नहीं सुन पाता था मैं, शायद इसलिए कि वे बहुत दूर थीं। मेरा बहरापन फ़ायदेमन्द था, लेकिन तभी तक जब तक पिस्तौलों और गोलियों का मुआमला न हो; ऐसे में मेरा बहरापन, साफ़-साफ़ कहूँ, तो किसी काम का नहीं था। छोटी-मोटी ध्वनियाँ, यहाँ तक कि दरवाज़े पर उँगलियों के जोड़ों से दस्तक तो मैं अब भी सुन सकता हूँ, लेकिन मनुष्य की वाणी का प्रवाह नहीं समझ पाता। अन्तहीन गुञ्जार भर ही सुन पड़ती है मुझे। किसी को मुझसे बात किये इतना समय गुज़र चुका है कि मैं ख़ुद भी बात करना भूल चुका हूँ; मैं अकेला रहा हूँ, हाल ही तक ठीक से देख सकता था लेकिन सुना बहुत नहीं है मैंने। पूर्वी देशों के किन्हीं लोगों की स्थिति तक पहुँच गया हूँ मैं: आवश्यक मौन। मैं अब और ख़ुद से भी बात नहीं करता, बुरी आदतों की कमी के चलते।

लेकिन जैसे देख पाता था मैं, वैसा अब नहीं कर पाता, यह स्थिति बहरेपन से बदतर है। बेशक, जनवरी में मुझे ऐसा लेंस मिलना था जिससे बड़ा दिखे मुझे, लेकिन अब वसन्त भी आ चुका है, और नहीं मिला मुझे वह।

लेकिन कम-से-कम वसन्त तो आया, शुक्र है ख़ुदा का!

मैं बर्फ़ में खड़े उस नन्हे चीड़ के पास से गुज़रता हूँ, ज़िन्दा है वह। मैं निकल जाता हूँ और खिड़कियों के सामने एक पल के लिए भी नहीं रुकता, और मैं ख़ुद से कहता हूँ, देखो भई, न, एक अरसे तक तुम इस चीड़ के बारे में कुछ नहीं कह पाओगे, तो बस निकल चलो यहाँ से! लेकिन बेशक, मार्च ही में सब देख सकते

थे कि फुनगियाँ अभी जीवित हैं।

तीस साल में एक बड़ा-सा चीड़ होगा यह, काठ।

गायक पक्षियों की इतनी कमी है यहाँ। कड़ाके का पाला पड़ा है इस बार और बहुत-से मर गये होंगे, केवल एक दुबला कौआ या फिर एक मुटरी वृद्धाश्रम की इमारतों के पास कभी-कभी पंख फड़फड़ाती है। एक दिन मैंने सोचा मैंने देर से आये वसन्त के एक अग्रदूत को देखा है, लेकिन चूँकि मैं ठीक से देख नहीं पाता मैं फ़ैसला नहीं कर पाया कि वह मैना थी या सर्दी से निकली हुई तेलिपर चिड़िया। किसी भी सूरत वह अपनी जान पर खेल गयी थी, क्योंकि चार विशाल बिल्लियाँ जो रहती हैं यहाँ।

*

जब मैं रोज़ाना बर्फ़ के कीचड़ में सैर करता हूँ, कभी-कभी एक पीला कुत्ता मिल जाता है मुझे जिसे बुरा नहीं लगता उससे कोई बात करे या सहलाये। नहीं तो पूरा रास्ता एक जान भी नहीं टकरती मुझे। मुझे सुहाता है यूँ ख़ुद में रहना और बार-बार लोगों से पूछते न फिरना कि उन्होंने क्या कहा है। और धीरे-धीरे हदें बाँधते पत्थरों से बर्फ़ पिघलने लगती है और पहले की सैर से मैं उन्हें पहचान लेता हूँ; सूरज अच्छा और गरम हो चुका है, और अभी से छोटे-छोटे जंगली रास्ते दिखना शुरू हो चुके हैं। मैं हामारॉय के क्लोट्टरान से मार्टिन के बारे में सोचने लगा, जब से वह मुझे आकर जंगल में मिला था, डेढ़ बरस बीत चुका है। उसे भी अकेले ही चलना था, लेकिन उसके पास कुछ ध्येय था, मेरे पास कुछ नहीं है। वह देश में घूमता-फिरता था, ख़ुदा से दुआ माँगते।

एक टहनी हिलती है, एक नन्ही चिड़िया बैठी है उस पर। मैं पहले ही रुक जाता हूँ। दूसरे किसी दरख़्त की टहनी पर एक और नन्हीं चिड़िया बैठी है; वे साथी प्रतीत होती हैं; गौरय्यों की एक जोड़ी जो एक-दूसरे की ओर उड़ी, मिली और पाँच बार जुदा हुई मेरे देखते-देखते। हवा में हो जाता है—वे क्षण भर के लिए एक साथ काँपती हैं, अलग हो जाती हैं, पाँच बार मेल होता है उनका। बाद में उन्हें देखो तो लगता ही नहीं उन्होंने कुछ किया भी है। नर गौरय्या तो अधिक ही उद्दण्ड था और उसकी प्रवृत्ति थी कि वह सारा दोष मादा के मत्थे मढ़ दे। मैंने हल्ला नहीं किया, नहीं, नहीं किया मैंने लेकिन मैंने अपने न्यायसंगत आक्रोश में उसे जता दिया कि

वह तुच्छ और शौर्य-रहित जीव था—केवल दूसरे को दोष दोगे तो ऐसे ही ठहरे तुम। कुछ ही समय बाद मादा नदारद हो गयी, और उसे पीछे छूट अच्छा सबक भी मिला!

मुझे नहीं मालूम सन्त फ़्रांसिस इसके बारे में क्या कहेंगे।

आह, इस ग़ज़ब की अन्तहीन विराट दुनिया के भीतर अन्तहीन सूक्ष्म! मैं जीवित रहकर फिर खुश हूँ। ऑस्लो की यात्रा अच्छी रही मेरे लिए।

*

वसन्त को लेकर यह आभास क्या है, उमगने-खिलने का यह एहसास जो हर बरस हमारी रूह को उथल-पुथल कर देता है? खुदा ही जानता है। परदेस में बैठी कोई महिला इसे अपने देश से आती हुई आवाज़ कहेगी, इसे धार्मिक और पारलौकिक रंगत देती हुई; मैं, इसके विपरीत, इसे खुद के लिए खोज लेता हूँ और अक्षरशः यही अर्थ निकालता हूँः इसका निश्चित ही घर और देश से सम्बन्ध है। हम लौट जाना चाहते हैं, हम घर जाना चाहते हैं। बाहर फैले हुए वसन्त के लिए कोई भाव नहीं हैं हमारे, लेकिन नयी जगह के लिए महज़ एक हामी भरी जाती है हमारे भीतर। बिना हृदय की हामी।

1898 या '99 के हेलसिंगफ़ूर्स[36] की एक स्मृति। लेकिन यह क़रीबन पचास बरस पुरानी है और अब विश्वसनीय नहीं रही; मैं कुछ नामों को भूल चुका हूँ और क्रम बदल गया हो सकता है।

जब मैं भीतर आया, किताबों की दुकान में दो लोग थेः एक प्रौढ़ आदमी था सिर पर कुछ पहने हुए नहीं था वह, लम्बे ढके जूते और पतलून के बाहर सफ़ेद कमीज़, दूसरा आदमी ज़रा युवा जो हाथ में बेलचा लिये था। काउण्टर पर कोई नहीं था।

"तुरन्त आ रही है वह," पहले ने मुझसे कहा। "लड़की केवल मेरे लिए ऊपर से किताब लाने गयी है।"

मैंने एक कुर्सी ढूँढी और बैठ गया।

"मैं रूसी हूँ," आदमी बोला।

"सोचो ज़रा ऐसी चीज़ के बारे में शेखी बघारना!" बेलचे वाले आदमी ने मज़ाक किया।

"मैं नॉर्वे से हूँ," मैं बोला।

रूसी आदमी रुचि लेने लगा: "सच, नॉर्वे से। क्या यहीं रहने का इरादा है?"

"हाँ, एक साल के लिए।"

"इससे कोई फ़र्क नहीं पड़ता हम किस देश के हैं," मिस्त्री बोला। "मैं फ़िनलैण्ड से हूँ, दुनिया का वासी।" उसके शब्द बहरे कानों के लिए थे।

रूसी आदमी मेरे पास आया : "मैंने आपको पहले कभी नहीं देखा, शहर में आप कहाँ रहते हैं?"

"मैं शहर में नहीं रहता, बहुत दूर रहता हूँ, फ्रोल्लिसो मार्ग पर।"

"मुझे यहीं शहर में रहना है और इन्तज़ार करना है, लेकिन मुझे यहाँ अच्छा नहीं लगता।"

रूसी आदमी बेलगाम बोल रहा था। वह अपने मालिक और मालकिन के साथ था, जो जा चुके थे, उसे नहीं मालूम था कहाँ, दूर किसी देश की ओर ग़ायब हो गये थे, लेकिन वह इन्तज़ार करते-करते थक गया था, उसे यहाँ अच्छा नहीं लग रहा था और वह घर जाना चाहता था। वह रूसी होकर भी स्वीडी भाषा में कैसे बातचीत कर रहा था? ऐसा है, उसने बचपन में सीखी थी और बाद के सालों में भी, उसके माता-पिता फ़िनलैण्ड में रहने वाले स्वीडी लोगों में से थे। वे मर चुके थे, लेकिन वह खुद रूस में पैदा हुआ था और वह रूसी था।

"यह कि तुम्हें शर्म नहीं आती," मिस्त्री बोला। लेकिन उसकी बात किसी ने नहीं सुनी।

मैंने मन-ही-मन सोचा इसका अर्थ होगा कि किसी सुदूर उत्तरी प्रदेश में यह रूसी आदमी बन्दी पैदा हुआ होगा, लेकिन मैं समझ नहीं पाया वह यहाँ कैसे पहुँचा, और उससे पूछने का मन नहीं हुआ मेरा।

वह बोलता चला गया, यह कहता कि उसके पास एक कॉटेज था, एक बढ़िया लाल पुता कॉटेज, जिसमें बहुत से पेड़ थे और एक जंगल और एक छोटी-सी नदिया पास में बहती हुई। या खुदा! और उसकी पत्नी और बच्चे उसकी प्रतीक्षा कर रहे थे; वह खुद जागीर के स्वामी के लिए काम करता था, ओह, कितनी बड़ी जागीर थी वह, मीलों-मील फैली, सैकड़ों नौकर-चाकर और मज़दूर।

युवती दूसरी मञ्ज़िल से उसके लिए किताब लिये चली आयी। वह आदमी उस किताब पर मानो गिर ही पड़ा, ख़ुद को सलीब के निशान से पाक करते हुए उसने किताब को जेब में रख लिया। ''मुझे कहीं से पैसा मिलने की उम्मीद है,'' वह महिला से बोला, ''बहुत-सा पैसा, मैं शीघ्र ही दूँगा तुम्हें।'' ये जनाब नॉर्वे के हैं,'' वह मेरे बारे में बोला।

महिला मुस्करा दी।

''ये साल-भर यहाँ रहने वाले हैं, लेकिन मुझे यहाँ अच्छा नहीं लग रहा और मैं घर जाना चाहता हूँ।''

महिला ने मेरी ओर देखा : ''आपकी मदद करूँ?''

''मुझे एक छोटा-सा रूसी-स्वीडी शब्दकोश चाहिए।''

रूसी आदमी ने अपनी जेब से किताब को फिर निकाल लिया, ख़ुद पर सलीब का निशान बनाया और पन्ने पलटने लगा। आवरण पर कोई सी भी दिव्य प्रतिमा थी।

''कैसी किताब है यह?'' मिस्त्री ने पूछा। उसे कोई जवाब नहीं मिला और वह जारी रहा। ''किसी सन्त की किम्वदन्ती। मैं उसे अपने बेलचे पर रखकर दूर फेंक दूँगा।''

''लेकिन यह किताब उसकी प्रिय है,'' काउण्टर के पीछे वाली महिला बोली।

मिस्त्री मेरी ओर मुड़ा : ''इस पागलपन के बारे में क्या कहे कोई? जानवरों सरीखे हैं ये लोग, कुछ नहीं जानते, सन्तों के क़िस्से पढ़ते हैं, सलीब का निशान बनाते हैं। 'मैं रूस में पैदा हुआ था और मैं रूसी हूँ,' वह कहता है। किसी का कोई वास्ता है इस बात से?''

''न, न,'' महिला बोली।

''क्या मतलब तुम्हारा, कन्या?'' मिस्त्री ने कर्कश आवाज़ में पूछा।

''वास्ता है, क्यों नहीं है। देश है न हमारा, हमारी मातृभूमि।''

''बिलकुल ठीक! ऐसी ही बातों के साथ पैदा होते हैं हम, पलते-बढ़ते हैं, इन्हें अख़बारों में पढ़ते हैं, बाज़ार में सुनते हैं। लेकिन आप जानना चाहते हैं मैं क्या सोचता हूँ?''

अचानक रूसी आदमी उन्माद में फूट पड़ा, ''ओह, मेरा महान, पावन रूस!''

"घर की याद में वह बौरा चुका है," महिला मुझसे बोली।

मिस्त्री हमें छोड़ने की तैयारी करता है, पूरी जगह को छोड़ने की, दरअसल; उसका चेहरा ज़र्द है और वह गुस्से के मारे कहता है, "मातृभूमि—जाने भी दो! क्या बकवास है! आप जानना चाहते हैं मैं क्या सोचता हूँ? मातृभूमि के बारे में, प्रेम और घुटने टेकना, और बाकी की चिपचिपाहट? मातृभूमि वहाँ है जहाँ हमारा काम बढ़िया चले और कुछ भी नहीं।"

दुकान वाली उसकी ओर मुस्कराती है: "दूसरे मिस्त्री को भी तुम इसी क़िस्म की चीज़ सिखाते हो, नहीं?"

उसको झटका लगता है। "तुम क्या जानती हो इसके बारे में?"

"मैंने सुना है। तुम संगठन के जमावड़ों में बोलते हो।"

मिस्त्री के जाने के क्षण-भर बाद दो आदमी भीतर आये, अंग्रेज़ी बोलते हुए मुसाफ़िर; उन्होंने फ़िनलैण्ड का नक्शा माँगा।

रूसी आदमी ने अपना परिचय दिया: "मैं रूसी हूँ।"

"शश्श," महिला ने हौले से कहा।

"दोनों आदमी काउण्टर पर खड़े-खड़े बातचीत कर रहे थे। उन्हें रूस का एक बड़ा-सा नक्शा भी चाहिए था ताकि पता लगा सकें वे कहाँ होकर आये हैं। "हम लोग चीन से आये हैं," उन्होंने खुलासा किया, "अन्तहीन सफ़र, लगातार कई माह पूरे-के-पूरे रूस में। हम लोग अमरीका के निवासी हैं।"

महिला अंग्रेज़ी जानती थी और उनकी बातों का जवाब दे सकती थी।

"ये सज्जन क्या कह रहे हैं?" रूसी आदमी ने पूछा।

"शश्श," महिला बोली।

"मैं सिर्फ़ यह जानना चाहता हूँ कि क्या वे रूस से आये हैं।"

"हाँ, वे रूस से आये हैं।"

"ओह, जीज़स क्राइस्ट की जय हो, तब तो वे उस रेल-मार्ग से आये हैं जिसका कोई अन्त नहीं है।" उसने कई प्रदेशों और कई शहरों के नाम गिनाये, एक स्टेशन की पीली इमारत जो जागीर का हिस्सा थी, और जो उसके घर से चालीस-पचास मील दूर थी। उसने खुद पर सलीब का निशान बनाया। मुआफ़ कीजिए, उन्होंने पीली

इमारत ज़रूर पार की होगी और उसका घर केवल छोटे-छोटे चालीस-पचास मील दूर था। वन पिप्पलों और हपुषा की झाड़ियों के बीच वह एक नदिया के किनारे विराजमान था, और नन्ही चिड़ियाँ इतनी कि गिनी नहीं जाती थीं।

"इस आदमी को क्या चाहिए?" अमरीकियों ने पूछा।

महिला मुस्करा दी। "वह जानना चाहता है आप लोग उसके घर के सामने से गुज़रे थे क्या।"

अमरीकी सकपका गयेः "क्या? हमें नहीं मालूम। रूस में उसके घर के सामने से?"

"उसे घर की याद का रोग लगा है। उसके मालिक और मालकिन जा चुके हैं, और वह यहाँ छूट गया है—"

"उसे छोड़कर चले गये हैं?"

"उसे तुरन्त घर चले जाने का आदेश मिला था और यात्रा-खर्च भी। लेकिन बुरी सोहबत में वह पैसा पी गया।"

"बेचारा!" अमरीकी हँसते हुए बोले। "और अब वह घर जाने की कामना करता है? हम भी," वे बोले। "यह एक रोग है, और हम लोग बख़ूबी वाक़िफ़ हैं इससे। ख़ैर, हम तो तुरन्त नाव लेकर घर के लिए रवाना हो रहे हैं।"

"आपकी यात्रा सुखद हो।"

"धन्यवाद। आपने अंग्रेज़ी बोलना कहाँ सीखा?"

"अमरीका में। थोड़ी देर के लिए घर आयी हूँ।"

"ऐसा!" अमरीकियों ने मुण्डी हिलायी। "हमारे पास लौट आयेंगी आप, तब तो?"

"ऐसा ही विचार है।"

रूसी फिर बोला : "यह पूछ लो उनसे, उन्होंने नन्ही चिड़ियाँ तो देखी होंगी, कम-से-कम।"

"यह मैं उनसे नहीं पूछ सकती," दुकान वाली नर्मी से बोली।

अमरीकियों ने अलविदा कहा और चल दिये। दरवाज़े से पलट कर उन्होंने दुकान वाली महिला से पूछा कि अगर उस आदमी को घर लौटने के लिए पैसा मिल

जाये तो क्या उसके लिए ठीक होगा।

''मुझे नहीं लगता,'' वह बोली। ''उसे शायद अपने मालिकों के नये आदेश की प्रतीक्षा करनी होगी।''

''अब वे जा चुके हैं, और मुझे पता नहीं चला!'' रूसी आदमी मिनमिनाया। ''क्षमा करें, लेकिन वे होंगी न वहाँ जब मैं घर पहुँचूँगा; क्या सोचती हैं आप?''

''कौन? गौरय्याँ? बिलकुल, वे होंगी वहाँ।''

''आपको देखना चाहिए था उन्हें, मिस, वे नीचे नदिया की ओर आतीं और अपनी चोंचें घुसा लेती थीं उसमें, जैसे कि वे भी प्यासी हों, छुटकियाँ-सी वे!'' रूसी आदमी रोने लगा। ''बेचारी चिड़ियाँ थीं वे,'' वह ख़ुद को सम्भालते हुए बोला, ''धूसर और पीली, और जैसे ही उन्हें भगाओ वे लौट आती थीं, आसमान काला पड़ गया था उनसे, दस लाख—।''

आँसू सरक कर उसकी सफ़ेद दाढ़ी तक आ गये।

मैं उसके पागलपन के दौरे से थक चुका था और उसके प्रति महिला की सहिष्णुता से विस्मित।

वह बोली, ''मैं फ़िन्नी हूँ और खुद भी घर की याद से पीड़ित!'' और वह काउण्टर पर आगे को झुककर फुसफसा कर मुझसे कहने लगी, ''मैं उसकी कज़िन हूँ, मेरा अनुमान है। लेकिन मैं उसे पता नहीं चलने दूँगी।''

*

एक भीगे और धुँधले दिन मैं शहर में घूम रहा था। दो युद्धों के बीच का समय था और मैं उन दिनों ख़ाली था। कुछ किताबें उठाये था मैं जो मैंने ख़रीदी थीं, दो पार्सल जिन्हें ढोना थोड़ा मुश्किल था क्योंकि वे टिक ही नहीं रहे थे और मेरे हाथ से फिसलते जा रहे थे। दरअसल मैं डाकघर की ओर जा रहा था रेडक्रॉस के लिए एक किताब लिये।

फिर कुछ हो गुज़रा।

एक नौजवान अचानक आ धमका, मुझे नाम से पुकारता हुआ और बोला, ''मुझे लगानी पड़ेगी आपको!''

वह बढ़िया कपड़ों में था और चोर नहीं दिखता था। ''हाँ , मुझे लगानी पड़ेगी

आपको,'' वह फिर बोला, शर्मिन्दा प्रतीत होता और अपनी उखड़ी साँस को ठीक करता। मैं रुक गया और वह भी। ''नहीं, यह कहना मूर्खतापूर्ण था, बेवकूफ़ाना शुरुआत, लेकिन मैं सोच रहा था, क्या मैं मदद माँगने के लिए एक लगा सकता हूँ आपको।''

''मैंने सोचा तुम पिटाई करने वाले हो मेरी।''

''ओह, नहीं, ऐसा क़तई नहीं है। मैं ज़रा मुसीबत में हूँ, मैं बहुत नाख़ुश हूँ आपसे कहते हुए, लेकिन मैं जानना चाहता था बात बनेगी या नहीं।''

''कुछ मदद?''

''जी, कुछ मदद। आम तौर पर मैं ऐसे नहीं करता, लेकिन मेरा हाथ बहुत तंग है।''

मैंने उसे किताबों के पार्सल थमा दिये और जेब में हाथ डाल लिया; उस वक़्त मेरे पास कुछ पैसा था जो मैं दे सकता था। जब मैं देने के लिए कुछ नकदी तैयार कर रहा था, मैंने जल्दी-जल्दी में सोचा वह कोई बेचारा-सा नोट नहीं माँग रहा था, मदद की उम्मीद कर रहा था। वैसे उसका चेहरा बड़ा ईमानदार और दिलक़श था।

जब मैं नाप-जोख कर रहा था, उसने धीरे-धीरे चलना शुरू कर दिया। मैंने कोई ध्यान नहीं दिया जब तक वह काफ़ी कदम आगे नहीं निकल गया; मैं बोला, ''यह लीजिए!'' और उसके पीछे चल पड़ा। लेकिन अब तक वह काफ़ी आगे पहुँच चुका था, और मैंने उसे पुकारा और पैसे वाले हाथ को आगे बढ़ा दिया। वह चलता रहा। मैंने कुछ और बार पुकारा उसे, लेकिन उसने अपनी रफ़्तार बढ़ा ली और अब पिलेस्ट्रैडेट मार्ग पर काफ़ी आगे तक पहुँच भी चुका था वह। वह एक नुक्कड़ वाली गली में ग़ायब हो गया।

मैं मुँह बाये खड़ा रह गया। अब यह अनुभव भी हो गया मुझे! मुझे वहाँ खड़े-खड़े एक अल्प-बुद्धि, चकित हँसी हँसनी पड़ी।

और वह नौजवान मेरी किताबों के पार्सल लेकर चम्पत हो चुका था, यह तो स्पष्ट था। लेकिन अगर उसने हिसाब लगाया था कि वह जो मैं उसे दे रहा था उससे मेरी किताबों की कीमत अधिक थी तो वह ग़लत था। मैंने उसकी त्रुटिपूर्ण अटकल से काफ़ी पैसा बना लिया था।

लेकिन उस वक़्त यह नहीं था मेरी सोच का विषय। मेरी रुचि थी मैं उसे ज़रा

बारीकी से समझने की कोशिश करूँ।

उसने बात ऐसे क्यों शुरू की कि वह वह मुझे "लगाना" चाहता था? खुद को मज़बूत करने, खुद को साहस देने, अगर मैं उसे मना करता। ख़ैर, यह हथकण्डा तो उसने शीघ्र छोड़ दिया और ठस हो गया वह। अगली चीज़ यह कि मेरे पार्सलों को लेकर उस पर मेरे भरोसे को देख वह शर्मिन्दा था — वह जोकि मदद माँगने आया था! अगर मैंने नज़रें ऊपर की होतीं तो मैं उसकी शर्मिन्दगी को भाँप जाता और इससे वह और शर्मिन्दा होता लेकिन मैं व्यस्त था। वह एक अटपटी स्थिति में था और अपने पाँव नीचे-ऊपर कर रहा था, एक पाँव आगे बढ़ाते हुए। शुरू में उसे क़तई एहसास नहीं था वह मुझे ठगना चाहता है, बिलकुल नहीं; उसने दिलेर बनने की कोशिश की, यह महसूस करते कि उसकी हिम्मत बढ़ रही है, लेकिन उसने एक कदम लिया नहीं कि दूसरे लेने पड़ गये उसे, जब तक कि चल नहीं पड़ा और छिपने की जगह ढूँढने लगा। लेकिन उसे आराम कहाँ मिला, उसने तो खुद को एक भद्दी स्थिति में डाल लिया था। उसने मेरी पुकार सुन ली थी और समय रहते वह पीछे मुड़ सकता था, लेकिन *इसके बाद* मुड़ कर मेरा सामना करना तो सबसे बुरी स्थिति होती, तो आख़िर वह करता भी क्या भला?

नौजवान, ज़ाहिर है तुम्हें बदहाली में रहने की आदत नहीं, तुम्हें मदद माँगने का ज़रा भी अभ्यास नहीं। तुम्हारी छवि एक भले परिवार से होने की है और खुद एक ईमानदार युवक होने की। एक "क्षणिक कठिनाई" इस क़दर बढ़-चढ़ गयी कि तुमने सोचा तुम्हें "मदद" की ज़रूरत है, शायद दूध का बिल या कोई दूसरी छोटी-मोटी चीज़। अरे भइया, तुम जीवन में इससे बदतर स्थितियों का सामना करोगे।

जहाँ तक किताबों का सवाल है, वे रखी हैं तुम्हारे सामने; तुम उन्हें इनके मालिक तक पहुँचा नहीं सकते, न सबकी नज़रों के सामने पड़ी रहने दे सकते हो। क्या तुम्हारे लिए सबसे अच्छा नहीं होगा कि उनसे छुटकारा पाओ, बेच डालो उन्हें। मैं इसलिए पूछ रहा हूँ क्योंकि यह एक हल है। तुम उन्हें पैसों में बदलने से कतरा रहे हो, क्योंकि ये पुस्तकें तुम्हारी नहीं हैं, आख़िर; तुम्हारा संकोच तुम्हें गरिमा प्रदान करता है। लेकिन तुम्हारा गुज़ारा कैसे होगा? टाँग अड़ाने के लिए क्षमा चाहता हूँ, लेकिन तुम किताबों को ऊम्ट्वेड्ट के यहाँ ले जाओ। नयी, सजिल्द प्रतियाँ हैं, तुम्हें दूध का बिल अदा करने के लिए पर्याप्त मिल जायेगा।"

तुमने इन किताबों से अपने हाथ कैसे जला डाले भला? इसका खुलासा किया जा सकता है। तुम शायद एक बूढ़े आदमी को नोटों के लिए जेबें खंगाल ध्यान आकर्षित करने से बचाना चाहते थे। अच्छा विचार था यह। ज़ाहिर है तुम मन-ही-मन जानते थे कि मैं तुम्हें पछाड़ नहीं सकता, न पीछा कर सकता हूँ तुम्हारा। और तुम खुद भी तो नहीं चिल्ला सकते थे न "रोको चोर को!" क्यों? अन्त में तुमने खुद को इस क़दर खटाई में डाल लिया कि तुमने आत्महत्या की भी सोची हो सकती है। इस सबका खुलासा किया जा सकता है, बेशक।

जहाँ तक मेरा सवाल है, मेरी हिम्मत नहीं है यहाँ और खड़े रहने की; लोगों ने मुझे घूरना शुरू कर दिया है, मुझे छोड़ देना होगा तुम्हें, और फिर यूँ भी मैं डाकघर जा रहा हूँ—।

मैं धंस ही गया ज़मीन में!

डाकघर—रेडक्रॉस के लिए किताब—श्रीमती वूग्ट—।

श्रीमती ईडा वूग्ट रेडक्रॉस के लिए एक लॉटरी से वाबस्ता थीं और उन्होंने इस गर्ज़ से मेरी लिखी एक किताब मुझसे माँगी थी। मैंने किताब ख़रीदी और दानिशमन्दी के कुछ शब्द लिख दिये उसमें। लेकिन यह तो एक मामूली-सा तोहफ़ा था, सो मैंने किताब में सौ क्रोनर का एक नोट रख दिया ताकि लॉटरी थोड़ी पुख़्ता हो जाये। मैं उस किताब को अच्छे-से लपेट डाकघर की ओर जा रहा था।

लेकिन अब सभी कुछ बिलकुल बदल चुका था।

ईमानदार और आकर्षक चेहरे वाले एक यवुक ने किताबों की दुकान में खड़े-खड़े देख लिया होगा कि क्या चल रहा है; मेरा पीछा कर उसने रोक लिया मुझे और अपनी नन्हीं उँगली पर नचा डाला।

वह किताब लेकर घर चला गया होगा। निश्चित ही।

जहाँ तक श्रीमती वूग्ट का सवाल है, मुझे उन्हें एक नयी प्रति भेजना पड़ी दानिशमन्दी के कुछ ताज़ा शब्दों के साथ। और मुझे उस महिला ने शुक्रिया अदा करते हुए एक शानदार रुक्का भेजा, सौ क्रोनर के उम्दा विचार के लिए।

*

मुझे लगता है पहले किसी वक़्त मैंने वादा किया था कि मनोरोग चिकित्सालय

में गुज़ारे अपने वक़्त की फिर से बात करूँगा। सच में, मैंने कोई बहुत अहम वादा नहीं किया था, लेकिन मुझे वादा नहीं करना चाहिए था, ज़िक्र तक भी नहीं करना चाहिए था मुझे। आज तक भी मुझे याद आता है मेरे वहाँ रहने से क्या कुछ नष्ट हो गया था मेरे लिए। उसे नापा नहीं जा सकता, उसका नापने और तौलने से कोई सम्बन्ध नहीं है। बहुत धीमी-धीमी उखड़न थी जड़ों की।

किसे दोष दिया जाये? किसी व्यक्ति-विशेष को नहीं, किसी चीज़-विशेष को नहीं, एक प्रणाली। जीवन्त जीवन पर रौब झाड़ना, बिना सहज-बुद्धि के, बिना सहृदयता के बनाये गये क़ायदे-कानून, चौकोरों और निर्देशों का मनोविज्ञान, हिक़ारत पर टिका हुआ एक समूचा विज्ञान।

दूसरे सह सकते होंगे यातना, मुझे कोई सरोकार नहीं, मैं नहीं सह सकता। ऐसी चीज़ जिसे मनोचिकित्सक को शायद समझना चाहिए था। मैं एक स्वस्थ व्यक्ति था, मैं गूदे में बदल गया।

यह मेरी आदत नहीं कि मैं दुनिया और जीवन से गिला-शिकवा करूँ, यहाँ भी नहीं। मैं कसैला आदमी नहीं हूँ; ख़ूब मज़ाक करता हूँ, आसानी से हँसता हूँ, धूप-सा खिला स्वभाव है मेरा। इसमें मैं अपने पिता जैसा हूँ, जिन्हें इसी वजह से जाना जाता था। दूसरी अच्छी आदतों के लिए, मैं अपनी माँ का शुक्रिया अदा करता हूँ। मैं एक उत्पाद हूँ।

लेकिन मैं अपना जीवन नहीं लिख रहा हूँ।

अब मैं कुछ छिटपुट घटनाएँ दर्ज कर रहा हूँ, मनोरोग चिकित्सालय के मर्दाना खण्ड की कुछ ग़ैर-ज़रूरी स्मृतियाँ। मैं कुछ संजीदा क़िस्म के मुआमले भी जोड़ूँगा जो ख़ुद-ब-ख़ुद सतह पर आ जायेंगे, हालाँकि मैं बड़ी अरुचि से उन्हें पुनः याद करता हूँ।

यह एक ऐसी संस्था है जिसे जेसुइट परम्परानुसार संचालित किया जाता है, आधा दर्जन व्यस्क लोग आवश्यकता पड़ने पर नमूदार हो जाते हैं, और नर्सों की भरमार जो उस स्थान को सफ़ेद कबूतरों की गर्जना के समान कमरों में उतर कर रौनक से भर देती है। वे दयावान सिस्टर थीं, और पुरुष नर्सें। भूमिगत खण्ड में उन मरीज़ों की कार्यशाला थी जिन्हें शारीरिक व्यायाम की ज़रूरत रहती थी, और ऊपर के एक तल पर एक प्रयोगशाला थी जहाँ किसी सही व्यक्ति को अपने प्रयोग करना

थे और मनोविज्ञान के क्षेत्र में खोजबीन। इनके बीच की मञ्ज़िलों पर आध-सौ "स्नायविक और मानसिक रोगियों" के आवास की व्यवस्था थी। समय का आशय था एक घण्टे में साठ मिनट क्योंकि इससे ज़्यादा सटीक होना असम्भव था। हर जगह व्यवस्था थी, समय की पाबन्दी थी, ठण्डक थी, निर्वैव्यक्तिकता और क़ायदे-कानून थे, अनुशासन और धर्म था।

अनुभव से मैंने सीखा कि सामान्य और मानसिक अस्पताल एक-दूसरे से एकदम अलग होते हैं, हालाँकि दोनों ही संस्थाएँ स्वास्थ्य की देखभाल के लिए हैं। मैंने मानसिक अस्पतालों से कुछ परिचय प्राप्त तो किया, लेकिन रात को लेटे-लेटे मैं सामान्य अस्पताल में भर्ती होने की इच्छा करता रहता, सामान्य कारावास में, सामान्य सन्तरी होने का कर्त्तव्य निभाता, कड़ा परिश्रम करता, विण्डर्न[37] में इस पागल से डिब्बा-घर में बन्दी होने के अलावा और कुछ भी मञ्ज़ूर होता मुझे। मैं चार महीने रहा वहाँ, एक भी दिन नहीं रहना चाहिए था मुझे। आख़िर मैं मरीज़ तो नहीं था, बस रह भर रहा था वहाँ, जैसे होस्टल में।

मैंने प्रथम वॉर्ड से शुरुआत की, एक कुठरिया में जिसके दरवाज़े में झाँकने के लिए एक छेद था; खाना खाने के लिए मुझे एक चम्मच दिया गया। मुझे बहुत ज़ोर से खाँसी नहीं करनी चाहिए, घर से आये पार्सल को खुद खोल जाँघिया-बनियान नहीं लेना चाहिए, और डोरी अपने पास नहीं रखनी चाहिए। दो महीने यहाँ बिताने के बाद, मैं एक मञ्ज़िल ऊपर भेज दिया गया। यहाँ मुझे कुठरिया नहीं एक छोटा-सा कमरा मिला जिसका दरवाज़ा बन्द किया जा सकता था, जिसके लिए मैं शुक्रगुज़ार था। यहाँ ज़्यादा रोशनी थी और आत्मीयता, इतनी विक्षिप्तता नहीं थी, खाने के लिए छुरी-काँटा दिये गये मुझे, और कुछ समय बाद, मेरी घड़ी। लेकिन वैसी ही तलाशी यहाँ भी ली जाती थी, गुपचुप ताँक-झाँक का वही माहौल भी था। मेरे काग़ज़ों और मेरी किताबों को उलट-पलट कर इस बहाने देखा जाता था कि व्यवस्थित किये जा रहे हैं, और बहुत लम्बे समय तक रात के समय मेरे कपड़े मुझसे लेकर कहीं और टाँग दिये जाते थे।

क़ाबिले-ज़िक्र ऐसा कोई फ़र्क मैंने यहाँ के और पहली मञ्ज़िल के मरीज़ों में नहीं देखा; शायद बिजली के झटके लेने वाले कुछ अधिक थे और जिन्हें बाद में आराम करना होता था। ताज़ा हवा में साँस लेने जब हम लोग बाहर जाते, तो सब लोग मिलते-जुलते, मुझ बहरे के सिवा जो दूसरों को बातचीत करने की ज़ेहमत से

बचाना चाहता था, या ख़ुद को भी ताकि बार-बार अपने सवालों को दोहराता न फिरूँ।

एक दिन एक लम्बी, साँवली सुन्दरी रुक कर मुझे देख मुस्करा दी। अपने गहरे रंग के कोट के नीचे उसने नर्स का लिबास पहन रखा था; मैंने उसे पहले नहीं देखा था, लेकिन मैं अपनी बेञ्च से उठा, उसकी ओर देख सर हिलाया और बोला कि मैं सुन नहीं सकता। "ओह, मालूम है मुझे!" मैं देख सकता था वह यही कह रही है। फिर वह टहलती हुई चली गयी।

कुछ सप्ताह मैंने उसे नहीं देखा। लेकिन एक रविवार—मुझे लगता है रविवार का दिन था—वह यात्रा के कपड़े पहने महिला-विभाग से बाहर आयी; एक छोटा बैग उठाये थी वह और किसी पुरुष के साथ थी। मैंने झुककर उसका अभिवादन किया और चुपचाप खड़ा रहा। वह सीधे मेरी ओर चली आयी और कहने लगी कि वह मुझसे हाथ मिलाना चाहती है और मेरी कुछ किताबों के लिए शुक्रिया अदा करना चाहती है मेरा। मैंने उससे पूछा क्या वह जा रही है, लेकिन उसने जवाब दिया कि वह अपने पति के साथ सैर कर रही है बस। बहुत दोस्ताना व्यवहार था उसका और वह मेरे कान के क़रीब आकर बोलने की ज़ेहमत उठा रही थी। बाद में, मैं उसे यदा-कदा सैरगाह में देखा करता था—नहीं, वह नर्स नहीं थी, वह मरीज़ थी, घबरायी हुई, अति-रोमाञ्चित, एक भद्र महिला।

एक और रविवार—अगर वह रविवार था तो—एक नौजवान ने मेरा अभिवादन किया; वह एक बड़ी उम्र की महिला के साथ घूम रहा था जो उसकी माँ रही होगी। वह कुछ बोला नहीं, सिर्फ़ सिर हिलाया था उसने। महिला ने इसमें कोई हिस्सेदारी नहीं की, उसने मुँह फेर लिया। एक सप्ताह के बाद वह फिर आया, फिर दुआ-सलाम किया उसने, अगले सप्ताह फिर, और हर बार महिला अपना मुँह फेर लेती थी। वह शायद उसकी मर्ज़ी के ख़िलाफ़ ऐसा कर रहा था, सो मैं नहीं चाहता था वह और नाराज़ हो; मैंने झुककर अभिवादन किया और बोला कि शायद वह नहीं जानता था मैं हिरासत में हूँ और पुलिस द्वारा यहाँ बन्दी रखा गया हूँ, मैंने उसका जवाब नहीं सुना, यही शब्द सुनायी पड़े मुझे : "मेरे लिए तब भी बहुमूल्य!" इसके बाद मैंने न उसे देखा न उस महिला को।

यह एक पहेली थी मेरे लिए कि यहाँ काम करने वाले लोग इस जगह को बरदाश्त कैसे करते हैं। आदमियों का जोखिम अधिक नहीं था, लेकिन नर्सें

कभी-कभी काफ़ी कम उम्र में शुरू करती थीं और क़रीब बीस साल के लिए रहती थीं। क्या मैं पूछ सकता हूँ उन्हें कैसी पगार मिलती होगी? कोई जवाब नही। पेंशन? कोई जवाब नहीं। छुट्टियाँ? हाँ, कुछ ख़ास दिन! फिर मुझे सही नहीं लगा और प्रश्न पूछना।

लेकिन मेरे लिए पहेली यहीं शुरू होती थी। बहुत-सी नर्सें दयावान थीं, अच्छी आदतें थी उन्हें और उनकी वाणी परिष्कृत, वे पढ़ी-लिखी महिलाएँ थीं; स्कूली शिक्षा मिली थी उन्हें, शुरुआत करने से पहले उन्होंने किताबें पढ़ रखी थीं, लेकिन अब नहीं पढ़ती थीं। क्या वे सह सकती थीं और न पढ़ पाना? ओह, हाँ, सरलता से, बेशक, रविवार के अख़बार आते थे और धार्मिक किताबें हर जगह रखी हुई थीं, लेकिन जहाँ तक मैं देख सकता था, नर्सें इन चीज़ों में कोई रुचि नहीं दिखाती थीं। आधिकारिक तौर पर यह जगह धार्मिक थी, लेकिन यह कोई वजह नहीं थी अपने तौर पर कि नर्सें, जहाँ तक मुमकिन हो, इनसानियत से पेश न आयें—और मुमकिन तो बहुत-सी चीज़ें थीं। अगर नर्स से कुछ ग़लती हो जाती, तो इसका ढोल नहीं पीटा जाता था। जीवन की अन्य स्थितियो में ज़रूरत पड़ने पर वह गवाहों को बुलाती; यहाँ ऐसा करने की ज़रूरत नहीं थी, वह अपनी और दूसरों की ख़ामोशी से सुरक्षित रहती, यही ढंग था यहाँ। अगर किसी ऐसी चीज़ से सामना होता जिसका जवाब उसे देना होता, वह नहीं देती। अगर कोई चीज़ उसके ख़िलाफ़ जाती प्रतीत होती वह *सहन कर लेती* इस प्रतीति को। हर कोई ऐसा नहीं कर सकता, लेकिन वह कर सकती है। वह किसी पुरुष नर्स को इस बात की गवाही के लिए बुला सकती है कि वह सहन कर रही है। लम्बे समय तक सेवा कर लेने पर, वह व्यवहारिक जेसुइटवाद को जीवन-भर के लिए सीख चुकी होगी। और मृत्यु की घड़ी में पादरी से अपने पापों की मुआफ़ी के सिवा उसे और कुछ नहीं चाहिए।

मैं अक्सर उन दयावान नर्सों की बाबत सोचता हूँ। मुझे दया आती है उन पर। यह जगह घुटन से भरी है, और वे चलती रहती हैं यहाँ बूढ़ी होतीं। कोई सुख नहीं, ख़ुशी नहीं, कभी हँसी नहीं, ईश्वर न करे वे हँस दें। बहुत-सी इतनी अच्छी थीं, मैं नाम लिख सकता हूँ लेकिन जुर्रत नहीं करता इस डर से कि उन्हें कोई नुकसान न पहुँचे। अपने पालनों में उन्होंने प्रेम, बच्चों और घर के बारे में गीत सुने होंगे। अब वे जीवन पर लगे तीन तालाबन्द दरवाज़ों के बारे में गीत सुना करती हैं। और कुछ नहीं सोचतीं, वे होती हैं वहाँ, और कुछ नहीं।

जैसे-जैसे मैं वहाँ अपने दिनों के साथ जिद्दो-जहद करता रहा, मेरे मन में इस इच्छा के सिवा और कुछ नहीं था कि चिकित्सालय में मेरे आवास का अन्त हो। मैं और-से-और यातना-ग्रस्त रहने लगा, और-से-और खोखला हो जाता रहा; प्रयोग के लिए रखे जीव की भूमिका को स्वीकारने जैसा कुछ नहीं था, मनोचिकित्सा के विज्ञान की ख़ातिर, और ऐसा कुछ निजी भी नहीं था जो मुझे प्रशासन के क़रीब ले आता। हम लोग एक-दूसरे से सीढ़ियों में और हॉल में टकर जाते, बिना मुँह खोले।

सबसे ऊपर श्रीमान लांगफ़ेल्ड्ट थे, संस्था के निदेशक और विश्वविद्यालय में नियुक्त प्रोफ़ेसर। मैंने उनके लेक्चर कभी नहीं सुने थे, न सुनूँगा कभी, आम आदमी की हैसियत से, उन पर राय प्रकट करने की शिक्षा नहीं ली मैंने। मुझे शक है कि उनके सभी शिष्य उनसे एक समान खुश भी नहीं होंगे, ज्ञान के बहुत से क्षेत्रों में यह बहुत से शिक्षकों के लिए सही होगा। मैं अपनी निजी अनुभूति और सहज-बुद्धि के अनुसार चलता हूँ, दोनों के अनुसार एक समान; घटनाओं, तथ्यों, और जैसी भी मनोवैज्ञानिक समझ मुझे है, उसके अनुसार। मुख़्तार-आम को प्रोफ़ेसर लांगफ़ेल्ड्ट के प्रति अपने रवय्ये के बारे में मैंने संकेत ज़रूर दिया था और अभी तक उसमें कोई परिवर्तन नहीं आया। वह मुझे किसी कॉलेज का ठेठ स्नातक प्रतीत होता है, जो स्कूल की पाठ्य-पुस्तकों और ज्ञानवान ग्रन्थों से किताबी शिक्षा ले कॉलेज से लौटा है, और बाद की पढ़ाई द्वारा जिसका उसने बेशक नवीनीकरण कर लिया है। स्पष्ट है, इसके बारे में मैं कुछ नहीं जानता, मैं सिर्फ़ उसे शामिल करता हूँ और पहले से मानकर चलता हूँ; निश्चित ही मुझे इसकी ज़रूरत नहीं है।

वह अपने ज्ञान में इतना सुरक्षित है। लेकिन यह पुरानी दानिशमन्दी जैसी चीज़ नहीं हैः कुछ भी निश्चित तौर पर ज्ञात नहीं हो सकता! अपनी शख़्सियत और तौर-तरीक़े में, श्रीमान लांगफ़ेल्ड्ट ऊँचे और सशक्त तने है, अपनी अपरिवर्तनीय शिक्षा-दीक्षा के साथ, प्रतिरोध को लेकर अपनी चुप्पी और अति सामान्य श्रेष्ठता भाव लिये जो सिर्फ़ स्वांग-भर प्रतीत होता है।

एक बार के उनके फेरे में मैंने देखा एक महिला सहायक काफ़ी मिनट तक किसी बात कर खुलासा करती रही, जिस बीच पूरा कारवाँ रुका खड़ा रहा जबकि वह चुप खड़ा सुनता रहा। तब फिर, महिला से बिना एक भी शब्द या इशारे के, वह अपने स्टाफ़ को पीछे लिये चलता बना। वही सहायक डॉक्टर एक दिन कोई कहानी सुन ठहाका मार हँस दी, कोई लतीफ़ा—जनाब *ने देखा भर* उसकी ओर।

काश यह मनोचिकित्सक अपने ओंठों पर मुस्कराहट लाने के योग्य होता। ऐसी मुस्कराहट जो कभी ख़ुद उस पर भी लागू होती।

उसका शान्त और सौम्य व्यवहार शायद ही असली होगा, उसने जगह और माहौल की ख़ातिर ओढ़ लिया होगा उसे। ऐसा नहीं है कि वह सख़्त और कठोर बन चुका है, नहीं तो वह इतना व्यवस्थित और सक्रिय कैसे होता। शिक्षक और वैज्ञानिक की हैसियत से अपनी ज़िम्मेदारियाँ निभाने के अलावा, वह चिकित्सा सम्बन्धी निदेशिकाएँ भी लिखता है जिसमें देश-देहात के परिवारों के लिए घरेलू टोटके भी रहते हैं, लोकप्रिय मासिक पत्रिका *सामटिडेन*[38] के सदस्यों के लिए बीच-बीच में वह जीव-विज्ञान सम्बन्धी कोई लेख भी लिख देता है, और निस्सन्देह बहुत-से विद्वान संगठनों का सदस्य है। नहीं, उसका मन सख़्त नहीं हुआ है। दूसरे हो सकते हैं लेकिन वह नहीं। लेकिन उसकी व्यावहारिक कठोरता की वजह आडम्बर है। घोर चुप्पी साधने और मन की भड़ास निकालने दोनों के लिए पर्याप्त जान है उसमें।

दूसरे प्रसंग में कुछ छिटपुट मिसालें दूँगा।

नौकरों ने मेरी मेरी दाढ़ी बनाने की किट की चमड़े की तनी काटकर उसे ख़राब कर दिया था, और-तो-और उस पूरे सामान का एक अहम हिस्सा फेंक भी दिया था। वह कहीं भी ढूँढ़े नहीं मिला। तिस पर नौकर अपने रास्ते हो लिये, मुझे निरुपाय छोड़ कर। एक नर्स जो बीस साल से नौकरी कर रही थी मुझे एक छोटे-से कमरे में ले गयी ताकि मैं ख़ुद दाढ़ी बना सकूँ, लेकिन बिना शीशे के। और रेज़र भी या तो उसका था या किसी और का, और मैंने ख़ुद को बुरी तरह काट लिया। अचानक दहाड़ सुनायी पड़ी, यह प्रोफ़ेसर था। अच्छी ख़ासी दहाड़ थी वह, और उसकी ज़बान फिसल रही थी, वह कह रहा था "नौजवान लड़की" (40-50 वर्ष की होगी वह) इससे पहले कि वह ख़ुद को रोक पाता; वह लम्बे समय तक खड़ा रह गया, घूरता, बिना खिसके, उफ़ नहीं, वह तो तानाक़शी कर रहा था। क्या दृश्य था वह। नर्स को तो जैसे लकवा मार गया, मैंने साबुन और ख़ून को पोंछा। प्रतिरोध की ध्वनि पैदा करने का तो सवाल ही पैदा नहीं होता था; वह आत्म-रक्षा में कुछ शब्द तो कह सकती थी, नौकरों का ज़िक्र कर—प्रोफ़ेसर के सम्मुख यह विकल्प नहीं था उसके पास; असम्भव।

ऐसा नहीं है कि मैं इस बात का अभ्यस्त नहीं हूँ कि कोई मेरे लिए काम करे,

और मैं अचरज कर रहा था कि मेरा क्या हाल होता अगर मैं किसी काम करने वाले पर दहाड़ दिया होता। मुझे लगता है, दहाड़ने की बजाय मैं बिना कोई संकेत दिये अपने रस्ते चल दिया होता।

एक सुबह प्रोफ़ेसर मेरे पास आया और बोला, "मुझे लगता है आपको ग़लती लगी है। जब आप हारगडांगेर[39] में थे चश्मा तो आप तब भी पहनते थे।" शायद वह अपने सहयोगियों को दिखाना चाहता था कि मुझे लेकर उसकी खोजबीन अनन्त गहरी है, लगभग गर्भ तक लौटती है। लेकिन मैं भी अपने चश्मे को लेकर उसकी बक-बक से उतना ही थक चुका था, जिसका कोई भी मनोवैज्ञानिक महत्त्व नहीं था। मैं हारडांगेर में था, 1879 में, क़रीब सत्तर बरस पहले, मसें भीगते यौवन में, मेरा मतलब है। मैं उसे पूरा खुलासा दे सकता था, लेकिन मैंने परवाह नहीं की। एक दिन एक डॉक्टर उस फ़ार्म पर आया जहाँ मैं रहता था; पानी गिर रहा था, और वह काली बरसाती और काला बरसाती टोप पहने हुए था। उसके नाम में समास-चिह्न था, गोटमान-हानसेन या ऐसा ही कुछ। क्योंकि सबसे क़रीबी चश्मा-साज़ और दवाखाना बेर्गेन में था—पूरे एक दिन का अन्तहीन सफ़र—डॉक्टर अपने साथ एक सूटकेस लाया था, दवाएँ और चश्मे जिनकी माँग सबसे अधिक थी। इस तरह मुझे हारडांगेर में चश्मा मिल गया था अपने लिए!

लेकिन बेशक, लांगफ़ेल्ड्ट को अपने सहयोगियों को अपनी मनोवैज्ञानिक दक्षता दिखाना थी!

मुझे प्रोफ़ेसर ने बुला भेजा। जो बुलाने आया था, वह आदमी अपने पाँवों को स्थिर नहीं होने दे रहा था ताकि मैं भी बस फुर्ती से चल पड़ूँ। प्रोफ़ेसर और उसके सहयोगी मुझे दफ़्तर में मिले। मुझे वे तीन ख़त दिखाये गये जिनका ज़िक्र मैंने मुख़्तार को लिखे 23 जुलाई, 1946 के अपने ख़त में किया था, जिनके बारे में मैं वह सब कह चुका था जो मुझे कहना था। मैंने ज़रूर अपनी बेसब्री का संकेत दिया होगा, क्योंकि अचानक बिगड़ते हुए प्रोफ़ेसर बोला, "अब तैश में मत आइए, आपको कोई भी नुक़सान पहुँचाने नहीं जा रहा।" यह उसने अपने पढ़ने की मेज़ के नीचे बैठे शिष्यों से नहीं, एक बूढ़े आदमी से कहा था। और कितनी बेपरवाही से वह व्यक्त कर रहा था ख़ुद को : कोई भी आपको नुक़सान नहीं पहुँचाने जा रहा, वह बोला, जबकि दर-हक़ीक़त वह सिर्फ़ अपने बारे में बात कर सकता था। मैंने इसी बात पर एतराज़ किया। चिढ़कर प्रोफ़ेसर उठ खड़ा हुआ, बिना किसी भूमिका के, बिना

अपने सहयोगियों को संकेत दिये, उसने ऊँचे स्वर में मुझसे पूछा, "क्या आपने स्त्रियों से कभी पैसा उधार लिया है?" (अनाम ख़तों में ऐसा कहा गया था।) मैंने ज़रूर उसकी ओर आँखें फाड़कर देखा होगा, ज़रूर हक़लाया होऊँगा मैं। पहले किसी मौक़े पर मुझे प्रोफ़ेसर को याद दिलाना पड़ा था कि हम अकेले नहीं हैं, लेकिन अब मैंने ऐसा नहीं किया; मुझे नहीं लगता मैं कुछ कह भी पाया होऊँगा, मैं बुदबुदाया भर था। मुझे ऐसा कुछ भी याद नहीं कि मैंने कभी किन्हीं स्त्रियों से पैसा उधार लिया हो, लेकिन लिया भी होता तो ज़रूर लौटा दिया होगा। लेकिन यह सवाल यहाँ क्यों उठाया जा रहा है? न्यायालय के लिए तैयार की गयी फ़ाइल में, प्रोफ़ेसर ने लिखित में इस घटना पर पर्दा डालने की कोशिश की है। इस प्रसंग को मैं पहचान नहीं पाता।

लेकिन लहजा ऐसा ही था। वह अपने सहयोगियों के सामने शेखी बघार रहा था। प्रोफ़ेसर लांगफ़ेल्ड्ट खुद को एक निर्दोष बूढ़े आदमी से इस तरह बात करने की इजाज़त दे रहा था। उसे मालूम था उनके सहयोगी चुप रहे आयेंगे। सहयोगियों में चार डाक्टर थे और बहुत-सी नर्सें थीं, वे तो चुप लगाये रहते ही। क्लिनिक में यह कहा जाता था कि सहयोगी वहाँ "सीखने की गर्ज़ से" उपस्थित रहते हैं : प्रोफ़ेसर स्वामी और मालिक था, वह किसी भी लहजे में बात कर सकता था—और दूसरों को सिखा सकता था।

ठीक है, ऐसा करने दो उसे!

जिन चीज़ों का ज़िक्र मैंने किया है, प्रोफ़ेसर शायद खुद को व्यवस्था के किन्हीं विशेष पहलुओं के सम्भावित प्रभाव का हवाला देकर उनसे बरी करना चाहेगा। इससे मतभेद ज़ाहिर करने में मेरी कोई रुचि नहीं। मिसाल के तौर पर, कोई इस बात की ओर ध्यान आकर्षित कर सकता है कि यह आदमी चिकित्सा निदेशक की हैसियत से क्लिनिक का कर्ता-धर्ता है, होटल का मैनेजर है और सैंकड़ों क़रीब-क़रीब बीमार लोगों का मेज़बान है, और जिसके नीचे कर्मचारियों और सेवकों का एक बड़ा समूह काम करता है, स्त्री और पुरुष दोनों। विश्वविद्यालय के किसी अन्य प्रोफ़ेसर के लिए यह तनाव-ग्रस्त रहने का विषय होता। और मैं बख़ूबी कल्पना कर सकता हूँ कि कभी-कभार की कठोरता और अनुशासन, शायद "दहाड़" भी, ज़रूरी होती होगी विण्डर्न में स्थित इस भवन में आज्ञाकारिता बनाये रखने के लिए।

इसके विपरीत, प्रोफ़ेसर उन कामों और फ़ैसलों के सिलसिले में इनकार नहीं

कर सकता जिनके लिए वह व्यक्तिगत तौर पर ख़ुद ज़िम्मेदार है। इनमें मैं इन चीज़ों को शामिल करना चाहूँगा : मेरी पत्नी को पूछताछ के लिए बुलाकर उसके बयानों को मेरे ख़िलाफ़ इस्तेमाल करने के दृढ़ प्रयत्न करना, उसकी गवाही को दर्ज करना और इस बात से वाक़िफ़ होना कि उसे अन्ततः विभिन्न न्यायिक विभागों के वकीलों और दफ़्तरी क्लर्कों को सौंप दिया गया था। यहाँ प्रोफ़ेसर लांगफ़ेल्ड्ट के पास कोई भी तर्कसंगत बहाना नहीं है। जो मेरी पत्नी के पास है, पर्याप्त रूप से। वह कई महीने तक कैदखाने की ख़ामोशी में रह चुकी थी, और अब, समझ में आने वाली अपनी घबराहट की वजह से, वह बोलती चली गयी। उसका श्रोता एक प्रभावशाली सार्वजनिक व्यक्ति था। वह अपने साथ आशुलिपिक को लेकर आया था ताकि उसके बयान को दर्ज किया जा सके।

मुझे नहीं लगता मैं बेवजह शिकायत कर रहा हूँ। प्रोफ़ेसर लगातार मेरी "दो शादियों" को लेकर मेरे पीछे पड़ा रहा था। अन्त में मैंने एक शब्द का भी उत्तर नहीं दिया। पिछली बार यह सब लिखित में हुआ था। अपने संक्षिप्त जवाब में—जो मैंने लिखित में ही दिया था—मैंने अपनी शादी के बारे में यह कहा : मैं ऐसी कोई चीज़ का यहाँ ज़िक्र करने के विचार मात्र से ही डर के मारे चिल्ला दूँगा, अपनी पत्नी की पीठ पीछे, क्योंकि वह भी उतनी ही हिरासत में है जितना कि मैं हूँ!

क्या यह साफ़गोई नहीं थी? मैं सिर्फ़ ख़ुद को ही बचाना नहीं चाहता था। लेकिन इस सम्पूर्ण विराटता को।

लेकिन प्रोफ़ेसर को कोई असमंजस नहीं थाः मुख़्तार-आम की मदद से वह मेरी पत्नी को आरेण्डाल की जेल से विण्डर्न की क्लिनिक तक लिवा लाया। इसका क्या परिणाम हुआ, कोई भी, और सब जन इसे पढ़ सकते हैं, मोटी-सी फ़ाइल में।

मैं एक ऐसी स्थिति में आ पहुँचा था जो मेरे लिए अकल्पनीय हैः मनोरोगियों के चिकित्सालय में बन्दी बनाकर रखे जाना ताकि बारीकी से अध्ययन किया जा सके मेरा। प्रोफ़ेसर लांगफ़ेल्ड्ट अपने मज़े के लिए कुछ भी कर सकता था मेरे साथ —और वह मज़े का भूखा था।

मुझे यक़ीन है कि अगर वह पहले से ही इस बात पर विचार करता कि उसके मन में सही-सही क्या था जो वह करना चाहता था, तो शायद वह अपनी योजना तज देता। आख़िर मैं अपनी पत्नी और अपनी शादी को इस सबसे कई महीनों से बाहर ही रखे हुए था, और बिलकुल सही किया था मैंने। आख़िर इस सब का क्या

हश्र होने वाला था? क्या कोई शख़्स या किसी का पारिवारिक जीवन—प्रोफ़ेसर तक का—बचा रह सकता था? आमतौर पर रिश्तेदार आहत हो जाते हैं, बच्चों को यातना सहनी पड़ती है; अन्त में, अक़्सर एक ऐसी सीमा होती है सुशील और नस्लदार लोग जिसका उल्लंघन नहीं करना चाहते।

जब मेरी पत्नी को ज़बरदस्ती पेश होना पड़ा, प्रोफ़ेसर लांगफ़ेल्ड्ट कब का समझ चुका होगा कि मैं पागल नहीं था। तो फिर उसे बुला भेजने का मक़सद क्या था — कौतूहल और सनसनी फैलाने के सिवा? क्या प्रोफ़ेसर यह दावा कर सकता है कि मुझे अध्ययन का विषय बनाना मेरी पत्नी को शामिल किये बिना कोई अलग दिशा अख़्तियार कर सकता था? क्या वह यह दावा कर सकता है, कि वह अगर शामिल न की जाती, तो मुझे पागल क़रार किया जा सकता था?

सामग्री उपलब्ध है। शायद किसी दिन इसका परीक्षण किया जायेगा।

मैं अब भी सोचता हूँ कि प्रोफ़ेसर का व्यवहार अक्षम्य था। वह शुरू से ही मेरी पत्नी के साथ बातचीत करने का कुछ अधिक सौम्य ढंग तलाश कर आया था। जब उसने देखा और सुना कि उस बातचीत का क्या अञ्जाम होने जा रहा है, वह उठ खड़ा हो सकता था, शेष उत्खनन का काम सक्षम महिला डॉक्टरों के ज़िम्मे छोड़। ज़ाहिरा तौर पर वह ऐसा सोचने के क़ाबिल नहीं था; हालाँकि सम्भवतः वह अतिरिक्त स्वेच्छा और तत्परता जिसका शोषण कर किसी दूसरे व्यक्ति की बहुत-सी ख़ामियों को कुरेद-कुरेद कर उगलवाया गया, किसी अच्छे मनोवैज्ञानिक को संशय में डाल देती। प्रोफ़ेसर लांगफ़ेल्ड्ट मन-ही-मन जानता है कि वह किसी दूसरे व्यक्ति के वैवाहिक जीवन की अंतरंगता में उतरने और उससे छेड़छाड़ करने के लिए कोई ज़्यादा सही व्यक्ति नहीं है। वह बहुत मुँहफट और कठोर है, उसका भेजा उस सबसे अटा पड़ा है जो उसने अध्ययन के ज़रिए हासिल किया है, और वे चीज़ें श्रेणियों में बाँटी जा सकती हैं, जीवन में या फिर ज्ञान के क्षेत्र में।

मुझे अपने एक पड़ोसी देश के ऐसे ही, हालाँकि हूबहू ऐसे नहीं, किसी मुआमले की याद आती है, जहाँ प्रोफ़ेसर ने न केवल उस मुआमले को छोड़ा, बल्कि अस्पताल में अपने समूचे पद को भी त्याग दिया और खुद का तबादला कहीं और हो जाने दिया।

*

वृद्धाश्रम वापिस।

मैं तुच्छ चीज़ों के बारे में लिख रहा हूँ, जो मैं लिख रहा हूँ वे चीज़ें तुच्छ हैं। और क्या हो सकता है? मैं एक बन्दी हूँ, वृद्धाश्रम में रखा गया, लेकिन अगर मैं कारावास में भी होता तब भी इससे बड़ी चीज़ें मेरे पास न होतीं लिखने को, शायद इससे भी तुच्छ चीज़ें होतीं। कैदी केवल रोज़मर्रा की अन्तहीन घटनाओं के बारे में लिख सकते हैं और अपना समय पूरा कर सकते हैं, उनके पास और करने को कुछ नहीं होता। सिल्वियो पेल्लिको[10] ने ऑस्ट्रिया की किसी जेल में बैठकर उस नन्हे चूहे के बारे में लिखा जिसको उसने गोद ले रखा था, उसका गोद लिया चूहा। मैं ऐसी ही चीज़ों के बारे में लिखता हूँ—इस डर से कि मेरा क्या होगा अगर मैं किसी और चीज़ के बारे में लिखूँगा।

अन्य चीज़ों में, हमारे पास एक छोटा मुर्गा है, जो पहली बार बांग देने की कोशिश कर रहा था। यह बड़ा संगीन मुआमला था। उसने कभी ज़िक्र तक नहीं किया था कि वह नर है, इस डर से कि कोई आकर देखने लगेगा। उसने अपने गले के साथ कुछ नफ़ासत भरा मन्त्र-तन्त्र किया, उससे कोई प्रगति नहीं हुई। यह बेचारा शैतान दुनिया में अकेला था और जोखिम नहीं उठाना चाहता था। फिर उसने अपने गले के भीतर कुछ सुना, यह भयानक था—और उसी क्षण वह कर गुज़रा था कुछ! छोटी-छोटी मुर्गियाँ उसे घेरकर खड़ी हो गयीं और उसकी ओर देखने लगीं। वे किस चीज़ की तलाश में थीं? उसने तो कुछ किया नहीं था। वह शर्मसार था और उसे चुप रहना चाहिए था; कोई उससे मना लेने वाला नहीं था कि उसी ने किया था यह। दिन में कभी फिर से धुन सवार हुई; अब इससे इनकार नहीं किया उसने, कोई फ़ायदा नहीं था, इसे अब अञ्जाम तक पहुँचना ही था। उफ़, कितनी अथाह गहराइयों से भरी हुई है यह दुनिया! इसके बाद उसने कई बार करके देखा।

जब वह बड़ा हुआ और फिर भी कुछ समझ नहीं पाया, तो एक दिन अचानक उसने अपने पंख पर पाँव रख दिया। एक मुर्गी ने नज़र उठाकर देखा। उसने एक बार फिर पंख पर पाँव रख दिया, और मुर्गी ने नज़र उठाकर देखा। क्या वह उसका मज़ाक उड़ा रही थी? अभिवादन की मुद्रा में, वह घोर छेड़खानी करने लगी थी उससे, लेकिन वह क्यों सहने लगा? अचानक वह कूद कर मुर्गी के ऊपर चढ़ गया, उसके पंखों के गुच्छे को अपनी चोंच से पकड़े। बात गम्भीर खींचातानी में बदल गयी, पंख और रोयें इधर-उधर उड़ने लगे। और उफ़, कैसे गड्ढे में जा गिरी यह लड़ाई!

बाद की किसी शाम वह अपने अड्डे पर बैठा सो रहा था। थोरारिन आर्चर[11] युद्ध में शिरक़त कर रहा था, वग़ैरह, वग़ैरह। लेकिन तभी एक हाथ ने उसे आन दबोचा और सब अन्धकार में डूब गया, अतल अँधेरे में।

*

पानी गिर रहा है, लेकिन हलका-हलका, और मुझे इससे कोई परेशानी नहीं, मेरे पास छाता है। मैं जंगल में उस पनाहगार की ओर चलता हूँ जहाँ मैं पहले भी गया था। कोई है। यह क्या? निश्चित ही कोई है।

''मार्टिन!'' मैं कहता हूँ।

''तो, आप पहचानते हैं मुझे,'' वह कहता है।

मार्टिन, जो हामारॉय के क्लोट्टरान का है।

वह बिलकुल वैसा ही है जैसा पिछली बार था। साधारण और प्रौढ़, शायद दाढ़ी और बाल बढ़े हुए है। चीथड़ों में नहीं है, सब ठीक से सिला है, पैबन्द लगे हैं, और और अच्छे से रफ़ू हैं; अपने जूते वह कन्धे पर डाले नंगे-पाँव घूम रहा है। उसके पाँव इतने साफ़-सुथरे थे क्योंकि वह आज बारिश में घूमता रहा है।

ऐसा कुछ भी गुह्य और दिखावा करने लायक नहीं था जिससे हमारे बीच कोई फाँक होती, हम पुराने परिचित थे; वह कभी औपचारिक रूप से तो कभी मेरे पहले नाम से मुझे सम्बोधित करता है और उसकी तबियत खुश है। ''दोबारा मिलकर अच्छा लगा।'' हम दोनों कहते हैं, लेकिन ''खुदा का शुक्र है आप जीवित हैं।'' यह सिर्फ़ वही कहता है।

''मैंने अनुमान लगा लिया था आपकी पनाहगार है यह, सो मैं बैठ लिया। आपको बुरा तो नहीं लगा?''

''तुम्हें कैसे मालूम पड़ा?''

''मुझे काग़ज़ के ये टुकड़े मिले यहाँ। आपको वापिस चाहिए?''

''नहीं। कुछ नोट्स थे जो मैंने बनाये थे।''

''गीत और कविता के टुकड़े या ऐसा ही कुछ, नहीं?''

''शायद, लेकिन फेंक दो इन्हें। क्या तुम उत्तर से आये हो?''

''हाँ, इस बार मैं उत्तर से आया हूँ। और उत्तर को ही लौट रहा हूँ।''

"अब भी देश में घूमते-फिरते हो?"

"हाँ, आपने लगभग ठीक ही कहा।"

"और दुआ करते हो, ख़ुदा से?"

"ओह हाँ, ख़ुदा मेहरबान है। एक फ़ार्म पर मैंने वसन्त की बुआई करने में मदद की, ग़ज़ब की जगह है, उनके पास एक अर्गना-बाजा था।"

"कुछ मिला काम के बदले?"

"नहीं। हाँ, एक बोरी आलू।"

"आलू?"

"मैंने और कुछ माँगा ही नहीं। आजकल के ज़माने में यह एक बड़ा तोहफ़ा है, किसी भी देश में आलू आसानी से नहीं होते।"

"तो अख़बार पढ़ते हो तुम? चश्मे के बिना पढ़ लेते हो?"

"हाँ, बिना चश्मे के। इतनी उम्र नहीं हुई अभी मेरी। ओह हाँ, अख़बार में भी पढ़ लेता हूँ मैं कुछ-कुछ। लेकिन जिस फ़ार्म पर मैं था प्रार्थना-सभाएँ ख़ूब होती थीं वहाँ। अर्गन-बाजे के साथ कितना अच्छा गाते थे वे लोग।"

"क्या तुमने ट्रुमैन के बारे में अख़बारों में पढ़ा था?"

"न, नहीं पढ़ा। ट्रुमैन?"

"हाँ, वह अमरीका का राष्ट्रपति है।"

"मैं बहुत कम पढ़ा-लिखा हूँ," वह कहता है।

"क्या तुमने क्रिस्टेन फ़्लागस्टाड[12] के बारे में पढ़ा?"

"लूफ़ूटेन की फ़्लागस्टाड? बिलकुल, मैं जानता हूँ वह क्या है।"

"लेकिन वह महान गायिका है। वह हर देश की यात्रा करती है और गाती है।"

"ओह! नहीं, मुझे लगता है मैं बहुत कम जानता हूँ। क्या वह यात्राएँ करती है सिर्फ़ गाने के लिए? यह तो बहुत बढ़िया होता होगा।"

"हाँ, बड़े-बड़े हॉल और गिरजों में। और बहुत-बहुत हज़ार लोग उसे सुनने के लिए आते हैं।"

"हे भगवान! लेकिन जहाँ तक मेरा सवाल है, ख़ैर, मैं तो गा नहीं सकता। गाना सीखना चाहिए था मुझे और खुले आसमान के नीचे गाना। मुझे भी यह वरदान मिला है ईश्वर से, मैं इनकार नहीं कर सकता, लेकिन मैं जो गाता हूँ वह सुन्दर नहीं है, हालाँकि स्वर-ज्ञान है मुझे। मैं यहाँ बैठा-बैठा आपको देख रहा हूँ — क्या आपने अपने रबर के जूते सुधारे हैं?"

"हाँ! लेकिन अब नये जूते हैं मेरे पास।"

"ओह।"

"एकदम नये, कभी नहीं पहना मैंने उन्हें। घर वाले मुझे अच्छा पहना कर रखते हैं।"

"मैं आपके फ़ार्म के पास से गुज़रा था, नाम क्या है उसका? ओह हाँ, नोरहूल्म। मैं कुछ ही समय पहले गया था उस रास्ते। बड़ा फ़ार्म है वह। लेकिन उसे देख-रेख की ज़रूरत है।"

"हाँ।"

"लेकिन देखें तो जीवन में हर चीज़ का नाश हो जाता है, अगर उसकी देखभाल न की जाये।"

"हाँ बिलकुल, मार्टिन। तुमने आलुओं का क्या किया?"

"आलू? क्या किया मैंने? मैं उन्हें अंगारों में भून लेता हूँ जब मैं ऐसे घूम रहा होता हूँ। कई बढ़िया खाने हो जाते हैं मेरे इस तरह। आपने आज़माया ऐसा खाना?" वह मुझसे पूछता है।

"हाँ बिलकुल, बचपन में बहुत बार।"

"कितने स्वादिष्ट होते हैं न।"

"हाँ।"

"जब आप लम्बा चल लिये होते हैं और भूख लगी होती है आपको, इससे बेहतर क्या होगा, मैं सोच नहीं सकता।"

"क्या पिछली बार के बाद तुम कभी हेल्गेलांड गये?" मैं पूछता हूँ।

"हेल्गेलांड? हाँ बिलकुल।"

"मैं सोच रहा था क्या तुमने स्कूल के उस मास्टर के बारे में कुछ सुना जो

अमरीका में जाकर ग़ायब हो गया था।''

''हाँ। नहीं, नहीं मिला वह।''

''पीछे छूटे परिवार के लिए बुरा हुआ,'' मैं बोला।

चुप्पी।

''क्या नाम था उसका, आल्विल्दे? और दो बच्चे।''

चुप्पी।

''क्या उसने रेडक्रॉस या सैलवेशन आर्मी के ज़रिए जानने की कोशिश की?''

''हाँ, की,'' वह जवाब देता है। ''वे नहीं ढूँढ़ पा रहे उसे।''

''एक बात बताओ, मार्टिन, वह दोबारा हामारॉय क्यों नहीं चली जाती? वहाँ, कम-से-कम वह अपने लोगों के बीच तो रहेगी।''

जवाब देने से पहले वह लम्बा समय प्रतीक्षा करता है: ''वह घर नहीं लौट सकती।''

''ओह।''

''कुछ समय पहले वह मुसीबत में फँस गयी थी। मुझे इसके बारे में बात नहीं करनी चाहिए।''

''मुसीबत?''

क्योंकि वह कुछ नहीं कहता मैं विचार करता हूँ और पूछना बन्द कर देता हूँ। मैं हामारॉय में इस सावधानी-पूर्वक बरते गये शब्द को पहचानता हूँ जब कोई लड़की ''मुसीबत'' में फँस जाती थी। और मैं बैठा-बैठा दो और दो चार करता हूँ, मन-ही-मन सोचता।

''कितना विचित्र है यह सब,'' वह हौले से कहता है। ''एक नन्ही-सी लड़की, ओह, खुदा का नन्हा-सा फ़रिश्ता। वह घास में बैठी थी, लेकिन मैं उसके पास जाकर उसे डराना नहीं चाहता था। मौसम इतना बढ़िया और गरम था, और वह कमीज़ पहने थी और गले में नीला रेशमी रिबन। मैंने कभी नहीं सोचा था इतना सुन्दर भी कुछ हो सकता है।''

''तुम्हारे पास उसकी कोई तसवीर नहीं है?''

''मेरे पास? ओह नहीं। मैंने तो अन्दर जाकर इतना भी नहीं कहा कि मैं आया

हूँ।''

''अन्दर क्यों नहीं गये तुम?''

''नहीं। जब मैं जाता हूँ उसे सिर्फ़ कष्ट होता है। इतने दुःख की बात है, वह सोचती है मास्टर ग़ायब हुआ यह दोष मेरा ही है, क्योंकि उसे टिकट का पैसा मैंने ही दिया था।''

''ख़ैर,'' मैं रुखाई से कहता हूँ, ''इसमें तो तुम्हारा कोई दोष नहीं कि छुटकी पैदा हुई।''

''ओह हाँ, वह कहती है कि है,'' वह उत्तर देता है। ''क्योंकि मैं ही हूँ, वह कहती है, जिसने इस पृथ्वी पर उसका समूचा जीवन नष्ट किया है।''

हम दोनों चुप हो जाते हैं।

''अब ख़ुदा प्रकाश दे रहा है!'' वह बारिश के बारे में कहता है, बाहर झाँकते हुए। सूरज अचानक बाहर निकल आता है। वह प्रकाश दे रहा हैः बारिश बन्द हो गयी है।

मुझे मार्टिन को लेकर दुःख होता है, लेकिन मेरी हिम्मत नहीं होती दिखाने की, मुझे दया आती है उस पर। वह इतना पैबन्द-लगा और रफ़ू हो रखा है। मैं शायद उसे अपना भाई या सगा सम्बन्धी कहना पसन्द करूँ, लेकिन उसे अच्छा नहीं लगेगा। तरह-तरह के भाग्य होते हैं संसार में।

''मुझे बहुत अच्छा लगता अगर मैं उसका नाम जान पाता,'' वह बोला। ''वह घास में बैठी अपनी उँगलियों से कुछ खींच रही थी। मेरे लिए बहुत अर्थवान होता क्रिसमस के समय, जब मैं उन्हें कुछ चीज़ें भेजा करता हूँ। मैं नाम से उसका ज़िक्र कर सकता था अगर मुझे मालूम होता।''

''तुम लिख कर पूछ नहीं सकते?''

''नहीं। लेकिन आप विश्वास नहीं करेंगे वह कितनी सुन्दर थी। मैंने पहले भी बच्चे देखे हैं, और वे सब सुन्दर होते हैं और ख़ुदा की सूरत लिये होते हैं, इनकार नहीं किया जा सकता। लेकिन वह घास में बैठी खेल रही थी और कोई पाप नहीं किया था उसने!''

उसकी नीली, हलकी-सी थकी हुई आँखें नम हो आयीं।

"उसका पिता कौन है?" मैं पूछता हूँ।

"मुझे नहीं मालूम," वह संक्षिप्त उत्तर देता है। "शायद वहीं रहने वाला कोई व्यक्ति।"

"मैंने सोचा वह शायद उससे शादी कर सकती है?"

"नहीं, नहीं, बिलकुल नहीं। वह *विवाहित है*।"

"तुमने उससे पूछा?"

"मैंने? क्या मतलब आपका? क्या मुझे—? लेकिन एक बार उसी ने कहा था कि वह दोबारा शादी नहीं कर सकती।"

"उसकी उम्र निकलती जा रही होगी।"

"उसकी? न, ऐसा क़तई न सोचिए आप। वह हमेशा की तरह युवा है, ज़रा भी नहीं बदली वह।"

"ठीक है, मार्टिन, तुमसे दोबारा मिलना बहुत अच्छा लगा," मैं छाता बन्द करते हुए कहता हूँ। "मैं अक्सर तुम्हारे बारे में सोचता हूँ, तुम सच में घुमक्कड़ आदमी हो, कितने कम की दरकार है तुम्हें, तुम तो बस घूमा करते हो। यह तुम्हारा रास्ता है।"

"क्या हम फिर मिलेंगे, आपको लगता है?"

मैं बड़ी-सी विदाई से बचना चाहता हूँ और जवाब नहीं देता। लेकिन मैं कहता हूँ, "क्या तुम चलते-चलते थक नहीं जाते?"

"नहीं। अगर थक भी जाता हूँ तो लेट लेता हूँ। खुदा के नाम से।"

"एक बात बताना, मार्टिन, जब तक मुझे याद है। पिछले साल जब मैं तुमसे मिला था क्या तुम पहले से ही जानते थे हेल्गेलांड में क्या हुआ है?"

वह परे देखने लगा। "मुझे कुछ भी नहीं कहना चाहिए था। अपने ओंठों पर नहीं लानी चाहिए थी वह बात।"

"लेकिन क्या पिछले साल मालूम था तुम्हें?"

"हाँ," वह कहता है।

सोचिए कितना कुछ मन में लिये था वह; कितने सब्र से सह रहा है सब। क्या वह दब्बू था? ऐसा तो नहीं लगता था वह, बस शान्त और दयालु था।

''मार्टिन, मैं तुम्हें समझ नहीं पाया। जो संकट उस पर आन पड़ा है उसके लिए वह तुम्हें दोषी ठहराए, यह बिलकुल सही नहीं है।''

''देखिए उसके लिए यह सब आसान नहीं है,'' वह उत्तर देता है। ''वह विधवा जैसी भी नहीं है। और तब भी उसे लोगों के साथ रहना पड़ता है।''

''मैं समझ रहा हूँ कि तुम इस सबको ख़ुद पर लेना चाहते थे, लेकिन यह मेरी समझ से बाहर है।''

''अपने ऊपर ले रहा हूँ? मेरा इतना अच्छा साथी भी तो है।'' वह कहता है। ''मैं अपनी सभी मुसीबतों के लिए ख़ुदा के पास जाता हूँ। नहीं तो मैं फँस जाता। मैं दुआ करता हूँ, ख़ुदा से, कि वह मुझे भूल न जाये। आपको भी ऐसा ही करना चाहिए। आप अपनी उम्र के बारे में सोचिए।''

''इस जगह को छोड़ने के बाद तुम कहाँ जाओगे?''

''मैं जाकर अपना रक्कसैक ढूँढूँगा जो मैं किसी के घर छोड़कर आया था। इन कपड़ों के बदले मुझे आज रात के लिए अच्छे कपड़े पहनना होंगे, सभा में जाने के लिए। ओह, कितना बड़ा भवन है वह, बहुत-सी खिड़कियों वाला। लोग ज़रूर आयेंगे।''

''मैं अगर आता हूँ तो कुछ सुन नहीं पाऊँगा।''

''नहीं। लेकिन जब मैं बोलने के लिए उठूँगा तो आपको याद करूँगा। कितना ख़ुश हो जाऊँगा मैं सचमुच आज की शाम अगर ख़ुदा मिल जाता है मुझे। एक पुराने दोस्त के साथ। चूँकि हम दोनों हामारॉय से हैं और एक-दूसरे को जानते हैं—''

गर्मी थी और धूप थी। हम लोग अपने-अपने रास्ते हो लिये, लेकिन मैंने फ़ैसला कर लिया था कि मैं ज़रूर जाऊँगा। मैं दरवाज़े के पास बैठकर देखता रहूँगा।

क्लोट्टरान के मार्टिस, भली आत्मा, लो चल दिये तुम। तुम्हारे भीतर एक फूल है, पाप का नन्हा-सा फूलः आलिवल्दे नाम की लड़की की नाउम्मीद क़शिश, जो तुमसे कोई वास्ता नहीं रखना चाहती। लेकिन किसी दिन तुम्हें पता चलेगा आल्विल्दे ने वहीं के उस निवासी से शादी कर ली है—कोई चारा नहीं, तुम्हें यह चोट सहनी पड़ेगी। और तुम तब भी ख़ुदा के पास जाओगे और कहोगे, उसके लिए आसान नहीं था यह।

घर जाते समय मैंने और भी ध्यान से सोचा इस पर। मेरे पास और कपड़े तो

नहीं थे, लेकिन मैं अपनी कमीज़ का कॉलर उतार दूँगा — अगर कोई पहचान जायेगा मुझे तो वह सोच सकता है मुझ बहरे को सभा में आने की क्या पड़ी थी। मैं अपने गले में गहरे रंग का स्कार्फ़ पहन लूँगा, और अपनी लाठी भी नहीं ले जाऊँगा, जो बहुत ही शोख पीले रंग की है।

उसने अपनी डायरी का कोई ज़िक्र नहीं किया इस बार। यह भी परिचित लक्षण ही था—अब उसके लिए डायरी पढ़े जाने के कोई ख़ास मानी नहीं थे; समय ने लेखक और उसके काम को पछाड़ दिया था, नयी चीज़ें घट चुकी थीं।

मैं उसकी मूर्खता को नज़रअन्दाज़ नहीं कर सकता था, वह थी, लेकिन मैं उसे उसकी सरलता कहना चाहूँगा, उसका बच्चों-सा स्वभाव। जब उसने उस नन्हीं लड़की की ज़िक्र किया था जो घास में बैठी हुई थी और जिसने कभी कोई पाप नहीं किया था, वह सन्त था, ख़ुदा का माध्यम, ख़ुद एकदम मासूम।

सभागार ढूँढ़ने में मुझे कोई दिक़्कत पेश नहीं आयी, फ़ेंसों और टेलिफ़ोन के खम्भों पर बाक़ायदा पोस्टर लगे थे जिन पर दो नाम थे : सिमों द्रूस्टडाल, यूथ सेक्रेटरी और डिविनिटी स्नातक, और मार्टिन एनेवूल्डसेन। जिनका कोई भी सरोकार था इस आयोजन से, वे इन दोनों नामों को भली-भान्ति जानते थे। "आज शाम सभा होगी। सभी का स्वागत है।" बाहर-भीतर बहुत-से लोग थे, सारी खिड़कियाँ खुली थीं, और बहुतेरे लोग बाहर खिड़कियों के पास खड़े सुन रहे थे।

चन्द लोगों के स्थानीय समूह ने एक भजन गाया, और यूथ सेक्रेटरी ने बोलना शुरू किया। वह ठीक-ठाक व्यक्ति जान पड़ा, बाइबल में से एक आयत चुनकर प्रवचन देने में माहिर और ज़रूरत पड़ने पर दूसरी आयत ढूँढने में उसकी उँगलियाँ दक्ष और फुर्तीली थी। वह क्या बोला यह तो मैं नहीं लिख सकता, यूँ इसका कोई ख़ास फ़ायदा भी न होता, मैं सुन नहीं सकता था, बस बैठकर देखता रहा। वह आधा घण्टा बोला।

मैं मार्टिन पर निगाह रखे हुए था। वह हर चीज़ को समझ रहा था और ख़ुश नज़र आता था। यूथ सेक्रेटरी जब बोल चुका, मार्टिन ने मुण्डी मटकायी जैसे शाम की इस सभा में सब एकदम बढ़िया चल रहा हो, भजन गायन और प्रवचन दोनों; वह इससे बेहतर की इच्छा नहीं कर सकता था। वह उठ खड़ा हुआ, उसने हाथ जोड़े और उसके ओंठ हिले; मैं समझ गया वह ख़ुदा से दुआ माँग रहा है, क्योंकि सभा

में उपस्थित और कई लोग भी हाथ जोड़ कर उसके संग हो लिये थे। यूँ वह अपनी बन्दगी में प्रविष्ट हुआ।

उसने बाइबल की किसी आयत का सहारा नहीं लिया, और यह मात्र संयोग था कि वह बीच-बीच में मेज़ पे रखी बाइबल पर हाथ रख देता था। लेकिन उसके ओंठ हिलते रहे, यानी उसके पास कहने को कुछ था। भलेमानस मार्टिन ने ज़्यादा पढ़ या सोच नहीं रखा था, वह किसी विषय पर एकाग्र हो दूसरे प्रचारकों की तरह धाराप्रवाह नहीं बोल सकता था, वह यीशु के शिष्यों की तरह अज्ञानी था। मज़हब के बारे में जो कुछ भी वह जानता था अपने युवा दिनों के उस महान अनुभव की बदौलत था, जब वह एक पहाड़ की चोटी पर बर्फ़ में बैठा था और ऊपर से बरसती हुई तेज़ रोशनी उसके आरपार हुई थी। लेकिन वह रोशनी भी नहीं थी, इसका खुलासा नहीं किया जा सकता था, वह जन्नत ही थी जो नीचे उतर आयी थी, खुदा ही था वह।

वह कहा करता था कि वह बोलता नहीं है, बोलने लायक पर्याप्त ज्ञान उसे नहीं था, वह सिर्फ़ ख़ुदा से दुआ माँगता था। मुझे लगता है उसने सही कहा था कि उसका अपना रास्ता है। मैंने श्रोताओं की चमकती आँखें देखीं और रुमाल नज़र आने लगे; यह नामुमकिन नहीं था कि कुछ लोगों को इस क़िस्म के आदमी पर दया आती होगी जो अपनी सरज़मीन पर नंगे पाँव घूमता है और जिसे खाने के लिए कुछ ख़ास नहीं चाहिए होता। सही मायनों में वह ऐसा आदमी था जो दूसरों को अपने साथ दुआ माँगने में शामिल कर लिया करता था, लोगों को खींच लेता था अपनी ओर; वे उसके लबों पर एकाग्र रहते और अपनी निगाहों से उसका पीछा करते। किसी एक वक़्त मैंने उसे आईने के पास लटकी तख़्ती की ओर इशारा करते देखा, लेकिन उस फ़ासले से मैं पढ़ नहीं सकता था उस पर क्या लिखा है। बाद में मैंने देखा वह दो छोटे बच्चों के लिए रुक गया है जो कुछ आगे चले आये थे; वह एकदम दौड़ा चला आया उनका स्वागत करने, अचम्भित और दमकता हुआ। किसी माँ ने राहत लेने पल-भर के लिए गोद में से उतार दिया होगा उन्हें, लेकिन मार्टिन को बुरा नहीं लगा; उसने उन दोनों को उठा लिया और उनके लिए ख़ुदा से दुआ माँगने लगा, दमक उठा था वह और उसके गाल सुर्ख़ हो आये थे।

इस घड़ी मुझे उसके उन चन्द शब्दों से वंचित रह जाना पड़ा जो वह बोल रहा था।

लेकिन उस सबका—हाँ, उस सबका अन्ज़ाम क्या हुआ भला? नैतिक

उत्थान के लिए प्रार्थना-सभा, यह कहा जाता था उसे, और लोगों ने अनुभव की थी बुलन्दी की वह शाम। उनके लिए आने वाले दिनों के लिए यह एक जीती-जागती सच्चाई थी।

बाहर एक-दूसरे से अलविदा लेते हुए वे ज़मीन पर वापस उतर आये, और अब काफ़ी दुनियावी ढंग से वे घर पर सब लोगों को याद वग़ैरह भेज रहे थे। लेकिन तभी यूथ सेक्रेटरी ने मञ्च दोबारा सम्भाल लिया, कुछ शब्द और कहने, उसने अचानक मुझे पहचान लिया था, और इस वजह से मैं अपने जूतों में कसमसाने लगा। वह ठीक-ठाक प्रचारक था, यह डिविनिटी का स्नातक, जहाँ तक मेरे बहरे कान उसके शब्दों को पकड़ पा रहे थे; अलावा इसके उसका लहजा बड़ा दिलक़श था।

"नास्तिक लोग कहते हैं कि उनके लिए नामुमकिन है उस चीज़ में विश्वास करना जिसमें हमें विश्वास है। वे कहते हैं यह अन्धविश्वास है, या साफ़ कहें, तो हमारी मूर्खता है जो हमें आस्तिक बनाती है। और वे बाइबल में लिखी ऐसी कई चीज़ें गिनाते हैं जो वे अपनी तर्क-शक्ति से समझ नहीं सकते। लेकिन कमाल है, हमारे बीच ऐसे लोग हैं जो हमारी ही तरह आस्थावान हैं और जिन्हें आप मूरख क़रार नहीं दे सकते, है न? हाँ, हमारी जान-पहचान के लोग — हम एक-के-बाद एक नाम गिना सकते हैं—जो किसी से कम नहीं हैं। खुद पास्कल[43] से भी कमतर नहीं। तो हम इस तथ्य का और क्या अर्थ लगायें कि ये पुरुष और महिलाएँ अपनी वाणी और लेखन में ठीक उसी आस्था का साक्ष्य प्रस्तुत करते हैं जो हम अपनी मुक्ति और परम-आनन्द में अनुभव करते हैं। मैं यह दिखावा नहीं करता कि मैं बहुत कुछ जानता हूँ, क़तई ऐसा नहीं है। लेकिन मैं सरलता से इस प्रश्न का उत्तर दे सकता हूँ। यह एक चमत्कार है। दैवी शक्ति हमें रास्ता दिखाकर मदद करती है और इसी से दृढ़ आस्था नसीब होती है और हृदयों में निश्चितता। ईश्वर की अनुकम्पा से ही हमारे भीतर यह विस्मयकारी घटना होती है। मुझे नहीं मालूम मैं ठीक से समझा पा रहा हूँ, लेकिन यक़ीनन यह अजीब बात है कि नास्तिक लोग अपनी भलाई के प्रति पूरी तरह उदासीन होते हैं। उनकी दानिश को उन्हें बेहतर मशविरा देना चाहिए।"

एक और प्रार्थना-सभा की कगार पर थे हम लोग।

मार्टिन कब का जा चुका था।

*

क्या यह पिछले साल की बात है या कि और भी पहले की कि मैं अभी तक ताक़त और स्फूर्ति से भरा हुआ था? मुझे यह किसी दृश्य की तरह याद है। हर सुबह मैं उम्दा स्वास्थ्य में इधर-उधर कूदता-फाँदता रहा करता था, रात में अगर कुछ लिखा होता था मैंने तो और भी कूदता-फाँदता था, ख़ुदा का शुक्रिया अदा करता कि मैं जीवित था। अब मैं ऐसा नहीं करता। वृद्धाश्रम में मैं सनसनी पैदा करने की गर्ज़ से नहीं रह रहा।

यूँ कहूँ, तो मुझे नहीं मालूम मैं यहाँ क्यों हूँ।

मेरे 'केस' के बारे में बीसवीं बार ज़रा-सी ख़बर। 3 जून के दिन मैंने अख़बारों में पढ़ा कि मेरे मुआमले के बारे में विचार हो चुका था और ग्रिम्स्टाड के स्थानीय न्यायालय में दस्तावेज़ भेजे जा चुके थे। कुछ समय बाद अख़बारों में कहा गया कि ग्रिम्स्टाड के न्यायालय को कोई दस्तावेज़ नहीं मिले और कि मेरा केस पतझड़ तक मुल्तवी कर दिया गया था।

1947 के बाद '48, '49, '50– '60–।

मैंने एक झण्डे को झुके हुए देखा। किसी की मृत्यु हुई है, लेकिन यह मैं नहीं हूँ। हमारे बीच का कोई अन्य शख़्स भी नहीं, हम लोग इतने टिकाऊ जो हैं। हमारे रोज़मर्रा जीवन खड़खड़ाते चलते रहा करते हैं, बच निकलने की स्थितियों के बिना। इसके विपरीत, कोई भी छोटी-मोटी चीज़ चोरी-छिपे हमारे पास से गुज़र कर नहीं जा सकती, नहीं तो हम लोग बड़बड़ाने लगते हैं। हम लोग नज़र रखते हैं कि कौन अन्दर आता है कौन बाहर जाता है, किसने एक नयी लाठी हथिया ली है, किसने अपनी पाइप के लिए नया मुँह ख़रीदा है। और जब हम कल रात पड़ोसी के कुत्ते के बुरी तरह भौंकने के विषय पर आ जाते हैं, तो हम लोग बहुत बड़बड़ाते हैं।

मुझे लगता है इस बात का ज़िक्र मैं कर चुका हूँ कि हिसाब-किताब करने नीचे बैठी दो सुन्दरियों में से एक पिछले साल हमें छोड़कर जा चुकी है। हम में से कोई भी ऐसा नहीं था जिसमें उसे रोके रखने की ताक़त थी। लेकिन अब दूसरी सुन्दरी भी अपने रास्ते जा चुकी है, हम सबको यहाँ छोड़कर। एक झटका लगा हमें। इसके बारे में कुछ किया तो नहीं जा सकता, लेकिन तब भी यह बात बड़ी सनसनीखेज़ है। वे दोनों मुझे मेरा अख़बार लाकर देने के मुआमले में बड़ी अच्छी थीं, और नीचे जाते समय पूरी सीढ़ियों में अपनी गुलाबी मुस्कान पीछे छोड़ जातीं। लेकिन हम में से किसी के पास भी ख़ुद को दोष देने की कोई वजह नहीं है,

महिलाओं को लेकर हमनें वह सब किया जो हम कर सकते थे। हम जोकि कम उम्र के हैं जो बिस्तर में भी नहीं पड़े हुए, उन्हें तो मौक़ा मिलना चाहिए था, लेकिन वह छियानवें साल का बन्दा बिस्तर से फिर उठ खड़ा हुआ और हम सब का मुआमला बिगाड़ डाला उसने। कोई मतलब था इसका! उसने अपने गले के गिर्द एक ऊनी स्कार्फ़ कई बलों में लपेट रखा था सिर्फ़ इसलिए कि उसमें हलका-सा लाल रंग था।

हम लोग दूसरी मञ्ज़िल की बड़ी-सी बालकनी में बैठे हैं; वह हमारे उपयोग के लिए है, और हम ख़ूब आराम से जमे रहते हैं उसमें, धूम्रपान करते हुए और किसी-न-किसी चीज़ से छेड़छाड़ करते। हम सबका मिजाज़ अच्छा है और हम लोग गप लगाते हैं, क्योंकि मौसम इतना अच्छा है कि हमने कभी ऐसा खुला आलम नहीं देखा। कई हफ़्तों और महीनों से पानी नही गिरा, घास सूख रही है, बगीचे आहें भर रहे हैं, और आलू के पौधे फल-फूल नहीं रहे।

लेकिन इन चीज़ों में हमारा ध्यान नहीं लगा रहा करता; कई पीढ़ियों पहले ऐसा होता था, जब हम युवा थे। आजकल जो बातचीत करते हैं हम लोग उसकी एक ठेठ मिसाल यह है : उस लम्बे ज़ीने की चर्चा करते हैं हम जो इस जगह से आँगन तक जाता है, उसमें कितनी सीढ़ियाँ हैं, कौन छड़ी के बिना उतर सकता है, कौन एक साथ दो उतर सकता है। हमारे बीच कई दिलदार लोग हैं, सत्तर-अस्सी साल के छोकरे जो यह दावा करते हैं कि उनकी नाकों पर फिर से चकत्ते आने लगे हैं, जैसे युवा दिनों में। उनमें से हाल ही में एक का जन्मदिन था, उसने महिला मैनेजर से कहकर अपनी पतलून में अच्छी तीखी क्रीज़ डलवायी। ओ हाँ। लेकिन इससे बाक़ियों को बहुत ख़राब लगा। वह अक्सर चला आता एक बेचारा-सा फटा-पुराना ब्रीफ़केस उठाये, जैसे वह यहाँ किसी काम से आया हुआ हो। दिखावे-बाज़। इसका क्या मतलब था भला कि वह ख़ुद को ब्रीफ़केस से लैस किये जेब में बहुत-सी चाबियाँ खनखनाता घूमता था? ऐसी चीज़ें नहीं करना चाहिए। अलावा इसके, बीच-हफ़्ते में चमकते जूते और टोपी का लम्पट कोण जबकि रविवार जैसा कोई बहाना भी न हो!

अभी-अभी वह काफ़ी बेलगाम शेखी बघार रहा होगा, क्योंकि दूसरे उसकी बात का विश्वास नहीं कर रहे थे, क़तई नहीं; वे सिर हिलाते उसके सामने ठहाके लगा रहे थे। वह हिक़ारत से भरा खिसक लिया वहाँ से।

लेकिन इसका मतलब जीवन भर का विछोह नहीं था, बेशक, क़तई नहीं; दोनों तरफ़ किसी की मंशा क्षति पहुँचाने की नहीं थी। मूलभूत तौर पर यह आदमी काफ़ी लोकप्रिय है, लाज़मी है उसका हम सबों के बीच होना; कोई उसका मुक़ाबला नहीं कर सकता जहाँ तक भूचालों, खपिण्डों और एटम बमों के बारे में अविश्वसनीय विवरणों का खुलासा करने की बात आती है। जब एक विमान दीख पड़ा वह बड़ी बारीकी से बता पाने में सक्षम था कि भीतर से वह कैसा लगता है।

"लेकिन भीतर कोई लोग नहीं हैं न?" वे बोले।

"नहीं?" वह बोला। "बहुत से लोग हैं।"

और संशय व्यक्त हुआ : "हमें तो एक भी नही दिखता।"

उसने ऊपर विमान पर नज़र दौड़ायी। "हवा में विमान के वज़न से अन्दाज़ा लगायें, तो मेरे अनुसार कोई पन्द्रह या बीस लोग सवार होंगे।"

"हा-हा-हा! मुआफ़ करना, लेकिन वे लोग हैं कहाँ? क्या बिस्तर में घुसकर लपेट लिया है उन्होंने खुद को?"

*

मुझे मालूम है मुझे अपनी अटकलों और अपने फ़ितूरों और भावनाओं से किसी को तंग नहीं करना चाहिए, न ही दूसरों में ऐसी चीज़ें मैं सह सकता हूँ। लेकिन मेरे भेजे में इतनी मिनमिनाहट बनी रहती हे, या शायद मेरे शरीर में, या यह मेरी आत्मा है, जो इस क़दर मिनमिनाती है। यह कोई सर्दी नहीं है जिसे रोकने के लिए मैं कुछ कपड़े पहन या उतार सकता हूँ। शश्श्श, यह कोई बहुत अलौकिक चीज़ है, बहुत-सी वायलिनों के संग। यह बात एकदम निशाने पर जा लगी है!

इसके थोड़ी ही देर बाद एक और चीज़ है जो निशाने पर जा लगी है। या तो पद्य है या निरा गड़बड़झाला, लेकिन वह मिनमिना ज़रूर रही है। मेरे लिए मुसीबत और दूसरों के लिए भी।

जब मैं खुद से थक जाता हूँ और ख़ाली हो जाता हूँ और निकम्मा, मैं जंगल की ओर चल देता हूँ। मदद तो नहीं मिलती, लेकिन मुआमला और बिगड़ता भी नहीं। जंगल की सरसराहट को तो मैं नहीं सुन सकता, लेकिन शाखाओं को झूमते हुए देख सकता हूँ, और सिर्फ़ उसी एक चीज़ को लेकर खुश हुआ जा सकता है। यह जगह मेरे पास है, वही जिसे हामारॉय के मेरे दोस्त मार्टिन ने ढूँढ़ लिया था।

एक चोटी के नीचे एक खोह या गुफानुमा चीज़ है यह जिसकी सतह पर घास-फूस बिछा है। यहाँ कोई पीछे से आकर मुझे चौंका नहीं सकता यह देखने कि मैं क्या कर रहा हूँ। किसी भी ऐसे व्यक्ति के लिए यह जगह वरदान सरीखी है जिसे कुछ सुनायी नहीं देता।

*

कितने चौड़े हैं तुम्हारे हाथ, कितना चौड़ा है तुम्हारा हाथ,
तुम सिर्फ़ एक कामगार लड़की हो, निश्छल और सरल।
मैंने तुम्हें अनाज के खेत में देखा है, देश की मेधावी सुकन्या,
काटते और फुर्ती से पूसे बाँधते, अपने समूह में सबसे आगे।
और आलू की क्यारी में तुम्हारा कोई मुक़ाबला नहीं था।
तुम किताबों को छोड़ देती हो और कोई सपना नहीं देखतीं...

धीरे-धीरे मैं सोचने लगा यह बुरी तो नहीं थी, बिलकुल नहीं। बहुत-से लोग ऐसे हैं जो इससे बेहतर कविताएँ नहीं लिखते। लेकिन अन्त में मैं विषय से कुछ हट गया हूँ, बेशक; बहुत फैला लिया हैं मैंने सब, कुछ पंक्तियाँ बची रह गयी हैं और कुछ को मुझे इस्तेमाल नहीं करना चाहिए। मैं कोई रॉबर्ट बर्न्स तो हूँ नहीं। ओह, मैं अच्छे से जानता हूँ, या तो बहुत है मेरे पास या बहुत कम, झेंप जाता हूँ मैं और बदहवासी में जहाँ मैं बैठा हूँ वहाँ जड़ों समेत घास खोदने लगता हूँ। आरिल्ड[44] इसे भी टाइप कर देगा, या तो शामिल कर लेगा या फेंक देगा, जैसा ठीक लगेगा उसे। मुझे कोई परवाह नहीं। मुझे अपने काग़ज़ों की चिन्दियों को फेंक देने का ख़ूब अभ्यास हैं; मैं कई सालों से यही करता आ रहा हूँ, फेंकता हूँ या वापिस रख लेता हूँ, फिर फेंक देता हूँ। जहाँ तक हाल ही में लिखी इन कविताओं का सवाल है, मैं तीन दिन से अपनी गुफा में बैठा हूँ, फेंकता और वापिस उठाता। और मुझे अपने होशो-हवास क़ायम रखने पड़े हैं जब कुछ कर्णप्रिय लेकिन अप्रासंगिक पंक्तियाँ सब कुछ को गड़बड़ा डालने की धमकी देती हैं।

मैं कुछ साथियों के संग बैठा हूँ। मैंने तुकबन्दी की एक किताब अभी-अभी प्रकाशित की है और खुशकिस्मती से उसके बारे में कुछ सुनने में नहीं आया। लेकिन तभी डानिएल भीतर आता है और कहता है, "आपकी कविताओं में कोई रस नहीं!" उसे लगा शायद यह मेरे लिए नयी बात होगी, लेकिन नहीं थी। वह एकदम सही

था। और केवल रस की ही कमी नहीं थी, और भी कई चीज़ें नहीं थी, पूरा-का-पूरा तामझाम ही नदारद था। दूसरों में मैं जान जाता हूँ और कभी-कभी दूसरों की कविताओं से ख़ामोश आँसू उमड़ आते हैं, लेकिन मैं खुद नहीं लिख सकता। दैवी संयोग से मुझे बड़ी नियामतें मिल जाती हैं, लेकिन मैं उन्हें चिन्दी-दर-चिन्दी विश्लेषित करता हूँ। सिर्फ़ इतना करना पड़ता है कि मैं उन्हें स्पर्श करता हूँ, पराग-कणों को उँगलियों के पोरों से सहलाता हूँ।

मुझे याद नहीं क्या वह वह कोनिग[45] था या कोई और जिसने मुझसे यह संग्रह प्रकाशित करने के बारे में बात की थी। लेकिन जो भी हो, मेरी मूर्खता थी वह। डानिएल ज़्यादा ग़लत नहीं था, बस वह अपनी रुचियों में रईस बने रहना चाहता था। वह कहा करता था वह पूरा जीवन उच्च वर्ग का व्यक्ति रहा आया है। हर किसी के पास कुछ तो होता ही है जिसका वह विरोध करे, उसके पास वह था। अब वह शायद मर चुका है।

और मैं जंगल में जाकर कविताएँ बनाता हूँ, हालाँकि मेरे बस का नहीं है यह। सिर्फ़ दिखावा-भर है मेरा। मैं संग्रह को लेकर खुद से नाराज़ हूँ, लेकिन इस पर पानी नहीं फेरा जा सकता। अगर कोई पन्ने पलटकर खोजना चाहे, तो कुछेक जगह कौंध नज़र आयेगी, हाँ सिर्फ़ कौंध। मुझे याद है मैं कितनी उपेक्षा महसूस करता था इसे लेकर, छंटनी करने की बजाय, मैंने एक साथ बहुत-से पन्ने उठा लिये, बड़े-से लिफ़ाफ़े में डाल दिया उन्हें और कोनिग को भेज दिया।

बहुत साल बाद मैं बोडो[46] के किसी होटल की बेसमेंट में खड़ा था और अपनी सभी कविताएँ मैंने जला डालीं। काम तमाम हो गया सबका। लेकिन मुआफ़ कीजिए, इस घटना के कई साल बाद मैं होनेफ़ॉस[47] के किसी होटल की बेसमेंट में खड़ा-खड़ा अन्तिम बार अपनी कविताएँ जला रहा था। मुझे अपने मेज़बानों का नाम अब याद नहीं, लेकिन उन्होंने आग को हवा देने में मेरी मदद की थी। सेलाह, डेविड कहता है।

ऐसा नही है मैं यह सुझाना चाहता हूँ कि मैं यह कर सकता हूँ, सक्षम हूँ। नहीं, नहीं। लेकिन जो कुछ भी मैंने जलाया वह इस संग्रह से न तो बेहतर था न बदतर। और अलावा इसके– मेरा तुकें बनाना न केवल मुझे व्यस्त रखता था बल्कि बहुत आनन्द भी देता था मुझे, जब तक मैं जुटा रहता। चन्द अच्छी घड़ियाँ भी होती थीं, कुछ-कुछ कौंध भी जाया करता था।

*

इन गर्मियों में *वेर्डेन्स गांग*[48] में कहा गया कि मेरे मुआमले की सुनवाई सितम्बर में होगी। तीन दिन बाद किसी और अख़बार ने कहा कि मेरे मुआमले की सुनवाई सितम्बर में नहीं होगी। किसी को कुछ नहीं मालूम, लेकिन सबको इसके बारे में लिखने में मज़ा आता है। मेरे और मेरे मुआमले के बारे में चुप ही क्यों न रहा जाये?

वैसी ही धूप, वैसा ही सूखा। मैं गाँव के गिर्द अपना रोज़ाना चक्कर लगाता हूँ और देखता हूँ कि सब सूख रहा है। दुष्ट चमत्कार है यह। जंगल बुरी हालत में है और शायद कुछ हिस्सों में दोबारा पौधे रोपे जाने होंगे, और झाड़ियों में मधुमक्खियों के लिए फूल नहीं है। पहले कभी ऐसा हुआ है क्या? मधुमक्खियाँ अपनी पुरानी जगहों पर उतर आती हैं, इधर-उधर देखती हैं, ज़रा-सी मिनमिनाती हैं और घर को वापिस उड़ जाती हैं।

रास्ते में एक खड़ी चढ़ाई पड़ती है। मैं इस कष्टकारी स्थल से बचना चाहता हूँ औ सुदूर छोर पर ही बना रहता हूँ। यहाँ गिट्टी-कंकर और कूड़ा और चीथड़े और तरह-तरह का कबाड़ चिरकाल से फिंका पड़ा है; सबसे बुरी जगह पर मार्गदर्शक पत्थर भी औंधा पड़ा है। ठीक है। लेकिन वापसी पर मैं पास-पास चलता हूँ और मुझे जान का ख़तरा उठाना पड़ता है। मैं खीझता हूँ कि मेरा सिर चकराता है और कि मैं ख़ौफ़ज़दा हूँ और कि पैदाइशी कायर हूँ, तो आज मैं फ़ैसला करता हूँ कि मैं थोड़ा रुककर नीचे देखूँगा। मैं काँपता हूँ, चक्कर आते हैं मुझे, लेकिन मैं जबरन आगे बढ़ता हूँ ताकि अच्छे से नीचे देख सकूँ।

मैं कुछ ज़्यादा ही आगे बढ़ चुका था—।

ख़तरनाक नहीं था यह, मैं लुढ़कता नहीं चला गया, लेकिन पीठ के बल फिसलता गया, कायर आदमी की तरह। फिर मैं रुक गया।

उफ़, ख़तरनाक तो नहीं ही था यह; मैंने चहों ओर देखा। जहाँ मैं बैठा था खाई न तो असीम दूरी पर थी न ही अतल गहरी थी, मैं बहुत नीचे की झील को लेकर रोमाञ्चित हुआ, थोड़ी हिक़ारत महसूस हुई उसे लेकर, फिर मैंने उसे उपेक्षित कर दिया। महज़ इत्तफ़ाक था कि मैं यहाँ आन पहुँचा था, और मैं संयोग को विजयी नहीं होने देना चाहता था। मैंने दिखावा किया कि मैं कूड़े-कर्कट की छानबीन करने में व्यस्त हूँ; कुछ रोचक चीज़ें थीं, स्टील की कुछ तारें और हड्डियाँ और एक मरी हुई

बिल्ली और टीन के कुछ डिब्बे। अगर सड़क से कोई ड्राइवर इधर को झाँक ले तो उसे यह आभास नहीं मिलना चाहिए कि मैं लुढ़क कर नीचे आ गिरा हूँ, मैं उसे दिखा दूँगा मैं कुछ ढूँढ़ रहा हूँ, कुछ ज़रूरी काग़ज़ जो मेरे हाथ से उड़कर नीचे आ गये थे।

ढेरी में से एक अख़बार झाँकता है, अख़बार का एक कोना। मैं पूरा अख़बार खींच कर बाहर निकालना चाहता हूँ और एक फटा टुकड़ा मेरे हाथ में बच रहता है। क्योंकि मेरे पास चश्मा नहीं है, मैं उसे पढ़ नहीं सकता, लेकिन वह गाथिक लिपि में छपा मालूम पड़ता है, इसलिए स्थानीय अख़बार है। मैं टुकड़े को जेब में रख लेता हूँ।

अब मुझे सड़क तक वापिस पहुँचना है। अगर ऊपर कोई ड्राइवर है तो मैं उसे इस बात का सुख नहीं लेने दूँगा कि मैं कठिनाई से चढ़ाई चढ़ता ऊपर आ रहा हूँ; मैं हवा के साथ-साथ तिरता हूँ, हवा से नत्थी। ओह, मैंने यह यात्रा व्यर्थ में ही नहीं की, मेरी जेब में इसका फल सुरक्षित रखा है : संयोग विजयी नहीं हुआ।

मैं घर लौटता हूँ, कुछ-कुछ थका हुआ; लेकिन यह मेरा मुआमला है। ज़ाहिर है मेरा हासिल इससे कुछ अधिक हो सकता था, लेकिन यह बात करने लायक नहीं है। अलावा इसके, जो मुझे मिला है हो सकता है वह इतना तुच्छ भी न हो, क्योंकि मैंने उसकी छानबीन अभी नहीं की है। अख़बार का एक टुकड़ा ही तो था वह, बिना किसी शुरुआत या अन्त के, काफ़ी लम्बी इबारत थी, लेकिन फटा ही इस तरह से था कि उसका कोई अर्थ नहीं बचा। जहाँ तक मैं देख पाया, उस टुकड़े में एक आदमी और औरत का ज़िक्र था जो एक-दूसरे के साथ बड़ा बुरा जीवन गुज़ार रहे थे, घिसा-पिटा मुआमला था यह समाजमुक्त जीवन जीने वालों का। मैं उस टुकड़े को फेंक भी सकता था, लेकिन उसे उठाकर घर लाने के बदले मुझे कुछ चाहिए था। कुछ भी हो इस घटना को अति-नाटकीय बना डालने की मेरी कोई मंशा नहीं थी। मैं मर्ज़ी का मालिक हूँ इस प्रसंग में, जो जी में आये कर सकता हूँ। मैं उन दोनों में सुलह-सफ़ाई करवा सकता था, उन मूर्खों के बीच। मुझमें ताक़त थी ऐसा करने की। चलो घर जाओ और शान्ति से रहो।

*

''क्या तुम छोकरी को एक बार चुप *नहीं करा सकती*! ''

''स्पष्ट है, नहीं करा सकती।''

''तो तुमसे इतनी ही मदद मिलने वाली है मुझे!''

''तुम पुचकारो न उसे फिर।''

''हाँ। लेकिन मुझे यह ड्राइंग ख़त्म करनी ही होगी। पच्चीस क्रोनर मिलेंगे, जानती हो।''

''इससे तो किराया भी नहीं पटेगा।''

''उफ़, तुमसे बात करना असम्भव है। तुम तुरन्त टूट पड़ती हो मुझ पर और पटक देती हो।''

''तुम कब से कर रहे हो इस चित्र पर काम?''

''पिछले साल से। और अब मैं जाने वाला हूँ।''

''उफ़ नहीं, नहीं जा सकते। क्योंकि मैं कपड़े धोने जा रही हूँ।''

''तो तुम भी चली जाओ।''

''और छुटकी को छोड़ जाँऊ? और अब तो दूसरा बच्चा भी आने वाला है।''

''तो, कर भी क्या सकते हैं हम?''

''मैं हर चीज़ से तंग आ चुकी हूँ।''

''तुम अकेली थोड़े ही हो।''

''हाँ, लेकिन सोचो ज़रा—एक और। और मैं कमसिन हूँ अभी।''

''सुनो, ऊलिया, अगर मैं किसी और अख़बार में चला जाऊँ, शायद वे मुझे ज़्यादा पैसा देंगे।''

''शायद।''

''लेकिन अभी ख़त्म नहीं हुआ यह।''

''फिर बैठकर ख़त्म कर लो। और मैं छुटकी को चुप कराने की कोशिश करती हूँ।''

''ठीक है, तश्तरी पर बैपटिस्ट जॉन का सिर मैं काट देता हूँ। बहुत अच्छा तो नहीं था यह।''

''नहीं।''

''तुम क्या जानती हो इसके बारे में? लेकिन मैं फिर भी काट दूँगा इसे।''

"फिर शायद तुम्हारे पास अस्तबल और चरणी के लिए जगह निकल आयेगी?"

"क्या!!"

"शश्श्श, शश्श्श, तुमने डरा दिया उसे।"

"हाँ, लेकिन ऊलिया, क्या तुम *पागल* हो!"

"मेरा मतलब था एक छोटे से कोने में। हाशिए पर।"

"हा-हा-हा। लेकिन यह शाही महल के भीतर का दृश्य है, मालूम है। जेरुसेलम में।"

"ख़ैर, मुझे इसके बारे में कुछ भी नहीं मालूम, लेकिन जैसा भी था यह चित्र अच्छा था। बहुत-से रंगों वाला। किसी क्रिस्मस पत्रिका के लिए एकदम सही होगा।"

"ऊलिया मार ही डालोगी तुम मुझे। तुमने कहा क्रिस्मस पत्रिका?"

"हाँ।"

"मुझे कभी सूझा ही नहीं।"

"नहीं, तुम्हें कुछ सूझता भी है? तुम चित्र बनाते हो और काट देते हो।"

"कभी सही नहीं बनता मुझसे, जैसा चाहिए होता है मुझे। मैं कलाकार जो हूँ।"

"हाँ, और मैं कपड़ों की धुलाई करती हूँ।"

"तो तुम इस तरह के मूड में हो। लेकिन क्रिस्मस पत्रिका–"

"वहीं सबसे ज़्यादा पैसा मिलता है।"

"तुम बिलकुल सही कह रही हो। मेरी रबर कहाँ है?"

"मुझे क्या पता!"

"नहीं। लेकिन यहाँ हमारे पास केवल एक ही कमरा है। और मुझे यहीं बैठकर गुलामी करनी पड़ती है।"

"मेरा क्या क़सूर है इसमें, फ्रूडे।"

"बकवास बन्द करो। क्या तुम्हें सूझा कि मुझे पूरा-का-पूरा महल मिटाना

पड़ेगा?"

"ओ नहीं। अब हमेशा की तरह राई का पहाड़ मत बनाओ। इसमें काफ़ी सुन्दर रंग लगे हुए हैं।"

"अच्छा विचार है। कुछ रंग मैं अस्तबल के लिए बचा लेता हूँ। अब बिलकुल ख़लल नहीं डालना, काम करने दो अब मुझे। क्या तुम मेहरबानी से उसे बाहर बरामदे में ले जाओगी? मैं आवाज़ दे दूँगा तुम्हें।" "अब आकर देखो। देखो, यह रहा अस्तबल और यह रही चरणी।"

"कितने वास्तविक के लगते हैं न!"

"हाँ, है न? लेकिन यह सारी चीज़ पूरी तरह से ग़लत है। मैं दिखाता हूँ कैसे। आख़िर यह सब महल के भीतर हो रहा है, एक जमघट के साथ। हेरोडियास की लड़की नाच रही है।"[49]

"यह तो मालूम है मुझे।"

"नहीं, नहीं मालूम तुम्हें! और वे सारे लोग, लोगों का वह जमघट। राजा हैं, चतुष्वापी हैं और दस हज़ार की टुकड़ियों के कप्तान।"

"इन्हें रहने दो। ऐसा कहा जाता है कि सराय में कोई जगह नहीं थी। ओफ़्फ़ोह, रुको! तुमने तो हेरोडियास की बेटी को भी मिटा दिया।"

"हाँ तो। जाने दो उसे भी।"

"तुम हमेशा तो नहीं कहते थे जाने दो मुझे भी।"

"क्या हुआ, तुम रो रही हो?"

"तुम मुझे तो रहने देते। मैं तुम्हारे पीछे थोड़े ही भाग रही थी।"

"लेकिन मेरी प्यारी ऊलिया, तुम अस्तबल के सामने तो नहीं नाच सकती थी न।"

"नाच भी सकती थी।"

"देखो ऐसा है कि मेरे चित्र के बारे में हम सहमत नहीं होंगे कभी। लेकिन मैं तुम्हारा एक और चित्र बनाऊँगा, जिसमें तुम लगभग कुछ पहने हुए नहीं होगी, सिर्फ़ ज़रा-सी जाली और बहुत-से आभूषण।"

"इतना सुन्दर नहीं होगा जितना यह था।"

"ज़्यादा सुन्दर। तुम अभी तक मुझे जानती नहीं हो, मैं कीमती पत्थरों को प्रज्वलित कर सकता हूँ, उन्हें लपटों में बदलते चित्रित कर सकता हूँ। तुम तीन लड़ियों की माला पहने हुए होगी। लेकिन अब बेहतर होगा तुम मुझे काम करने दो और पहले क्रिस्मस का चित्र पूरा कर लेने दो। मुझे नये सिरे से चित्र बनाना चाहिए था, लेकिन इसके लिए कोई समय नहीं है, और फिर बहुत से सुन्दर रंग भी तो थे, जैसा तुमने कहा था। कितनी कुशलता से तुमने लड़की को चुप करा दिया।"

"वह सो चुकी है। तीन लड़ियों की माला, नहीं, यह तो कुछ ज़्यादा ही हो जायेगा। लेकिन बड़े-बड़े झुमके पहनना अच्छा लगेगा मुझे।"

"यहाँ मैं एक गधा बनाऊँगा।"

"अगर्चे मेरा वज़न न बढ़े। एक और होने वाला है, आख़िर।"

"ओ नहीं। विश्वास करो। मैं कलाकार हूँ।"

"विश्वास करूँ! नहीं, अब तो नहीं ही!"

"तब जो जी में आये सो करो।"

"अब हम फिर चिक-चिक करने लगे।"

"मुझे नहीं मालूम तुम क्या कर रही हो, लेकिन मैं बहुत व्यस्त हूँ। मैं जल्दी शुरू करता हूँ और देर रात तक लगा रहता हूँ।"

"हाँ। और मैं धुलाई का काम करती हूँ, जिस पर हम ज़िन्दा हैं।"

"ऊलिया, तुम नन्ही-सी का मुँह कितना बड़ा है! अब मैं एक सीधे-सादे परिवार का चित्र बनाऊँगा। जो गधा लिये हैं।"

"मैं अब और नहीं देखना चाहती।"

""मैं समझ नहीं पा रहा तुम इतनी ख़फ़ा क्यों हो। मैंने उन दर्शकों को तो मिटाया नहीं है न जो तुम्हें नाचते हुए देखते; क़तई नहीं, लोगों का जमघट यहाँ भी है और वहाँ भी। और मैं इन तीन राजकुमारों को जस-का-तस रहने दूँगा, भव्य पोशाकों में, पूरब से आये हुए तीन दानिशमन्द लोग। तुम्हें अच्छा लगेगा, चिन्ता मत करो। शुरुआत अच्छी बन पड़ी है मेरी, रवानगी आ चुकी है काम में।"

"तो मैं चली अपनी धुलाई करने।"

"नहीं, रुको एक मिनट। मुझे कुछ झाड़ियाँ बनानी हैं यहाँ और लेबानन के कुछ देवदार वृक्ष। तुम्हें नहीं सूझा न यह? इतने बड़े चित्र का तुम्हें चालीस तो मिल ही जायेगा।"

"मुझे?"

"हाँ, कई शक नहीं तुम्हें मुझसे ज़्यादा मिलेगा। हर बार ऐसा ही होता है। पत्रिकाओं के प्रकाशकों को वहाँ खड़े-खड़े सुनते रहने से मेरे स्वाभिमान को ठेस पहुँचती है। *बेथलेह्म का सितारा* को आज़्मा कर देखो, ऊलिया। और लाओ मुझे दे दो अपनी भारी धुलाई, बेचारी लड़की!"

"अगर तुम वाक़ई करना चाहते हो तो।"

"बिलकुल चाहता हूँ। मैं हमेशा तुम्हारा रहूँगा, तुम जानती हो, तुम्हारा अपना फ्रूडे।"

*

मैं इन अख़बारों में बहुत कुछ लिखना चाहता था लेकिन मैंने ऐसा नहीं किया। मेरे पास सबसे बुरे अञ्जाम से ख़ौफ़ज़दा रहने की ठीक-ठाक वजहें रही आयी हैं और इसलिए चुप रहने की। हमारा जीवन और हमारा समय अपना रास्ता अख़्तियार करे। जहाँ तक मेरा सवाल है, हर चीज़ मेरे बिना अपना रास्ता अख़्तियार करे। यह रहा मैं।

कल यहाँ झण्डा आधा झुका था। मैं तो नहीं मरा, लेकिन छप्पन साल का एक प्रौढ़ आदमी था, और यह कोई तथाकथित हादसा नहीं था, लेकिन एक रोज़मर्रा का मामूली कैंसर। कोई फ़र्क नहीं पड़ता। उसकी भी योजनाएँ रही होंगी लेकिन उसे रोक दिया गया।

और हम सेवानिवृत्त लोग अपने-अपने पाइप सुलगाते हैं और अपनी चीज़ों के साथ खटर-पटर करते हैं।

मुझे सूझता है कि मैंने किसी अख़बार में एक शब्द देखा था *स्नेक्कर*[50] "स्नेक्कर" क्या होता है। कोई ख़ास शब्द नहीं है यह, सच में, कुछ भी ख़ास नहीं है, बस है, इतना ही, इतना लुट-पिट चुका है यह कि अपने मूल अर्थ अल्मारी बनाने वाला से चलकर अब यह केवल पत्रकारों की खोज बनकर रह गया है। "स्नेक्कर" के लिए मुझे बुरा लग रहा है, क्योंकि इसका अर्थ कभी कहीं बेहतर हुआ करता था।

और मैं आविष्कार करूँगा और "स्नेक्कर" लौट आयेगा। एक शब्द ही खर्च करना पड़ेगा मुझे—अगर यह शब्द है तो : *स्निडिडकार*। यह रहा यह। "स्निड़-इडकार" क्यों शब्द नहीं हो सकता? दोनों मूलभूत रूप से पर्याप्त नोर्डिक शब्द है, और दोनों को मिलाकर "स्नेक्कर" को तर्क की भरावट और अर्थपूर्णता मिल जाती है। आविष्कारों के मुआमले में इतना भाग्यशाली मैं पहले कभी नहीं रहा।

मुझे लगता है मैं *मान*[51] शब्द का इस्तेमाल कर चुका हूँ—एक—और मैं बिना खटके के इसका इस्तेमाल करता हूँ। मुझे नहीं मालूम यह मूलतयः जर्मन शब्द है या नहीं, लेकिन हमारे लिए यह शब्द अपरिहार्य है। केवल पत्रकार ही इसके बिना गुज़ारा कर सकते हैं और इसके बदले में *एन* "एक" का इस्तेमाल करते हैं, लेकिन मैं टू—दो—का इस्तेमाल भी नहीं कर सकता।

मैंने अख़बारों में *स्यालु*[52] शब्द देखा है, *स्यालुसिड्रामा* प्रणयोन्माद का अपराध। यह न तो नॉर्वीजी शब्द है, न फ्रांसीसी, लेकिन यह शब्द एक अवधारणा का सूचक है, एक मनःस्थिति का। हमारी भाषा में भी इसके लिए एक शानदार शब्द है *स्किनसिके*। मुझे याद है कि ह्येलमार फ़ाल्क[53] इसे *स्किनडिस्के* कहना चाहता था —हाँ, और क्यों? क्योंकि उत्तरी स्वीडन के लाप्पी लोग बछड़े की रंगी चमड़ी, *काल्वेस्किण्ड* का इस्तेमाल करते हैं जब वे कोई प्रश्न करते हैं। ओह, वह फ़ाल्क— भाषा का क्या दार्शनिक हो जाता है वह ज़ब वह टूर्प को छोड़ ख़ुद को अभिव्यक्त करता है! स्वीडी लोगों ने बछड़े की चमड़ी को छोड़-छाड़ दिया है, लेकिन इस अवधारणा के लिए उनके पास शब्द है *स्वार्टस्यूका*[54]। सोचने पर आयें तो सब कर गुज़रने के बाद शायद कोई फ़र्क नहीं पड़ता हम भाषा को कैसे इस्तेमाल करते हैं। जहाँ तक गुज़ारा करने की बात है।

ऊल 'हांसा था यह जिसका यह विचार था और जिसमें इसका ख़ुलासा करने का पौरुष था। "स्वरों और व्यञ्जनों को देखो तो ज़रा" वह कहा करता था, "हमें इन चीज़ों की ज़रूरत क्यों है भला, अगर हम इनके बिना गुज़ारा कर सकते हैं। बाइबल में जैसे प्रचारक कहता है यह निरा ग़रूर है।" ऊल 'हांसा ने बहुत-सी किताबें पढ़ रखी हैं और वह बहुत-से व्यापारों और विज्ञानों का ज्ञाता है, हमें उस जैसे शैतान को भी श्रेय देता चाहिए। उसके पास थोड़ी-सी जगह थी और कुछ जानवर थे, ख़ुद अपने और अपने परिवार के लिए पर्याप्त, फ़िज़ूलखर्ची के लिए कुछ नहीं, लेकिन रोज़ाना की खपत के लिए कमी नहीं थी, किराने की दुकान का कर्ज़ा

भी नहीं था। अच्छा चलता था उसका। जब उसे ठीक लगता वह पत्रकारिता करता और निरन्तर अपनी क़लम से काम लेता, लेकिन वह महान क़िस्सागो भी था और अच्छा बोलने वाला जिसे हम बैठकर कई शामें सुना करते थे। उसकी दुनियावी समझ कुछ इस तरह की थी कि हम मनुष्य बड़े कष्ट से कई ग़ैरज़रूरी चीज़ें सीख लेते हैं और बाद में उस ज्ञान के स्तर को बनाये रखने को बाध्य होते हैं। चीज़ों को होने देना चाहिए जैसी वे होती हैं, तब वे अपनी सही जगह अख़्तियार कर लेती हैं। उसके कन्धों पर टिका सिर शायद बहुत तर्कशील नहीं था, लेकिन ऊल 'हांसा का कहना था कि तर्क हमेशा ज़रूरी भी नहीं हुआ करता। ''मैं साबित कर सकता हूँ'' वह कहता था।

''बढ़िया'' हम कहते थे। ''शुरू कीजिए।''

''मेरा पड़ोसी मेरे पास आया और वह गाय के गले में बाँधने वाली घण्टी उधार लेना चाहता था। बिलकुल स्वागत था उसका। लेकिन वह घण्टी देने वापिस नहीं आया, और दो एक साल के बाद मुझे भी उस घण्टी की ज़रूरत आन पड़ी क्योंकि तब तक मैंने भी एक गाय ख़रीद ली थी। अन्ततः मैं अपनी घण्टी लेने उसके पास चला आया।

'मैं बहुत ग़रीब आदमी हूँ,' मेरा पड़ोसी क़रीब-क़रीब रोते हुए बोला।

'मेरी घण्टी,' मैंने कहा।

'हाँ, लेकिन ख़ुदा मेरी मदद करे, क्या तुम्हें सुनायी नहीं दिया मैं क्या कह रहा हूँ,' वह बोला।

यहाँ तर्क कहाँ था?

''सो मैं उसके बाड़े में गया और घण्टी ढूँढ़ने लगा। मुझे मिल तो गयी वह; एक कील पर टंगी थी और मर चुकी थी, उसकी जीभ ग़ायब थी।

''मैं क्षण भर के लिए सोचता खड़ा रहा। मेरे पड़ोसी ने तर्क का सहारा लिए बिना अपनी बात मुझे समझा दी थी, यह सोचते हुए कि मैं कोर्ट-कचहरी जाऊँगा। तब मैं ख़ुद ही लगभग रो दिया। इस मौक़े पर मेरी एक आदमी पर पकड़ बहुत मज़बूत थी, लेकिन इसका उपयोग नहीं किया और मैंने, उसके बारे में अख़बारों में भी नहीं लिखा। ऐसा करना सूझ ही नहीं सकता था मुझे; इसके विपरीत मैं बहुत द्रवित हो उठा था।''

''ऐसा है, ऊल 'हांसा, कि तुम असाधारण रूप से अच्छे आदमी हो, यह बात सभी जानते हैं। लेकिन स्वरों और व्यञ्जनों के बारे में जो बात तुमने शुरू की थी वह क्या है?''

''ठीक है। लेकिन यह बात मेरे युवा दिनों तक पहुँचती है, बीस का नहीं हुआ था मैं, उससे भी कहीं पहले की, महज़ लड़का था मैं। उस उम्र में अगर तुमसे कोई स्वरों और व्यञ्जनों के बारे में पूछे, तुम ज़र्द पड़ जाते हो और कुछ भी नहीं जानते। इससे ज़्यादा और बुरा क्या हो सकता होगा भला तुम्हारे साथ! तुमने केवल सुनी-सुनायी बात को सीख लिया होता है, लेकिन जब तुम अन्ततः उत्तर देते हो, मैंने अपना सिर हलका-सा हिलाया नहीं कि तुम थिरक जाते हो और अपने जवाब को पूरा उलट देते हो।''

''और भी तो सुनें हम।''

''मैं साल्टन में घूमते-घामते गिल्डेस्कॉल[53] आन पहुँचा और वहाँ के शेरिफ़ को किसी नौकरी के लिए अर्ज़ी दी मैंने। वह नौकरी मुझे नहीं मिली। फिर गाँव में चहलकदमी करते हुए मैं इंडिर नाम के एक फ़ार्म पर पहुँचा। जब हम ड्योढ़ी में बैठे गपशप कर रहे थे तो पादरी की पत्नी भीतर आयी। वह युवा और सुन्दर थी, सभी ने उसका स्वागत किया और उसे बैठने की जगह दिखायी। मैं जाने के लिए उठ खड़ा हुआ।''

'''क्या तुम्हारा नाम ऊल हानसेन है?''' आकर्षक महिला ने पूछा।

'''हाँ,''' मैं झुककर सलाम करते हुए बोला।

'''पादरी आपसे बात करना चाहते हैं,''' वह बोली, उसने मेरी ओर देखा और शर्म से सुर्ख़ पड़ गयी, क्योंकि वह मेरे लिए संदेशा लेकर आयी थी और युवा थी।

''अगले दिन मैं पादरी से मिलने गया और वे बाहर बेञ्च पर बैठे थे; उन्होंने पुआल का बना एक बड़ा-सा हैट पहन रखा था और उनकी दाढ़ी सफ़ेद थी। 'किसी ज़िले में एक शिक्षक की कमी है,' वे बोले, 'क्या आप कुछ समय के लिए स्कूल चला सकते हैं?'

'''बिलकुल,' मैं बोला।

''उन्होंने मुझे बाइबल में एक आयत खोजने के लिए दी, मेरी ओर सवालिया निगाहों से देखते कि मैं कितनी जल्दी ढूँढ सकता हूँ।

''जब मैंने एक अंश पढ़कर सुनाया, वे बोले, 'तुम पढ़ने के अभ्यस्त हो। पक्के ईसाई कब हुए थे तुम?'

'''तीन साल पहले।'

'''आपको धर्मादिश तो याद होंगे बेशक। स्वामी की प्रार्थना में कितनी प्रार्थनाएँ हैं?'

'''स्वामी की प्रार्थना में?'

'' 'ओह, आपका आशय है कि एक ही प्रार्थना है, और यह भी सही है। आप गणित के सवाल हल कर सकते हैं न? नौ गुणा नौ? सात गुणा छह? आपको मुख्यतः ईसाई आस्था सिखानी है बच्चों को, बेशक। आप लिख सकते हैं न? ये रहे क़ाग़ज़ और पेंसिल; देखूँ तो ज़रा, एक शब्द लिखिए सैंक्टिफ़िकेशन।''

''मैंने लिख दिया सैंक्टिफ़िकेशन।

'''बुरी लिखावट नहीं है, लेकिन एक सी छोड़ दिया आपने। नहीं, मेरे प्यारे ऊल हानसेन, आपका ज्ञान पर्याप्त नहीं है।' पादरी उठकर खड़े होने लगे।

''ख़ुशामद करने मैंने काग़ज़ पर कुछ और लिखकर उन्हें दिखाया, कई बड़े-बड़े शब्द। लेकिन पादरी ने देखने से लगभग मना ही कर दिया, बाज़ू हिला कर मुझे भेजने लगे। 'आप बहुत ग़लतियाँ करते हैं,' वे बोले, 'आपके हिज्जे बिलकुल बेकार हैं।'

''' क्षमा कीजिए,' मैं बोला।

''मुझे लगता है वे मेरी क्षमा-याचना से द्रवित हो उठे थे, सो उन्होंने मुझे तुरन्त असफल घोषित नहीं किया; एकवचन और बहुवचन के बारे में पूछा, व्यञ्जनों और विरामादि विधान के बारे में।

''मैं तुक्के से जवाब देता रहा, मुझे कुछ भी मालूम नहीं था।

'''स्वर और व्यञ्जन,' वे बोले।

''भयानक था वह, मैंने पूरी तरह, ग़लत जवाब दे दिया होगा। उन्होंने तुरन्त अपनी चीज़ें उठायीं, अपने बड़े-से हैट को लहराया, धन्यवाद कहा और चल दिये।

''मैं क्षण-भर बैठा रहा और फिर खिसक लिया।

मैंने पीछे मुड़कर खिड़कियों की ओर देखा और बिलकुल चकनाचूर आदमी की तरह महसूस किया। अब, बेशक, उन्होंने सीधे भीतर जाकर सब अपनी पत्नी

को बताया होगा। 'और यह देखो,' वे शायद कहेंगे, 'यह देखो इस आदमी के हिज्जे कैसे हैं। इतने ख़राब हिज्जे मैंने कभी नहीं देखे। और उसे स्वरों और व्यञ्जनों के बारे में कुछ भी मालूम नहीं है।'

"नहीं, मुझे नहीं मालूम था। और मुझे कोई परवाह भी नहीं थी, किसी को ऐसी चीज़ें जानने की बाध्यता नहीं होनी चाहिए। मैं क्रम बदलकर व्यञ्जन और स्वर कहने की कोशिश करने लगा, लेकिन इससे मेरा चित्त न प्रफुल्लित हुआ न प्रसन्न; न, यह चीज़ ऐसी नहीं थी जिससे इनसान उठा हुआ महसूस करे, तो मुझे महसूस हुआ कि इस सबका महत्त्व थूक जितना भी नहीं है। इस प्रकार की आडम्बरपूर्ण चीज़ का मतलब ही क्या था? महज़ ग़रूर। और पादरी की अपनी आवाज़ भी दोस्ताना नहीं थी, तल्ख़ थी, मैं डर गया था। और नाम उसका था डोए, मुझे याद है।"

"लेकिन ऊल हानसेन, मैं समझ नहीं पा रहा— "

"मैं क्या कहने की कोशिश कर रहा हूँ? लेकिन मैं तो जानता हूँ। इतनी सब ग़ैर-ज़रूरी चीज़ें जो हमें सीखना पड़ती हैं और शेष पूरा जीवन अपने पास रखना पड़ती हैं। पत्रकारों को देखो, जैसा वे करते हैं। वे तोते की तरह रटे ज्ञान का उपयोग अब नहीं करते, इसके बिना चला लेते हैं और फिर भी लोग उनकी बात को समझ लेते हैं। आज मैंने एक टूटी-फूटी आरामकुर्सी देखी जो एक कॉलेज के बूढ़े प्रिसिंपल की थी; वह अपनी मृत्यु के दिन तक उसी पर बैठता आया था। उसने अपने बहुमूल्य रटन्तू ज्ञान को सँजोए रखा था, और अब उसके बच्चे उसकी आरामकुर्सी को बेच रहे हैं।"

मैं बातूनी आदमी की भूमिका निभा रहा हूँ। मैंने पत्रकारों, ऊल'हांसा और खुद का बढ़िया मिश्रण बना डाला है। इसलिए हम में से किसी के पास भी शिकायत करने को कुछ नहीं होना चाहिए।

*

समय डग भरता है, अब हिम और जाड़ा है। यहाँ मैं रुक जाता हूँ। किसी को नहीं मालूम मैं कब से यहाँ बैठा सोचने का यत्न कर रहा हूँ, लेकिन मैं आगे नहीं बढ़ पाया। मैंने सोचा था मैं हिम और जाड़े के बारे में कुछ विस्मयकारी और चौंका देने वाली बात कर सकता था, लेकिन मैं सफल नहीं हुआ। लेकिन इससे कोई फ़र्क नहीं पड़ता। एक सुबह मैं उठा और मैंने पाया कि हिम है और जाड़ा है,

बस। ओह, लेकिन सिर्फ़ इतना ही नहीं था, हिम और जाड़ा मेरे सन्दर्भ में मनहूस चीज़ है।

सोचिए भला, एकमात्र ऐसा मौसम जो भयानक है। छोटी लड़कियों के दाँत किटकिटाते हैं इसका ज़िक्र भर करने से, दानिशमन्द चींटियाँ कई गज़ ज़मीन के भीतर की ओर भाग जाती हैं। मेरे पास अच्छे जूते हैं सो मुझे कुछ ख़ास फ़र्क नहीं पड़ता, लेकिन कल ही मैंने किसी इलाके की ख़बर पढ़ी जोकि अकाल ग्रस्त है, जिसमें उन बच्चों के बारे में भी बताया गया था जिनके पास खाने को एक ग्रास तक नहीं था, उन बच्चों के बारे में जो अपनी माँ के जिस्म पर गर्माए जाते थे, नहीं तो वे ठण्ड में अकड़ जाते।

और इस सबको लेकर इनसान कुछ नहीं कह सकता, बेबाकी से कोई सवाल नहीं पूछ सकता। सुदूर पहाड़ वहाँ ख़ुद-ब-ख़ुद भारी बैठे हुए हैं, वन पत्थर-सा मृत है, जीवन को मार गिराया गया है, कोई भी शय न बोल रही है न सुन रही है, बर्फ़ बस पड़ी है वहाँ उम्दा और सफ़ेद, कोहरा मना कर देता है सब चीज़ों की बराबरी से और वह इनसान को इजाज़त नहीं देगा कि उसकी कोई सुनवाई भी हो।

समय डग भरता चलता है।

मेरा "मुआमला" शायद लम्बे समय तक न सुना जाये। युद्ध देनदारी निदेशालय का एजेण्ट इससे ज़्यादा और क्या करे; वह आधिकारिक रूप से बीच-बीच में मुझे जानकारी देता रहता है कि मुआमला—कि असल में उसकी "तिथि निश्चित" नहीं की गयी। अक्तूबर में उसे उम्मीद होती है कि "इसी पतझड़" में सुनवाई हो जायेगी। नवम्बर में भी वह उम्मीद लगाता है, दो-एक अख़बारों से बात करते समय कि "इसी पतझड़" में सुनवाई होगी। इसी पतझड़! वह कहता है। उन्होंने फ़ैसला कर लिया है कि मुआमले को सुषुप्तावस्था में पड़ा रहने दिया जाये।

तब भी, एजेण्ट को एक ऐसे व्यक्ति का फ़ोन आता है जिसकी वह उपेक्षा नहीं कर सकता। वे आपस में कुछ शब्दों में वार्तालाप कर इस बात पर सहमत होते हैं कि मेरे मुआमले को और मुल्तवी नहीं किया जायेगा। 16 दिसम्बर, 1947 की तारीख़ तय की जाती है। बड़े दिन से एक सप्ताह पहले।

मैं अपने वृद्धाश्रम में इधर-उधर घूमता हूँ और इस घटना की जानकारी घोषित करता हूँ—नहीं, मैं हरेक के पास फुदकता हुआ जाता हूँ और सबको ख़बर देता हूँ।

*

वह दिन आ पहुँचता है। न्यायालय का सत्र शुरू हो चुका है।

चूँकि मैं कुछ सुन नहीं सकता और बीते साल मेरी नज़र बहुत ख़राब होती चली गयी है, मैं काफ़ी घबड़ाया हुआ हूँ; कोर्ट के अँधेरे कक्ष में घुस मैं सिर्फ़ यहाँ-वहाँ थोड़ा-बहुत देख पाता हूँ और मुझे दिशा-निर्देशों की दरकार है। तब सरकारी वकील बोलता है, और मेरा वकील, जिसकी उसी क्षण नियुक्ति की गयी है, जवाब देता है। इसके बाद आधी छुट्टी होती है।

जो कुछ यहाँ हो गुज़रा है उसे न तो मैं देख पाया हूँ न सुन, लेकिन मैं एकदम शान्त हूँ और अपने आसपास जो कुछ भी हो रहा है उसे मैं और-और ग़ौर से देख रहा हूँ। छुट्टी के बाद मुझे अपनी बात पेश करने की गर्ज़ से मञ्च दिया जाता है, रोशनी पर्याप्त न होने के कारण मुझे कठिनाई महसूस होती है; वे मुझे एक लालटेन मुहय्या करवाते हैं, लेकिन उससे भी मैं देख नहीं पाता। मैं हाथ में एक नोट जैसा लिये हूँ लेकिन अब मैं कोशिश भी नहीं करता यह जानने की कि उसमें क्या लिखा है। जो वक्तव्य मैंने दिया, जो नीचे है, स्टेनोग्राफ़र की रिपोर्ट पर आधारित है।

(नोट! रिपोर्टर के हाथों लिखा बयान, जिसे लेखक ने संशोधित नहीं किया।)

*

"मैं माननीय न्यायालय का बहुत समय नहीं लूँगा।

"क्योंकि यह मैं नहीं था जिसने बहुत, बहुत समय, बहुत, बहुत पहले किसी समय प्रेस के सामने ऐलान किया था, कि अब मेरे दुष्कर्मों की सम्पूर्ण सूची प्रदर्शित की जाने वाली है। युद्ध देनदारी निदेशालय में कोई था जिसका इसमें हाथ था, कोई वकील था वह किसी एक पत्रकार के संग। ख़ैर, मेरे लिए ठीक ही है यह। दो साल पहले मैंनें मुख़्तार आम को एक लम्बा ख़त लिखा था जिसमें मैंने ख़ुद का और अपने किये हर काम का ब्यौरा दिया था। अब मौक़ा है, और मैं अपनी भूमिका निभाऊँगा और अपने दुष्कर्मों का उचित और नैतिक ब्यौरा दूँगा।

"पिछले सालों में मैंने इस बात के कई उदाहरण देखें हैं कि न्यायालय में कोई अपने पक्ष में वकीलों, मुख़्तारों और टटपूँजियों की मदद से ज़ोरदार बयान दिलवा लेता है और तब भी कोई फ़र्क नहीं पड़ता। आमतौर पर इस चतुराई का फ़ैसले पर शायद ही कोई फ़र्क पड़ा हो। अधिकतर तो ज़िला मुख़्तार और सरकारी वकील के पक्ष-कथन, तथाकथित पक्ष-कथन से ही फ़ैसला हो जाया करता था। यह एक

रहस्यमय अवधारणा है जिसे मैं सुलझा नहीं पाया हूँ।

"बहरहाल, अपने वाचाघात के लिए मुझे क्षमा माँगनी चाहिए, जिसकी वजह से फ़ौरी तौर पर चुने गये शब्दों और मुहावरों में मेरा आशय या तो बढ़ा-चढ़ा कर ज़ाहिर होता है या बड़ी कमतरी से।

"ख़ैर, जहाँ तक मैं समझ सकता हूँ, मैं सारे जवाब दे चुका हूँ। पहले-पहले ग्रिम्स्टाड की पुलिस बीच-बीच में आकर मुझे काग़ज़ दे जाया करती थी, जो मैं कभी पढ़ता भी नहीं था। फिर मैजिस्ट्रेट की कचहरी में सुनवाई थी, तीन या पाँच साल पहले। इस बात को हुए इतना वक़्त बीत चुका है कि मुझे कुछ भी याद नहीं, लेकिन मैं पूरे सवालों के जवाब दे चुका हूँ। फिर बहुत लम्बा समय ऐसा था जब मुझे ऑस्लो में किसी संस्था में भर्ती करा दिया गया था, जहाँ मुद्दा यह था कि मैं पागल था या नहीं या फिर यह पता करना कि मैं पागल *था ही*, और जहाँ मुझे हर तरह के मूर्खतापूर्ण सवालों का जवाब देना होता था। इसलिए मैं अब और सफ़ाई पेश नहीं कर सकता क्योंकि मैं पहले ही से सब स्पष्ट कर चुका हूँ।

"जिस चीज़ से मैं धराशायी हो जाऊँगा वे मात्र अख़बारों में छपे मेरे लेख हैं। और कुछ भी मेरे ख़िलाफ़ साबित नहीं दिया जा सकता। जहाँ तक इस चीज़ का सवाल है, मेरा खाता एकदम सीधा और स्पष्ट है। मैंने किसी की निन्दा नहीं की, किन्हीं सभाओं में हिस्सेदारी नहीं की, काले धन्धे तक में शामिल नहीं था मैं। मैंने नात्सी पार्टी के निजी सैनिकों को कभी कुछ नहीं दिया, न ही राष्ट्रीय संघ पार्टी को जिसका कि सदस्य अब मुझे बतलाया जा रहा है। क़तई नहीं, संक्षेप में। मैं कभी राष्ट्रीय संघ का सदस्य नहीं था। मैंने यह जानने की कोशिश की थी कि आख़िर राष्ट्रीय संघ था क्या, मैंने उसकी तह तक जाने की कोशिश की, लेकिन कुछ बात नहीं बनी। हालाँकि, इतना तो सही हो सकता है कि मैंने राष्ट्रीय संघ की धारणाओं के अनुसार यदा-क़दा लिखा हो। मुझे मालूम नहीं, क्योंकि वे धारणाएँ क्या हैं, मैं नहीं जानता। लेकिन यह हुआ हो सकता है कि मैंने उन धारणाओं के अनुसार लिखा हो, कि अख़बारों के माध्यम से कुछ-न-कुछ मेरे भीतर रिस आया हो। जो भी हो कोई भी मेरे लेखों को देख सकता है। मैं उन्हें कम आँकने की कोशिश नहीं कर रहा, जितने अहम वे हैं उनसे कमतर उन्हें जताने की, जैसा भी यह सब है, काफ़ी बुरा हो सकता है। लेकिन इसके विपरीत मैं पहले की ही तरह जवाब देने को तैयार हूँ, जैसे मैं हमेशा रहा ही हूँ।

"यह याद रखा जाना चाहिए कि मैं एक ऐसे देश में बैठा लिख रहा था जिसमें घुसपैठ हो चुकी थी, एक पराजित देश में, और इस सिलसिले में मैं अपने बारे में कुछ अति संक्षिप्त जानकारियाँ देना चाहूँगा।

"हमें विश्वास दिलाने की कोशिश की गयी थी कि महान जर्मन वैश्विक समुदाय में नॉर्वे को एक अहम जगह मिल जाने वाली थी और जिस समुदाय में हम सबका विश्वास बनता जा रहा था—कम या ज़्यादा, लेकिन हरेक का विश्वास बन रहा था। मेरा विश्वास भी बना, इसलिए मैंने वह सब उस लिहाज़ से लिखा। मैंने नॉर्वे के बारे में लिखा जिसे यूरोप के जर्मन राष्ट्रों के बीच ऊँचा रुतबा हासिल हो जाने वाला था। कि मैं कब्ज़ा करने वाली सत्ता के बारे में, उसी हद तक लिखता, यह ठीक और जायज़ भी तो था। मैं खुद को सन्देह का पात्र बनने के लिए निष्कवच नहीं छोड़ना चाहता था—जोकि, होकर ही रहा, काफ़ी विरोधाभासी स्थिति थी यह। मैं हर समय जर्मन अफ़सरों और सैनिकों से घिरा रहता था, रात के समय भी, हाँ, काफ़ी बार रात को भी, सुबह होने तक, और बहुत बार मुझे लगता था कि मैं नज़र रखने वालों से घिरा हुआ हूँ, उन लोगों द्वारा जो मुझ पर और मेरी गृहस्थी पर एकाग्र थे। दो बार (जैसा मुझे अब याद है), दो बार मुझे एक अपेक्षाकृत ऊँचे ओहदेदार जर्मन द्वारा याद दिलाया गया कि किसी स्वीडी नाम वाले व्यक्ति-विशेष ने मुझसे कहीं अधिक कर दिखलाया था, जबकि स्वीडन तटस्थ देश था, जोकि नॉर्वे क़तई नहीं था। नहीं, वे लोग मुझसे ख़ास खुश नहीं थे। उन्होंने मुझसे ज़्यादा की अपेक्षा की थी, उन्हें मिला कम। इसलिए जब मैंने इन परिस्थितियों में लिखना शुरू किया, इन हालात में, यह समझना आसान है कि मुझे कुछ हद तक सन्तुलन बनाकर रखना था, यह मद्देनज़र रखते हुए कि मैं कौन था, कुछ हद तक एक नामदार आदमी, कि मुझे अपने और दूसरे देश के बीच भी सन्तुलन बनाये रखना था। यह बहाना नहीं है, न आत्म-रक्षा, मैं खुद को बचाने की कोशिश नहीं कर रहा। मैं खुलासा भर कर रहा हूँ, महज़ अदालत की जानकारी के लिए।

"और किसी ने मुझे बताया नहीं कि जो मैं लिख रहा था वह ग़लत था, देश भर में किसी एक ने भी नहीं। मैं अकेला अपने कमरे में बैठा रहा करता था, अपने खुद के संसाधनों पर आश्रित। सुनायी मुझे देता नहीं था, इतना बहरा था मैं कि किसी को मुझसे कुछ वास्ता भी न था। वे स्टोव की पाइप को नीचे से बजाकर मुझे खाने के लिए बुलाते थे, वह आवाज़ मैं सुन सकता था। मैं नीचे जाता, खाना खा

लेता, अपने कमरे में आता और बैठ जाता। खाना खा लेता, अपने कमरे में आता और बैठ जाता। कई महीने, कई साल, उन तमाम सालों के दौरान, ऐसा ही रहा आया। और किसी की ओर से कोई भी संकेत नहीं। मैं कोई भगौड़ा नहीं था, इस देश में मेरा नाम काफ़ी जाना-माना था। मुझे विश्वास था कि दोनों नॉर्वीजी खेमों में मेरे दोस्त थे, क्विस्लिंगों और तथाकथित देश-भक्तों में। लेकिन कभी हलका-सा भी संकेत नहीं, बाहरी दुनिया से ज़रा-सी भी नेक सलाह नहीं। न, दुनिया काफ़ी सतर्कता से बचकर रही। और जहाँ तक मेरी गृहस्थी और मेरे परिवार का सवाल है, जानकारी या मदद मिलने का कभी मौक़ा ही नहीं मिला। हर चीज़ को मेरी ख़ातिर उन्हें लिखना पड़ता था, बेशक, और यह काफ़ी कष्टकारी काम था। मुझे वहाँ बैठने के लिए छोड़ दिया गया था। इन हालात में मुझे अपने दो अख़बारों *आफ़्टेनपोस्टेन* और *फ्रिट्टफ़ोल्क*[56] के भरोसे छोड दिया जाता था, और इन दो अख़बारों ने मेरे लिखे को कभी ग़लत नहीं ठहराया। बल्कि इसके विपरीत।

और जो मैं लिख रहा था ग़लत नहीं था। जब मैं वह सब लिख रहा था वह ग़लत नहीं था। वह सही था, और जो मैं लिख रहा था, वह सही था।

मैं ख़ुलासा करता हूँ। मैं क्या लिखा करता था?

मैं नॉर्वीजी नौजवानों को काबिज़ ताक़तों का मूर्खतापूर्ण और अवज्ञापूर्ण विरोध करने से रोकने की गर्ज़ से लिख रहा था, जिनका विरोध केवल मृत्यु और विनाश का बायस था। यही लिखा था मैंने, अलग-अलग तरह से कई बार।

"जो लोग मेरी दशा का जश्न मना रहे हैं क्योंकि वे जीत चुके हैं, कहने को जीत चुके हैं, सतही तौर पर, उन्हें कोई परिवार वैसे मिलने नहीं आया करता था, जैसे मुझसे, सबसे छोटे सदस्य से लेकर बड़े तक, अपने पिताओं, पुत्रों और भाइयों के लिए रोते हुए, जो कंटीली तारों के पीछे किसी-न-किसी शिविर में बन्दी बनाकर रखे गये होते थे[57] और जिन्हें अब—मौत की सज़ा मिल चुकी होती थी। हाँ, मौत की सज़ा। ख़ैर, मेरे पास कोई सत्ता नहीं थी, लेकिन वे मेरे पास आते थे। कोई सत्ता नहीं थी मेरे पास। लेकिन मैं तार भेजा करता था। मैं हिटलर और तेरबूवेन को सम्बोधित करता था। मैं इधर-उधर के रास्ते निकाल दूसरों से सम्पर्क करने की कोशिश करता था, मिसाल के तौर पर मुलर नाम का एक आदमी था जिसके बारे में कहा जाता था कि पीठ पीछे वह सत्ता का असरदार उपयोग करना जानता था। कोई अभिलेखागार ज़रूर होगा कहीं जहाँ मेरी भेजी हुई टेलिग्रामों का लेखा-जोखा मिल जायेगा। बहुत सी होंगी वे। मैं दिन-रात टेलिग्राम भेजता रहता था, जब समय

कम होता था और मेरे देशवासियों के लिए यह ज़िन्दगी और मौत का सवाल था। मेरे फ़ार्म के प्रबन्धक की पत्नी के माध्यम से मैं तार भिजवाया करता था, क्योंकि मैं खुद नहीं कर सकता था। और इन तारों की वजह से ही अन्ततः जर्मन लोगों को मुझ पर थोड़ा-थोड़ा सन्देह होने लगा। वे मुझे एक मध्यस्थ की तरह देखते थे, कुछ-कुछ एक अविश्वसनीय मध्यस्थ की तरह जिस पर उन्हें निगाह रखना ज़रूरी लगता था। हिटलर ने भी अन्ततः कह ही दिया कि उसे मेरी अपीलों से परेशान न किया जाये। वह तंग आ चुका था। उसने तेरबूवेन से ज़िक्र किया मेरा लेकिन तेरबूवेन ने मुझे कोई जवाब नहीं दिया। किस हद तक मेरे भेजे गये तार कारगर होते, मुझे नहीं मालूम, जिस तरह मुझे यह मालूम नहीं कि मेरे देशवासियों को रोकने मेरे लेख कारगर साबित हुए या नहीं जिस मंशा से मैं उन्हें लिखता था। तार इत्यादि भेजने के इस धन्धे में पड़ने की बजाय, जो सम्भवतः विफल था, मुझे कहीं जाकर छिप जाना चाहिए था। मैं सीमा के उस पार चोरी-छिपे स्वीडन भी जा सकता था, जैसा बहुतों ने किया भी। मैं वहाँ गुम नहीं हो सकता था। मेरे बहुत से दोस्त हैं वहाँ, मेरा बड़ा और ताक़तवर प्रकाशक भी है वहाँ। या फिर मुझे कोशिश कर इंग्लैंड निकल जाना चाहिए था, जैसे बहुतों ने किया और जो बाद में हीरो बन वहाँ से लौटे क्योंकि उन्होंने अपने देश को छोड़ दिया था, भाग खड़े हुए थे अपने देश से। मैंने ऐसा कुछ नहीं किया, टस-से-मस तक नहीं हुआ मैं, सूझा भी नहीं यह मुझे। मैं सोचता था मैं जहाँ था वहीं बैठा अपने देश की सेवा कर सकता था, अपने फ़ार्म को जितना बन पड़े उन कठिन समयों में अच्छे से चलाते हुए, जब देश में हर चीज़ की कमी थी, और फिर इसके अलावा नॉर्वे की ओर से अपनी क़लम का इस्तेमाल इस प्रयोजन से भी मैं कर रहा था कि यूरोप के जर्मन देशों में उसे ऊँचा रुतबा हासिल हो सके। यह विचार मुझे शुरू ही से भा रहा था। इससे भी अधिक, मैं इसकी रौ में बह चुका था, सवार था यह विचार मुझ पर। पूरा समय उस एकान्त में बैठे हुए मुझे ऐसा याद नहीं आता कि इस विचार की पकड़ मुझ पर ज़रा सी भी ढीली हुई हो। मुझे लगता था नॉर्वे के लिए यह एक उम्दा और महान विचार है, इस क़ाबिल कि इसकी ख़ातिर लड़ा जाये, काम किया जाये। नॉर्वे, एक उज्जवल और चमकता हुआ आज़ाद मुल्क यूरोप के छोर पर! जर्मन लोग मुझ पर मेहरबान थे, जैसे रूसी भी थे, इन दो ताक़तवर देशों ने मुझे अपनी छत्र-छाया में ले लिया था और ऐसा नहीं है कि मेरी याचिका को हमेशा ठुकरा दिया करते थे वे।

''लेकिन जो भी मैं कर रहा था, सब गड़बड़ा गया, हाँ, गड़बड़ा गया वह। शीघ्र ही मैंने खुद को गहरे असमंजस में पाया, और यह असमंजस तब और अधिक गहरा गया जब बादशाह और उसके मन्त्री-मण्डल ने देश छोड़ खुद को अपने देश के सन्दर्भ में निष्क्रिय कर लिया। मेरे पैरों के नीचे से ज़मीन ही खिसक गयी। मैं जैसे हवा ही में लटक गया। ऐसा कुछ भी सुनिश्चित नहीं बचा था जिसके भरोसे मैं रह सकता था। सो मैं बैठा लिखता रहा, बैठा टेलिग्राम भेजता रहा, और अवसादपूर्ण मनन करता रहा। उस समय मेरी मनःस्थिति मननशील ही थी। मैं हर चीज़ पर मनन करता था। मैं, मिसाल के तौर पर, ख़ुद को याद दिलाता था कि नॉर्वीजी संस्कृति का प्रत्येक महान और गौरवशाली नाम सर्वप्रथम ट्युटॉनी जर्मनी से गुज़र कर ही पूरी दुनिया में मशहूर हुआ था। यह सोचने में मैं ग़लत नहीं था। लेकिन इस सोच के लिए मुझे दोष दिया गया, हालाँकि यह हमारे इतिहास का सबसे जग-ज़ाहिर तथ्य था, हमारे आधुनिक इतिहास का।

''लेकिन इससे मैं कहीं नहीं पहुँच पाया, न, क़तई नहीं। इसके विपरीत, मैं एक ऐसे बिन्दु पर पहुँच गया जहाँ सबकी आँखों और हृदयों में, मैं उस नॉर्वे के साथ गद्दारी कर रहा था जिसे मैं उठाना चाहता था। गद्दारी कर रहा था मैं नॉर्वे के साथ। ख़ैर, कोई बात नहीं। कोई बात नहीं कि वे आँखें और हृदय मुझ पर क्या आरोप लगा रहे हैं। यह मेरी क्षति है, जिसे मुझे ही सहना है, और सौ साल में इसे बिसरा दिया जायेगा। तब इस माननीय न्यायालय को भी बिसरा दिया जायेगा, पूरी तरह से बिसरा दिया जायेगा। सौ साल में जो लोग यहाँ मौजूद है उनके नाम तक पृथ्वी की सतह से मिट चुके होंगे और उन्हें न तो और याद किया जायेगा, न उनका ज़िक्र। हमारा क्या हुआ भुला दिया जायेगा।

''सो जब मैं वहाँ बैठा दिन-रात अपनी सामर्थ्य अनुसार टेलिग्राम भेजा करता था, मैं अपने देश को धोखा दे रहा थे, वे कहते हैं। मैं देशद्रोही था, वे कहते हैं। जाने दें इसे। लेकिन मैंने इसे इस तरह नहीं देखा था—ऐसे महसूस नहीं किया था मैंने, न ही अब करता हूँ।

मेरा चित्त शान्त है, मेरी अन्तरात्मा एकदम साफ़।

जनता की सोच मेरे सर-माथे पर। लेकिन नॉर्वे का न्याय-तन्त्र मेरे लिए और भी सम्माननीय है, तब भी अच्छे-बुरे और सही-ग़लत के अपने निजी विवेक को मैं और भी ऊँचा स्थान देता हूँ। अपनी आचार-संहिता खुद तैयार करने के लिए मेरी

उम्र कोई छोटी तो नहीं है, और यह मेरी संहिता है।

अपनी अच्छी-ख़ासी उम्र के दौरान, जितने भी देशों का दौरा मैंने किया है, जितने नृजाति समूहों से भी मैं मिला हूँ, मैंने सदा और हर समय अपनी सरज़मीन को अपने हृदय में समोये हुए रखा है, बुलन्द रखा है अपने भीतर। अपनी पितृभूमि को वहीं बनाये रखने का इरादा है मेरा, जब तक मैं अन्तिम फ़ैसले का इन्तज़ार करता बैठा हुआ हूँ।

मैं माननीय न्यायालय का शुक्रिया अदा करता हूँ।

"बस यही वे मामूली-सी बातें थीं जिन्हें मैं इस मौक़े पर ज़ाहिर करना चाहता था, ताकि मैं उतना मूक न रहा आऊँ, जितना कि हर समय बहरा। इस सब को पेश करने के पीछे आत्म-रक्षा की कोई मंशा नहीं रही मेरी। अगर किसी को ऐसी किसी ध्वनि का आभास मिला हो, तो यह केवल मेरी बातों की विषय-वस्तु के कारण हुआ होगा; इस तथ्य के कारण कि मुझे बहुत से तथ्यों का ज़िक्र करना पड़ा है। लेकिन आत्म-रक्षा की कोई मंशा नहीं रही मेरी, और नतीजतन मैंने अपने गवाहों का ज़िक्र तक नहीं किया, जो कई हो सकते थे, और जिनका हवाला मैं दे सकता था। न ही मेरा मन हुआ कि मेरे पास धरी शेष सामग्री का ज़िक्र मैं करूँ। वह प्रतीक्षा कर सकती है। किसी और दिन की प्रतीक्षा कर सकती है वह, बेहतर समयों तक शायद, और इस न्यायालय की बजाय किसी दूसरे की। कल का दिन एक अन्य दिन है, और मैं इन्तज़ार कर सकता हूँ। समय मेरे पक्ष में है। जीवित या मृत, कोई फ़र्क नहीं पड़ता, और फिर सबसे अहम बात तो यह है कि इस बात से दुनिया को कोई फ़र्क नहीं पड़ता कि किसी व्यक्ति-विशेष का क्या हश्र होता है, इस प्रसंग में मेरा ख़ुद का। लेकिन मैं इन्तज़ार कर सकता हूँ। और यही है जिसे करने की अपेक्षा मुझे है।"

*

मेरे वक्तव्य के बाद प्रतिपक्ष के वकील, और उसके बाद पक्ष के वकील ने अपनी बात रखी। एक बार फिर मैं कई घण्टे तक बैठा रहा बिना यह जाने कि क्या चल रहा है। अन्ततः मुझे दो-एक लिखित सवाल थमा दिये गये, और मैंने उनका जवाब दे दिया।

दिन गुज़र गया। साँझ का अँधेरा घिर आया।

सब समाप्त हुआ।

*

कुछ डाक आती है, ख़त और तार, मैं एक ढेरी में रख देता हूँ बाद में खोलने की गर्ज़ से। कुछ दिन गुज़र जाते हैं, क्रिस्मस आ चुका है, मैं अपना बसेरा नोरहूल्म ले जाता हूँ और हर चीज़ को दोबारा देखता हूँ। कितना विचित्र है अब इसे देखना, बर्फ़ से ढकी पहाड़ियाँ, हिमाच्छादित खाड़ी, और वही पुराना आकाश पहले की ही तरह इस सब पर झुकता हुआ। हस्बे-मामूल, लेकिन तब भी मेरे लिए विचित्र।

फ़ैसले के बाद कुछ देर शान्ति छायी रहती है; अदालत की कार्यवाही लिपिबद्ध की जाती है और सुप्रीम कोर्ट को भेजी जाने वाली अपील। पहले की ही तरह, इन्तज़ार भी करना होगा; बेशक, बहुत लम्बे समय तक कुछ भी होने नहीं जा रहा, लेकिन हम आगे बढ़े तो हैं, एक कदम आगे।

वृद्धाश्रम में जैसे मैं रोज़ सैर किया करता था, अब मैंने दोबारा वैसा ही करना शुरू कर दिया है। तुलनात्मक रूप से उतनी ही लम्बी सड़क तुलनात्मक रूप से उतने ही समय में पार कर लेता हूँ : नोरहूल्म से नहर पर बने पुल तक और फिर घर वापिस — डेढ़ या दो घण्टे। चलने की ख़ातिर चलने में कोई मज़ा नहीं है, लेकिन किसी और चीज़ में भी तो कोई मज़ा नहीं। अपने हाथों से काम लेने में मैं अब और सक्षम नहीं हूँ, मुझे अरसा पहले मर जाना चाहिए था। मैं किस चीज़ का इन्तज़ार कर रहा हूँ?

आरिल्ड नये-पुराने ख़तों को देख लेता है; वह विदेश में कहीं-कहीं आभार भेज देता है और बाक़ी फेंक-फाँक देता है। इस बात को माने नहीं बैठा हूँ मैं कि मेरी कब्र पर शोक मनाने वाले बहुत होंगे।

इस सिलसिले में : मुझे दफ़्नाया नहीं जाना चाहिए, मैं पूरा-का-पूरा जलाया जाऊँगा, चिन्दी-चिन्दी—ख़ुदा का शुक्रिया अदा करते हुए इस जीवन के लिए जो मुझे यहाँ इस पृथ्वी पर रहने को मिला।

दाह-संस्कार को लेकर अपने विचारों का ख़ुलासा करने का यह अच्छा मौक़ा है। मेरे पास किताबें हैं—ओफ़ मैं कार्य-कुशल हो सकता था और दाह-संस्कार के बारे में अपनी किताबों में बहुत कुछ ढूँढ़ सकता था। यह क्यों नहीं करता मैं? इसकी वजह यह है कि मेरी किताबें मेरे पास नहीं है। मेरी पहुँच में हैं वे, लेकिन मैं उन

तक पहुँच नहीं सकता; वे पहाड़ी की तहलटी में अपनी निजी इमारत में धरी हैं, और इस साल उस ओर जाती हुई सड़क बर्फ़ और सर्दी से बाधित पड़ी है। क्या-क्या परिस्थितियाँ बनती हैं!

क्या मैं फ़ालतू की हाँक रहा हूँ? हिमहल से क्या मैं सड़क साफ़ नहीं करवा सकता किसी से कहकर? मैं सावधानी और सटीकता से अपनी बात का खुलासा करूँगाः बन्दों के पास और भी काम हैं, घोड़ों को बड़ी दलदलों तक खाद पहुँचाना है; बहुत दूर है यह जगह और कई फ़ुट ऊँची बर्फ़ में से हफ़्तों और महीनों की कड़ी मेहनत से पहुँचा जाता है वहाँ तक। किसी से हिमहल तो मैं ज़रूर चलवा सकता हूँ, बेशक, लेकिन बात यहीं तक ख़त्म नहीं होगी; उस इमारत तक पहुँचने के लिए एक चढ़ाई चढ़ना पड़ती है, और उसे हाथ से साफ़ करना पड़ेगा। यह तक काफ़ी नहीं हैः सीढ़ियाँ भी हैं, बड़ी-बड़ी पथरीली सीढ़ियाँ जो कई गज़ ऊँची बर्फ़ से ढकी हैं, और उन सीढ़ियों पर रेलिंग भी नहीं है, वे कई तरफ़ से ख़तरनाक है, और मुझे ऊँचाई पर चक्कर आते हैं और मेरी धमनियाँ सख़्त भी हो चुकी हैं।

क्या मैं ख़ुलासा कर पाया हूँ अपना?

गर्मियों में इससे अलग बात होती है, तब तो मैं हलके-फुलके कदमों से सीढ़ियाँ चढ़ पाता हूँ, क्योंकि तब मेरी नज़र धुँधलाने बर्फ़ नहीं होती।

न ही सर चकराना कोई बहाना है। बचपन से ही मुझे चक्कर आते रहे हैं; मेरा कुछ ख़ास बिगड़ा नहीं इससे, लेकिन फ़ालतू का झंझट जैसा है यह। उन फ़ौलादी आदमियों के बारे में पढ़ते हुए जो गिरजाघर की लाट पर कूद-फाँद रहे होते हैं, मैं मुस्कराता हूँ और कुर्सी पर बैठा-बैठा इन हरक़तों को सह लेता हूँ। मैं आइफ़ल टावर के नीचे लेटा ज़ोर लगाकर ख़ुद को थामे था जब लिफ़्ट धुर-ऊपर चढ़ती चली जा रही थी। जब मैं सीढ़ियाँ चढ़ता या उतरता हूँ मैं बारी-बारी से दाँयें-बायें चेहरा घुमाता हूँ। इसका जीर्णता से कोई सम्बन्ध नहीं है, जीर्ण होने से अस्सी बरस पहले भी मैं ऐसा ही था। अरे मेरे भाई, यह सब दवा-दारू देने वाले व्यक्ति के लिए कितना सरल होगा! मेरा एक बड़ा भाई था, नृत्य-मञ्च पर क्या जाँबाज़ आदमी था और हर लिहाज़ से ठीक ही ठाक था; बस वह हलकी से ऊँचाई से भी बिदक जाता था। साँझ के वक़्त भेड़ों को पहाड़ियों से नीचे लाते समय उसका सर चकरा जाता था। उसके लिए बहुत ऊँचाई थी वह भी। अन्यथा वह बिलकुल स्वस्थ था। जब वह इक्यानवे की उम्र में मरा वह अच्छा ख़ासा सेहतमन्द आदमी था और मानसिक रूप से सजग।

*

गुलाबी और कड़ाके की ठण्ड बारी-बारी से, लेकिन हर समय रात का कोहरा। शिकायत करने की कोई बात नहीं। नोरहूल्म की खाड़ी पिघलती है और फिर से जम जाती है, और अन्ततः जमी रह जाती है। जनवरी की 13 तारीख है, क्रिस्मस का अन्तिम दिन, और सर्दियों का मौसम आन पहुँचा है। अँधेरे और छोटे दिन, अख़बार कई महीनों तक ख़ाली रहे आते हैं, इनसान और जानवर की साँस धुएँ-सी बाहर निकलती है।

फिर वह वक़्त आता है जब तीन व्यस्क आदमी नोरहूल्म की बर्फ़ पर अपनी स्लेज़ खींचते हुए चले आते हैं। जब वे और आगे नहीं बढ़ पाते, वे रुक जाते हैं, बर्फ़ में गड्ढे खोदते हैं और मछलियाँ पकड़ने लगते हैं। वे तब तक बैठे रहते हैं जब तक कि उनके शरीर दुखने नहीं लगते, साँझ के झुटपुटे तक वे बैठे रहते हैं वहाँ, धूम्रपान करते, ठण्ड में जम जाते हुए, कड़े और मज़बूत। बीच-बीच में वे सुन्न पड़ी उँगलियों से जेबों में घुसते हैं और अपने लिए डबल-रोटी का एक सूखा टुकड़ा निकालते हैं। अगर उनके मन में कोई नन्हा-सा विचार चला भी आता है, तो वे उसका उपयोग नहीं करते और जिसकी कोई ज़रूरत भी नहीं होती उन्हें; वे सब्र किये बैठे हैं और ख़ाली हैं, वे शून्य से मोटा गये हैं।

फिर वे घर जाने के लिए उठ खड़े होते हैं।

उन्हें अपने शिकार का प्रदर्शन करना अच्छा नहीं लगता। उनमें से केवल एक ही आदमी वाक-पटु हैः मैं उससे एक सवाल पूछता हूँ, वह अनमने ढंग से जवाब देता है; अगर मैं उसकी स्लेज की ओर झाँकता हूँ वह कहता है, ''अरे भाई, क्या है इसमें देखते लायक।'' ऐसा लगता है मानो वे दोनों शर्मसार हों, जोकि इतना विचित्र भी नहीं होगा : तीन वयस्क, तीन दिहाड़ी का काम, और ये मरियल-सी नन्हीं मत्स्य लाशें।

''ख़ास बुरा तो नहीं,'' मैं उनके शिकार पर टिप्पणी करता हूँ, सरासर झूठ। ''इससे बदतर भी हो सकता था।''

''हम इससे बदतर और बेहतर दोनों ही के अभ्यस्त हैं,'' वाक-पटु आदमी कहता है।

उसके साथी अपना काम करते रहते हैं, ख़फ़ा कि वह मुझसे वास्ता रखे हुए है।

"लेकिन क्या ठण्ड नहीं है, जहाँ आप बैठे हैं?"

"हाँ बिलकुल है। लेकिन क्या किया जा सकता है।"

"नहीं।"

"देखिए ऐसा है," वह कहता है, "ताज़ा मछली का भोजन बड़े काम का है हमारे लिए।"

अरे, यह तो मैंने सोचा ही नहीं था। और मुझे शर्मिन्दगी और पशेमानी महसूस होती है। परिवार। बच्चे।

"तुम नहीं आ रहे?" दूसरे पीछे मुड़कर देखते हुए पुकारते हैं। मैं उनकी ओर देखता हूँ। मैं उन्हें बमुश्किल झुटपुटे में देख पाता हूँ : वे महज़ नौजवान हैं, कोई परिवार या बच्चे नहीं है उनके।

*

ताज्जुब की बात है कैसे लोग बर्फ़ में दबी हुई दुनिया में मज़े कर लेते हैं— अच्छे ख़ासे व्यस्क लोग, दाँत किटकिटा रहे होते हैं और वे सड़क पर ख़ुशियाँ मनाते फिरते हैं—।

पुल की ओर मेरी सैर के दौरान एक महिला नज़र आती है। मैंने ग़ौर नहीं किया वह किस ओर से आयी है, किनारे की गली से या किसी घर के भीतर से, लेकिन उसने गहरे रंग का कोट पहन रखा था और रबर के जूते, और मेरी आँखों के लिए उस शख़्स का वहाँ संकेत-चिह्न की तरह उस विक्षिप्त सफ़ेदी के बीच होना बड़ी राहत का विषय था।

अन्ततः, काफ़ी देर के बाद, वह रुकी। जैसे मुझे पीछे आता देख वह थक गयी हो। जब मैं उसकी बगल से निकल आगे जाने को हुआ, वह एक कैमरा ऊपर उठाकर (या जो भी कहलाता है वह) मेरी तसवीर खींचना चाहती थी।

मैंने न में सर हिला दिया।

वह मुस्करा कर मिन्नत करने लगी, चेहरे पर कातर भाव लिये।

"नहीं ले सकती?"

"नहीं — अपने दिनों में बहुत तस्वीरें हो चुकी मेरी।"

"मैं बस की प्रतीक्षा कर रही हूँ," वह कहती है, "लेकिन यहाँ बैठने की कोई

भी जगह नहीं।"

मैं अपनी जैकेट उतार कर बर्फ़ से ढके उभार पर बिछा देता हूँ।

"नहीं—आप पगला तो नहीं गये!" वह चिल्लाती है। "आप, कृपया, तुरन्त अपनी जैकेट पहन लेंगे?"

"ठीक है। वैसे भी, अभी तो सर्दी नहीं ही है," मैं कहता हूँ। "बस आते समय मैं अपना पुआल हैट ढूँढ़ नहीं पाया।"

"मुझे लगता है कोहरे का तापमान है," वह बोली। "ख़ैर ऐसा कभी नहीं देखा मैंने!" वह अपने ओंठ काटते और मेरी ओर देखते हुए बोली।

"क्या आप मुझे अपनी तस्वीर नहीं खींचने देंगे? कितना अच्छा लगेगा मुझे अगर आपकी तस्वीर होगी मेरे पास।"

"क्य तुम किसी अख़बार से हो?"

"मैं? नहीं, नहीं क़तई नहीं। बात सिर्फ़ यह है कि आप कितने समय से मेरे पीछे-पीछे आ रहे थे—"

"मेरी नज़र बहुत कमज़ोर है, और आपको आगे चलता देखना मुझे सुहा रहा था।"

"तो इसलिए आप।"

"क्या आप बर्फ़ के पोर्ट्रेट उतार रही हैं?"

"बहरहाल, हाँ। पेड़ों पर गिरी बर्फ़ के। बहुत सुन्दर लगती है।"

"यह शायद आपकी बस है जो आ रही है, मिस।"

उसने आँख उठाकर ऊपर देखा और बस को जाने दिया। लेकिन उस क्षण उसने मौक़ा ताड़कर मेरी तस्वीर खींच ली।

बड़ी चतुराई थी यह, और मैं बोला, "आपने कर ही डाला न!"

"क्या कर डाला मैंने?" उसने मासूमियत से पूछा।

मुझे और चतुराई की आशंका हुई, मैंने अलिवदा कहा और अपने रास्ते हो लिया।

जब मैं पुल से लौटा वह तब भी शहर वापिस नहीं गयी थी। वह क़रीब सरक आयी, ताकि उसकी बात मैं सुन सकूँ: "आप अभी-अभी पुल से लौटे हैं न? आप

रोज़ जाते हैं वहाँ। आप भी तो कर ही डालते हैं यह। आप अपनी चीज़ कीजिए, मैं अपनी।"

बेशक वह मुझे सबक सिखाना चाहती थी, और मैं फँस गया। "जब आप यहाँ अपने बचकाने से खेल में व्यस्त हैं, यूरोप में ऐसे लोग हैं, यहाँ से बहुत दूर नहीं, जो भूखे मर रहे हैं। आपको मालूम है न?"

"मैंने पढ़ा है इसके बारे में," वह बोली।

"पढ़ा है इसके बारे में आपने।"

"तो बताइए, फिर हम और कर भी क्या सकते हैं? आप ख़ुद क्या करते हैं? मैं भी तो सुनूँ।"

मुझे शान्त रहकर नज़र झुका लेनी पड़ी, ज़मीन में गड़ी नज़र। मैं कह नहीं सकता कि ख़ुद के लिए और अन्य अपराध-बोध से ग्रसित लोगों के लिए एक शब्द उच्चारित करने के लिए मैंने ओंठ हिलाये या नहीं। हम सब अपराध-बोध से ग्रस्त हैं। हम लाखों लोग हैं अपराध-बोध से दबे, ऋणी।

एक बस हॉर्न बजाती है, वह हाथ हिलाती है और अन्दर घुस जाती है। समझ में आया कि वह शहर की ओर जा ही नहीं रही थी—नहीं, नहीं, वह उसी रास्ते वापिस गयी जहाँ से वह आयी थी!

क्या था, फिर, जो उसके भीतर हरक़त कर रहा था? कुछ भी नहीं। और सड़क पर फिर स्वांग रचाने के अपने झीने से मामूली विचार का क्या कहें?

वह शायद पत्रकार जैसी कुछ रही होगी। उसे फिर नहीं देखा मैंने।

*

खुली जलराशियाँ।

मार्च आ चुका है। फ़रवरी और मार्च के बढ़िया मौसम के बाद नोरहूल्म की खाड़ी ने पिघलना शुरू कर दिया है। अलावा इसके और भी चीज़ें हैं जो पिघल रही हैं — क्यों, लोगों के भीतर की बर्फ़ पिघल रही है। ग्रुण्टविंग[58] ठीक कहते हैं : "रोशनी की सन्तान की हैसियत से हमें महसूस होता है कि अब रात का अन्त हो चुका है।" क्या हम अपने जीर्ण होते खण्डहरों में जीवन की हलचल नहीं देख सकते? पिछले जाड़े में हम अक़्सर सुनते थे कि हमारे घर के ऊपर गिद्ध जमा हो रहे हैं, हमारे उसी चिर-परिचित यूरोप पर। हाँ, बिलकुल। पर क्या आज अल्लसुबह

किसी ने धूसर हंसों को नहीं देखा? वसन्त आने वाला है।

छपी सामग्री के बीच एक पुराना रोज़नामचा मेरे हाथ लगता है। मेरी ओर से ऐसा कुछ नहीं हुआ जो अँधेरे के भीतर से इस रोज़नामचे को उजागर करे; मैंने पन्ने पलटने शुरू किये, ज़्यादा ध्यान न देते हुए। कुछ आगे बढ़ने पर वर्नर वॉन हेड्न्स्टाम[59] का नाम आता है।

अच्छा है, मैं पन्ने पलटता चलता हूँ। रुकता हूँ, हेड्न्स्टाम के बारे में क्या कहा गया है? मैं पीछे जाकर पढ़ता हूँ। हम दोनों हमउम्र थे, दोनों एक ही साल की पैदाइश थे, और हम दोनों मर चुके हैं। और हालाँकि दोनों में से एक ही फाँसी की पहाड़ी का अजूबा बना, हम दोनों ने एक ही देवी की आराधना की। लेकिन अब हम मर चुके हैं।

मैं बहुत से पन्ने एक साथ पलटता हूँ और रोज़नामचे को पूरा पढ़ जाता हूँ। काफ़ी आगे शिलर का ज़िक्र आता है, सिर्फ़ सौ साल पहले। वह मर गया था।

नैपोलियन गेटे से पहले नमूदार हुआ। क्या दुनिया को तब एक झटका लगा था? नहीं वे दोनों कभी संवाद करते थे, लेकिन नैपोलियन के पास समय ज़्यादा नहीं था। जब वह दोबारा बाहर निकला, ऐसा माना जाता है उसने गेटे की प्रशंसा में कहा था, "क्या आदमी है!" बस इतना ही। जैसे वे कभी मिले ही न हों। लेकिन वे भी मर-खप गये।

और हम क्यों न मरें?

टैसिटस का मानना है कि हम ट्यूटोन नस्ल के लोग मरने में अच्छे हैं। वाइकिंग लोगों ने भी हमें इस मुआमले में शर्मिन्दा नहीं किया। हमारा हाल ही का ज्ञान इस बात को स्पष्ट करता है कि मौत आख़िर वुजूद में है ही क्यों: हम इसलिए नहीं मरते कि हम मृत हो जायें, मरी हुई चीज़ में बदल जायें; हम इसलिए मरते हैं ताकि हम जीवन में समाहित हो जायें, हम मरकर जीवन में जाते हैं, हम एक विधान का अंग हैं। यही टैसिटस कब्र के बारे में नख़रा न करने के लिए भी हमारी तारीफ़ करता है। सिर्फ़ गन्ध की वजह से ही अपने ऊपर मिट्टी के कुछ ढेमे फेंक लेते हैं हम। इसके बाद, वह हमारी तारीफ़ इस बात के लिए भी करता है कि अपनी कब्रों पर हम ऊँचे स्मारक नहीं बनाते। हिक़ारत की नज़र से देखते हैं हम इन्हें, वह कहता है। हाल के समयों में हमारे मामूली-से पतन पर उसने ग़ौर नहीं किया।

*

खुली जलराशियाँ और वसन्त के संकेत। रात के समय बिजली की कटौती अब नहीं होती, जब जी चाहे मैं रात में उठकर पढ़ सकता हूँ, खुदा की बड़ी रहमत है यह। क्योंकि मैं बहरा हूँ और कुछ सुन नहीं सकता, मुझे अपने भीतर धुनों और संगीत का एहसास नहीं होता, लेकिन मैं जीवन और आनन्द से झनझना रहा हूँ और कई उम्दा विचार मेरे मन में आते हैं, हो! मिसाल के तौर पर जब तीतरों का प्रणय-निवेदन चल रहा हो, हमें उनका शिकार नहीं करना चाहिए। हम मनुष्यों को ऐसा नहीं करना चाहिए, यह दुष्ट और मूर्खतापूर्ण कर्म है। शायद ऐसा हो, मैं स्वीकार करता हूँ, लेकिन कुछ भी हो इसका मेरे अगले संयोगिक विचार से कोई वास्ता नहीं; एक बार मैं एक इबादतगाह तक आन पहुँचा, या जो भी उसे कहते हैं, मुसलमानों का मन्दिर, लेकिन वह बहुत छोटा-सा और जीर्ण-शीर्ण था। लाल दाढ़ी वाला एक लम्बा-सा आदमी कुछ चिथड़े ज़मीन पर रख रहा था, और चिथड़ों के ऊपर कुछ छोटे-छोटे पत्थर। फिर उसने घुटनों के बल खुद को ज़मीन पर गिरा लिया। मुझे सूझा कि वह खुदा से दुआ माँग रहा था। चिथड़ों पर धरे पत्थरों को वह आगे-पीछे क्यों कर रहा था भला? मैं कुछ भी समझ नहीं पाया, लेकिन मैंने खुद को मुस्कराने से रोक लिया।

संयोगवश मुझे याद आता है कि मैं एक धार्मिक समागम के लिए गिरजाघर गया था। जब मुझे पक्का ईसाई बनाया जाना था। पादरी ने मेरे मुँह में कुछ डाला, और मुझे एक गिलास से एक घूँट भरने दिया। बहुत से लोग आसपास खड़े देख रहे थे, लेकिन वे संयमित रहे आये और मुस्करा नहीं दिये।

अब क्यों याद कर रहा हूँ यह? मुझे किसी भी चीज़ के लिए इस स्मृति की ज़रूरत नहीं और इसमें कुछ दानिशमन्द बात भी नहीं है। मेरा वक़्त लेती है यह याद, क्योंकि मैं जीवन से झनझना रहा हूँ। फ़ितूर, शायद यही कहते हैं इस सब को।

विदेश प्रवास के पहले दौर की एक स्मृति लौटती है मेरे ज़ेहन में। बात कोई इतनी बड़ी भी नहीं, न कौतूहल पैदा करने वाली, महज़ रोज़मर्रा के बहुत से साधारण अनुभव जो परदेस के भूदृश्य और एक छोटे-से सूखे मैदानी कस्बे में मुझे हुए थे। कोई नदी तक नहीं थी, न कोई जंगल, बस थोड़े-बहुत झाड़-झंखाड़। सब ठीक चल रहा था, मैं एक ऐसे फ़ार्म पर काम कर रहा था जहाँ आम लोग शालीनता से रहते हैं, लेकिन मुझे घर की याद सताया करती थी और मैं अक़्सर रोया करता था। मेरी मालकिन स्नेहवश मुस्करा देती थी और उसी ने मुझे यह शब्द सिखाया था

"घर-रोगी।"

वहाँ कुछ महीने काम करने के पश्चात, लवलैंड परिवार अब और मेरा खर्चा नहीं उठा पा रहा था। हम लोगों की एक दूसरे से जुदा होने की कोई इच्छा नहीं थी, और दिन काफ़ी ढल चुका था जब मैं शहर की ओर रवाना हुआ। तब मैं थोड़ा और रो लिया।

मैंने पथ पर कदमों की आहट सुनी। एक युवा लड़की। मैं उसे जानता था, पड़ोस में रहने वाली किसी विधवा की बेटी थी वह। दो-एक बार विधवा मुझसे पूछ चुकी थी कि क्या मैं लवलैंड परिवार को छोड़ने के बाद की स्थिति में उनके यहाँ काम करना चाहूँगा।

"हेलो, नूत? मैंने डरा दिया न तुम्हें?"

"नहीं।"

"मैं शहर जा रही हूँ," वह बोली।

वह एक मथनी लिए थी जिसका हत्था टूट गया था। मैंने कहा मैं पकड़ सकता हूँ उसे; मैं अपने बचपन के घर से इस शय को अच्छे-से जानता था, और अपने जेब-चाकू से मैं आसानी से मथनी को हत्थे से जोड़ सकता था अगर मेरे पास लकड़ी का एक छोटा-सा टुकड़ा होता।

वह चहक रही थी और पूरा समय बात कर रही थी, और मुझे जो कुछेक अंग्रेज़ी के शब्द मालूम थे उन्हीं से मुझे जवाब देना था। यह बड़ा खिझाने वाला काम था, और मैं चाहने लगा कि वह कहीं गहरी ज़मीन में धंसी होती।

"उफ़, शहर तो अभी बहुत दूर होगा न?"

"हाँ, मुझे उम्मीद है!" छुटकी लोमड़ी हँसती हुई बोली। उसे चहकना बुरा नहीं लग रहा था।

हम लोग शहर में लार्सन की वर्कशाप तक आन पहुंचे थे। अंधेरा घिर रहा था।

"प्यारे नूत, अब तुम्हें मुझे वापिस छोड़ने जाना पड़ेगा," बिग्रेट बोली।

"क्या!" मैं बोला।

"बहुत अँधेरा रास्ता है मेरे लिए लौटने को," वह बोली। लार्सन डेनी आदमी था, वह भी बोला मुझे जाना पड़ेगा उसके साथ।

सो हम वापिस हो लिये। अँधेरा गहराता जा रहा था, और अन्ततः हमें हाथ में हाथ डाले चलना पड़ा, और टहनियों को टटोल कर उनसे बचते हुए ताकि वे हमारे चेहरे पर तड़ातड़ न पड़ती रहें। लेकिन थामने को वह हाथ बड़ा प्यारा था।

"अरे, हम मथनी को तो भूल ही आये!" मैं बोला।

"कोई फ़र्क नहीं पड़ता," ब्रिजेट बोली।

"फ़र्क नहीं पड़ता?"

"नहीं। मैं तुम्हें जो ले आयी अपने साथ!"

ऐसा क्यों कहा उसने? मैं सोचने से रोक नहीं पाया ख़ुद को कि उसका मन आ गया था मुझ पर—वास्तव में, मेरे प्यार में पागल थी वह।

जब हम पहुँच गये तो मैं तुरन्त वापस लौटना चाहता था, लेकिन वे नहीं चाहते थे; मुझे कुछ खाने को चाहिए था, रात का खाना उनके साथ खाकर, रात्रि-विश्राम। बिज्रेट ने एक कुठरिया-सी दिखा दी मुझे जिसमें एक खाट थी। सुबह माँ और बेटी ने मुझे मनाने की कोशिश की कि मैं कुछ समय वहीं रहकर उनके साथ काम करूँ, और मैंने थोड़ा घूम-घाम कर फ़ार्म का मुआयना किया। दो खच्चर थे और तीन गाय। "किसी की भी मदद नहीं मिलती," विधवा शिकायत करने लगी। जहाँ तक मेरा सवाल है, मैं अपने-आप काम करने का ज़रा भी आदी नहीं था; लवलैण्ड परिवार में पति तो ज़िन्दा था और मेरा मार्ग-दर्शन कर सकता था, लेकिन यहाँ तो औरतों पर ही था कि वे मुझे बतातीं क्या करना एकदम ज़रूरी है। ज़ाहिर है मैं काहिली नहीं कर सकता था; मैंने ईंधन के बड़े-से ढेर के टुकड़े किये, और तब खच्चरों पर खाद लादकर ले जाने लगा मैं। एक के बाद दूसरा दिन गुज़रता गया।

लेकिन बेशक विधवा को यह एहसास तो ज़रूर हो गया होगा कि उसे बेहतर कामगार व्यक्ति की दरकार थी, और फिर एक दिन वह शहर जाकर किसी फ़िन्नी आदमी को ढूँढ़ लायी, जो कि इत्तफ़ाक से क़ाबिल आदमी था; वह ओस्टरबूट्टन[60] से था और अपने काम को बख़ूबी जानता था। ऐसा लगता था कि युवा ब्रिजेट मुझे पकड़ कर लिवा लाने को लेकर अब ज़्यादा ख़ुश नहीं थी; वह मेरी तरफ़ अब और देखती तक न थी, न हाथ थामती थी मेरा।

हाय रे, कितना मासूम था मैं। लेकिन इस जीवन में अब मैं कभी किसी औरत के कहे पर भरोसा नहीं करने वाला था।

कामगार लोगों की बहुत कमी बनी हुई थी। जब मैं शहर पहुँचा किसी गली

में मुझे एक किसान ने रोका और वह चाहता था मैं उसके साथ चलूँ। उसने मेरे कपड़ों और दूसरी चीज़ों को देख अन्दाज़ लगा लिया होगा कि मैं नया-नया आया हूँ; मेरी माँग ख़ूब थी, कोई ग़लतफ़हमी नहीं। मैं उसके संग हो लिया — वह एक बग्घी चला रहा था और घोड़ों की जोड़ी — और जब हम उसके स्थान पर पहुँचे उसने मुझे तुरन्त काम पर लगा दिया। मुझे जंगल के छोर पर एक नन्हीं-सी कब्र खोदना थी, उसने मुझे फ़ुटों में नाप दिया। मुझे कोई वक़्त नहीं लगा, और जब मैं काम से निपट चुका वह अपने कन्धे पर एक नन्हा-सा ताबूत लाद कर लाया और उसे कब्र में उतार दिया उसने। इसे भी कोई वक़्त नहीं लगा, और जब मैं नये निर्देशों की प्रतीक्षा करने लगा उसने मुझे इशारे से बताया कि मैं कब्र को मिट्टी से भर दूँ। फिर वह चला गया।

लेकिन या ख़ुदा, क्या वह लौटकर आने वाला नहीं था? नहीं। वह बाहरी इमारतों में कुछ कर रहा था और बहुत व्यस्त मालूम पड़ता था।

मैं हैरान था, काँप-काँप जा रहा था और दुःखी था। एक मृत बच्चे को दफ़्ना दिया गया था, बस इतना ही। कोई रस्म अदा नहीं की गयी, एक भजन तक नहीं। जिन लोगों के पास मैं आया थे वे जवान थे और मैंने पता नहीं लगाया वे किस पंथ के लोग थे।

अलावा इसके शिकायत करने को और कुछ नहीं था मेरे पास। हर चीज़ की अच्छे से देख-भाल हो रही थी—घर और फ़ार्म, घोड़े और गाय, खेत अच्छे थे, कोई बच्चा नहीं था। मेरी ज़िम्मेदारियों का स्पष्ट रेखांकन कर दिया गया था: वह आदमी दूध ख़ुद दोहता था और जानवरों की देखभाल करता था, मैं खेत में काम करता था; और फिर मेरी मालकिन भी थी, गोल-मटोल और मोटी और हँसोड़। उसने मुझे अंग्रेज़ी के कई शब्द सिखाये और रहने को मुझे एक छोटा-सा कमरा दिया जिसमें एक पलंग था। विचित्र लोग थे; उन्हें मुझे एक तुला-दण्ड पर तौलने की सूझी; लेकिन उसकी नोक टूट जाने से डण्डी मेरे सिर पर आन गिरी। मुझे इस पूरी बात का कोई सिर-पैर समझ में नहीं आया लेकिन उन्होंने इस बात को लेकर मुझे सर पर उठा लिया और मेरे वज़नदार होने की शेखी बघारने लगे। जब मेरी मालकिन मक्खन और गेहूँ लेकर शहर ख़रीदारी करने जाती, मुझे अक़्सर उसे बग्घी में ले जाने का आदेश दिया जाता।

जब वसन्त की बोनी ख़त्म हो चुकी, तो वह आदमी मुझे कुछ और समय तक

रखे रहना चाहता था, और मैं कटनी के बाद तक रुका रहा। यह 1880 या '81[61] की बात होगी। मैं पहले से अधिक सहज महसूस कर रहा था और इन लोगों का अभ्यस्त होता जा रहा था। उन दोनों के पुरखे जर्मन थे और वे स्पीयर कहलाते थे। हमने आपस में बड़ी हमदिली से हाथ मिलाकर विदाई ली।

फिर कोई दूसरा आदमी अगुवा करके ले गया मुझे और पूरा जाड़ा रेल की पटड़ी के तान काटने का काम मुझे सौंपने की पेशकश करने लगा। मेरी हिम्मत नहीं हुई स्वीकारने की। उस आदमी ने फिर अपने छोटे से फ़ार्म का पट्टा मुझे देने की पेशकश की। क्योंकि इसमें भी मेरी कोई रुचि नहीं थी, वह मुझे दो घोड़े और एक गाड़ी उधार बेचने की कोशिश करने लगा ताकि मैं सामान इत्यादि ढोकर ले जा सकूँ। वह जुगाड़ों और अटकलों से लैस था, और उससे पीछा छुड़ाने में मुझे बड़ी मुश्किल पेश आयी।

एक दिन शहर की एक दुकान ने मुझे घर-घर सामान पहुँचाने का काम करने की पेशकश की। यह मुझे मञ्ज़ूर था। मैं पतों के मुताबिक पैकेट और बक्से शहर-भर में ढोता और काम पूरा होने पर दुकान लौट आता। वह शहर की सबसे बड़ी दुकान थी, और काउण्टर के पीछे कई क्लर्क काम करते थे। दुकानदार का नाम था हार्ट और वह अंग्रेज़ था। हम हर क़िस्म का सामान बेचा करते थे, हरे साबुन से लेकर रेशम के कपड़े और डिब्बा-बन्द चीज़ें, अंगुश्ताना से लेकर लिखने के काग़ज़ तक। यहाँ रहकर पूरे माल के नाम सीखने से मैं बच नहीं सकता था और मेरी शब्दावली में सन्तोषजनक इज़ाफ़ा हुआ। कुछ समय बाद सामान पहुँचाने का काम किसी और को सौंप मेरे मालिक ने मुझे काउण्टर के पीछे की पक्की नौकरी दे दी। अब मैं सफ़ेद कॉलर-धारी था, चमकते जूते पहनता था और एक होटल में खाना खाता था। जिस किसान परिवार से मेरा पूर्व-परिचय था वे दुनिया में मेरी ओहदेदारी में इज़ाफ़ा होने से आश्चर्यचकित थे। युवा बिज्रेट ने भी हमारी दुकान पर आकर मेरे नये रुतबे पर ग़ौर किया होगा और शायद मरते दम तक उसे इस बात का अफ़सोस रहा आये कि उसने मुझसे नाता तोड़ लिया था। मुझे नहीं मालूम।

मैं ठीक-से समझ रहा था कि वह बाहर ले जाकर मुझसे बात करना चाहती है। वह बोली, "प्यारे नूत, कृपया पार्सल ढोने में मेरी मदद करोगे?"

"बड़ी ख़ुशी से!" मैं बोला। मैं बड़ी आसानी से सामान ढोने वाले नये लड़के को संकेत दे सकता था, लेकिन मैं बोला, "बड़ी ख़ुशी से!"—ग़ज़ब का जवाब। फिर मैं ख़ुद उसकी बग्घी तक पार्सल ढोकर ले गया, अपने कपड़ों से धूल बुहारी,

और बड़ी शिष्टता से उससे उसके फ़ार्म, उसकी माँ और फ़्रिन्नी आदमी के बारे में पूछा। फ़्रिन्नी आदमी तो बहरहाल जा चुका था और फ़सलों की कटनी हो चुकी थी। लेकिन अब उसकी माँ काश्तकारी का काम नहीं करना चाहती थी; वह सब बेच-बाचकर शहर चली जाना चाहती थी। चॉकलेट, केक, और ठण्डे पेय बेचने का धन्धा करना चाहती थी। युवा बिग्रेट बड़ी खुश थी; उन लोगों ने अपने रेस्तराँ के लिए एक छोटी-सी टूटी-फूटी जगह चुन भी ली थी, एक गुमटी जिसे इस उद्देश्य से ठीक-ठाक किया जाना था।

यहाँ मेरा मित्र पैट्रिक प्रविष्ट होता है—पैट, जोकि आयरलैंड का है, मुझसे कुछ बड़ा, साहसी और जोखिम उठाने वाला, कॉमरेड, और एक किरदार। मेरी ही तरह पैट शहर में एक अटारी में रहता था। हम अक़्सर बातचीत किया करते थे और एक साथ घर की भयानक याद के शिकार, और इस ख़्वाहिश में साझेदारी करते थे हम कि जैसे ही साधन जुटे हमें घर लौट जाना चाहिए।

पैट अपनी मातृ-भूमि में शायद राजगीर रहा होगा और उसे वास्तुकार कहलाने से कोई परहेज़ नहीं था। वह फ़ुटों और इञ्चों में रेस्तराँ का ख़ाका खींचता, अपने हिसाब-किताब का सही होना सुनिश्चित करता। उसने तख़्तों और पटरों से ख़ुद को लैस कर लिया था, और मेरी दुकान से उसने कील और डामर-पुता काग़ज़ ख़रीदा। और इस तरह वह अथक परिश्रम करता रहा।

हमारा एक दूसरे से काफ़ी वास्ता पड़ता और हम लोग रोज़ मिला करते थे; बीच-बीच में एकाध डॉलर हमारे पास होता जिसकी दूसरे को ज़रूरत होती, और हम एक दूसरे को किताबें उधार भी दिया करते। आह, लेकिन हमारा पुस्तक आदान-प्रदान कोई ख़ास चीज़ नहीं था : मुझे इतनी अंग्रेज़ी नहीं आती थी कि मैं पेन का *तर्कशीलता का युग* पढ़ पाता, और वह य. प. जाकोबसेन की *मरी ग्रुब्बे*[2] नहीं समझ पाता था जिसे मैंने शिकागो से बुलावाया था। वे यौवन के दिन थे, टोहने-टटोलने के और कड़ी-मेहनत के दिन। लेकिन हम इस बात को कभी नहीं भूलते थे कि हमें इस देश से चले जाना है और घर लौटना है; और हम अकेले में रोया करते थे और ख़ुद पर तरस खाते थे।

बिग्रेट ख़ुद को ज़मीन पर फेंक विलाप करने से कैसे रोक सकती थी जब उसका बचपन का घर बिक रहा था! एक पगडण्डी तो थी न आख़िर जंगल को जाती हुई, और जंगल में पेड़ों पर गायक चिड़ियाँ थीं जिन्हें छोड़ा जा चुका था। और अलावा

इसके वसन्त का मौसम था, और फूल थे और दिव्य वर्षा थी और गर्मी के दिनों में अनाज के खेतों में सरसराहट; क्या बिझेट इसे भूल चुकी थी? और वह नदी जो इतने प्यार से खेत के आरपार बहती थी—अब वह बिक चुकी है। या ख़ुदा और मेरे आक़ा, नदिया बिक चुकी है। और फ़ार्म-घर मनन करता है और समझ जाता है कि क्या हुआ है, अनपुती तख़्ते की दीवार पलट कर उसे देखती है। उसे दीवार से अपना गाल सटा लेना चाहिए था और कभी उससे दूर नहीं जाना चाहिए था उसे।

"हम यहाँ के लोगों को नहीं समझते," पैट कहता है। "यही है जिससे सब अप्रिय लगने लगता है हमें। पिछले साल व्योमिंग में मैंने एक फ़ार्म पर काम किया था। वह आदमी डाक में आये इश्तहारों और चित्रों का अध्ययन किया करता था; एक दिन वह मेरे पास आकर बोला, 'मैं जा रहा हूँ।' फिर वह अपने परिवार को लेकर फ़्लोरिडा चला गया।"

"नहीं, पैट, हम यहाँ के लोगों को नहीं समझते। हमें निकल जाना चाहिए।"

"लेकिन बिझेट प्यारी लड़की है," पैट कहता है।

"इससे तुम्हारा क्या आशय है?" मैं पूछता हूँ।

"वह प्यारी लड़की है। मैं उसके और उसकी माँ के लिए कुछ काम कर रहा हूँ। तुम बिझेट को नहीं जानते। वे लोग एक रेस्तराँ खोल रहे हैं।"

"तो यह बात है!" मैं कहता हूँ।

लेकिन उस दिन के बाद से मुझे पैट पर शक होने लगा और घर लैटने की उसकी इच्छा के बारे में। हमने इसके बारे में बात की और चर्चा की। बिलकुल, पैट बोला, वह अब भी एरिन लौट जाने को उतना ही लालायित था और उसने वहाँ के सौन्दर्य और आनन्द का बखान भी किया। मीलों-मील तक फैले हुए घास के मैदान मवेशियों और भेड़ों से भरे, और गिरजाघर और किले जिनकी गिनती नहीं की जा सकती थी।

मैं बैठा सुनता रहा, सिर हिलाकर यह संकेत देता कि हमारे देश में भी यह सब चीज़ें थी।

लेकिन पैट को ख़ून का चस्का लगा था और उसने दावा किया कि धुर एटलांटिक समुद्र तक जाती हुई गिरिमालाएँ दस या बीस ज़िलों में फैली थीं। और महानदियाँ और शहर और जहाज़ों से भरी झीलें, और जुलूस जिनके आगे कार्डिनल

चला करता था।

इसमें से अधिकांश पर मैंने हामी भरी और कहा कि यह सब हमारे यहाँ भी है। लेकन लब्बो-लुआब यह था कि हम दोनों बैठे अपने-अपने वतन के बारे में शेखी बघार रहे थे। "गाल्डहोपिग्गेन पर्वत", मैं बोला, "लुम्सेग्गेन पर्वत।[63] लुम्सेग्गेन पर्वत पर एक गिरजाघर है, और उसे गिरजाघर में मुझे 1873 में ईसाइयत दी गयी थी," मैं बोला।

यह बात जिससे पत्थर का दिल भी पिघल जाता, पैट को ज़रा भी द्रवित न कर पायी। उसे और चस्का लग गया था ख़ून का और वह बेतहाशा बोल रहा था। उसने आयरलैंड के किसी आदमी का ज़िक्र किया जिसने एक ऐसी मशीन ईजाद की थी जो उड़ सकती थी। हाँ। और उसने आन्तरिम[64] में बेसाल्ट से निर्मित गुफाओं की कहानियाँ सुनायीं—वह ख़ुद भी आन्तरिम से था, वह बोला, और यह गुफाएँ धुर पृथ्वी के केन्द्र तक जाती थीं। निरा जोश, यानी, देश-भक्ति का उत्कर्ष। वह अपने जैतून के झुरमुटों, गुलाब के बग़ीचों और कन्धे-से-कन्धा जोड़े हर नदी के तट पर बैठे उन मछुआरों की बात करता रहा जो नकली कीड़ों का चारा बंसी में लगाये मछली पकड़ते हैं—

"हा-हा-हा, वैसे मछुआरे!" मैं बोला। तो फिर उसने हमारे मछली-उद्योग के बारे में नहीं सुन रखा था, नहीं न, लूफ़ुटेन और फ़िन्नमार्क के बारे में?[65]

"नहीं।"

"उन तमाम चीज़ों के अलावा जो हमारे पास हैं।" क्या हमारे महान जंगल और हमारे प्रपातों का कोई मूल्य नहीं? "बकवास बन्द करो, पैट!" क्या यह सच नहीं है कि कोलम्बस से पाँच सौ साल पहले हम अमरीका की खोज कर चुके थे? और क्या यह सच नहीं है कि आज भी हमारी सीमाएँ रूस तक जाती हैं?

"रूस तक?" पैट ने मेरा अविश्वास करते हुए कहा।

ख़ैर छोड़ो। तब भी, अहम बात तो यह थी कि हम दोनों अपने वतन को तरस रहे थे। लेकिन मुझे पैट के बारे में शक था।

पैट के बारे में शक? क्या वह यहाँ अपनी अटारी में घासलेट का लैम्प जलाये तंगी में नहीं रहता? अगर कहीं उसके घर के लोगों को पता होता — हाँ, अगर उसके माँ-बाप को पता होता। लेकिन वह उन्हें लिखकर बताना नहीं चाहता था। वह जिसके पास अपने घर के अस्तबल में सवारी के दो घोड़े बँधे थे, जबकि यहाँ उसके

कमरे की छत तिरछी थी, एक पल्ले की खिड़की थी जिसके लोहे के फ़्रेम को धकिया कर खोलना पड़ता था।

"क्या सच में तुम्हारे घर में सवारी के घोड़े हैं?"

"तुम्हें हैरानी हो रही है न? तुम्हें मालूम है हमारी मुख्य इमारत में कितनी खिड़कियाँ हैं? जितनी इस पूरे शहर में हैं उससे भी ज़्यादा। और जब मैं अपनी मुण्डी छत में से निकाल कर देखता हूँ मुझे कपड़ों की तारों के सिवा आँगन में कुछ नज़र नहीं आता। तुम्हें कुछ पता नहीं मैं कितना परेशान होता हूँ एक दूसरे को काटती तारों से जिन पर कपड़े फड़फड़ाते-लहराते हैं, जबकि मुझे यहाँ ऊपर बैठे सीधी रेखाओं में वास्तु का काम करना होता है। लेकिन मैं बिज्रेट की ख़ाातिर सब सह लूँगा, क्योंकि बिज्रेट इतनी प्यारी लड़की है।"

"तुम घर कैसे जाओगे अगर किसी लड़की से बँध जाओगे यहाँ?"

"अपने साथ ले जाऊँगा उसे," पैट बोला।

"अपने साथ ले जाओगे?"

"बिलकुल। तुम क्या सोचते थे छोड़ दूँगा उसे? तब तो तुम मुझे बिलकुल नहीं जानते। उसे मैं अपने साथ ले जाऊँगा, बस।"

"यह देखना मैं पसन्द करूँगा," मैं बोला।

लेकिन अब हर चीज़ बिगड़ना शुरू हो गयी। बेशक, इससे बदतर कुछ नहीं हो सकता था।

कपड़ों की तारें क्लाइस्ट की थीं, बेकर की, जिसकी बेकरी आँगन में थी। एक रात पैट बाहर निकला, सभी तारों को समेट कर एक ओर सलीके से ज़मीन पर डाल दिया, लेकिन अगली सुबह ख़ूब हंगामा खड़ा हो गया। क्लाइस्ट ऑस्ट्रिया का था, विएना से, एक रहमदिल अधेड़ आदमी, लेकिन इस शरारत को बरदाश्त नहीं कर सकता था। उनकी आपस में बात हुई और पैट ने अपनी बात समझायीः उसने कोई शरारत नहीं की थी, वह तो बहुत यातना सह रहा था। "तुम कपड़ों की तार को नहीं देख सकते?" क्लाइस्ट ने पूछा। "नहीं, मैं नहीं देख सकता," पैट बोला। "हा-हा-हा," ऑस्ट्रिया का बन्दा मज़ाक का लुत्फ़ उठाते हँसने लगा। और उसने तारों को वापिस बाँध दिया।

यूँ हुआ कि युवा बिज्रेट, फ़ार्म से आयी हुई बिज्रेट, उसी वक़्त बेकर से काम

सीखने आ गयी। वह अपने रेस्तराँ के लिए सामान्य केक और रोल और डेनी पेस्ट्रियाँ बनाना सीखने वाली थी। माँ-बेटी के लिए यह एक चतुर विचार था, जिससे कमाई होने वाली थी; और कुछ समय तो यह सब ठीक-ठाक चला, पैट को भी मीन-मेख निकालने को कुछ नहीं मिला।

लेकिन अन्ततः मुआमला बिगड़ गया।

रेस्तराँ बड़ी सफलतापूर्वक खुला था। वास्तुकार पैट ने गुमटी को घर में बदल दिया था; न सिर्फ़ कँचे वाला सोडा और चॉकलेट ख़रीदने वालों के लिए एक कमरा था, लेकिन लीजिए देखिए, एक छोटी-सी इमारत और भी खड़ी कर डाली थी उसने जिसमें रसोई और बेकरी के लिए जगह थी। और ऊपर माँ और बेटी के लिए छोटे-छोटे निजी कमरे थे।

इस बीच पूरा समय अच्छी सलाह देने की वजह से बेकर को ख़ूब फ़ायदा भी हो रहा था, लेकिन उसने तो हद कर दी। वह समय रहते रोक क्यों नहीं पाया खुद को! बड़ा जवान बनता फिर रहा था वह। उसके बड़े-बड़े बच्चे थे नौकरी-पेशा, लेकिन उसने ख़ूबसूरत युवा लड़की में रुचि लेना शुरू कर दी जोकि उसके हुनर को सीखना चाहती थी और बड़ी मुस्तैदी से सीख भी रही थी। जो भी हो उसने छोटी इमारत में बहुत से तवों और बर्नरों वाला एक स्टोव स्थापित करने में और उस जगह को पेस्ट्री बनाने की दुकान में तब्दील करने में उसकी मदद की।

बढ़िया। लेकिन उस बूढ़े बकरे ने बिझ्रेट के कपड़े-लत्ते धोना भी चालू कर दिया। बेशक, उसकी बड़ी-सी बेसमेंट में गर्म और ठण्डा पानी हमेशा हुआ करता था, और जब वह अपनी बेकर यूनिफ़ार्म से धोकर आटा निकालता तो वह बिझ्रेट के कपड़े भी शामिल कर लिया करता था। उसने अन्दाज़ा लगा लिया था कि वह बहुत पैसे वाली नहीं है और वह उसकी मदद करना चाहता था। यह एक प्यारा विचार हो सकता था, लेकिन उसने हद ही कर दी, और पैट और उसके बीच कड़वाहट पैदा हो गयी। बेकर क्लाइस्ट छोटे-छोटे एप्रन और बिब और रुमाल धोने लगा था जो किसी भी तरह से उसके अपने नहीं हो सकते—

और वह उन्हें आँगन में लगी कपड़ों की तारों पर सूखने डाल दिया करता!

पैट मुझसे मिलने दुकान पे आया और वह चाहता था कि मैं उसके साथ चलूँ। वह भयंकर ज़र्द पड़ चुका था।

"तुम्हें वहाँ से चले जाना चाहिए, कोई और कमरा ढूँढ लो," मैंने उससे कहा।

"यह तो मतलब नहीं हो सकता तुम्हारा," पैट ने जवाब दिया। "मुझे निगरानी रखने की जगह चाहिए।"

हम लोग बेकर के पास आये। पैट उस जगह को ख़रीदना चाहता था, लेकिन न तो उसके पास पैसा था, न क्लाइस्ट बेचना चाहता था।

"क्या हो गया है तुम्हें?" क्लाइस्ट ने पूछा। मैं कपड़े धोकर सूखने डालता हूँ। मुझे पूरा दिन साफ़ और बर्फ़-सा सफ़ेद रहना पड़ता है, तुम नहीं समझते?"

"वो जो ज़नाना चीज़ें तुम सूखने डालते हो," पैट बोला। "गन्दे सूअर!" वह बोला।

"तुम ज़नाना चीज़ों को लटके हुए नहीं देख सकते, यह बात है?" क्लाइस्ट ने पूछा।

"नहीं, नहीं देख सकता," पैट बोला।

"हा-हा-हा!" आस्ट्रियायी ने ठहाका लगाया।

इत्तफ़ाक से पैट अपना हौसला क़ायम नहीं रख पाता था, और वह बस खड़ा रहा काँपते ओंठों के साथ। अन्त में उसने अपने दुश्मन को धमकी दी कि वह कड़ा रवय्या अपनाएगा; वह ऐरिन में अपने परिवार को ख़बर करेगा, वह बोला, और वे कुलीन घराने के लोग हैं।

क्लाइस्ट पर इस बात का कोई ख़ास असर नहीं हुआ; वह कुछ न समझ पाने की स्थिति में प्रतीत होता था, उसने मुण्डी मटकायी और चला गया।

"तुम्हें जगह बदल लेनी चाहिए," मैंने पैट से कहा। "तुम देख रहे हो यह नहीं चलेगा।"

"मैं नहीं बदलूँगा जगह," पैट बोला।

बेशक, नहीं; उसे और भी बौरा जाना था, और भी सनकी! मैं चिढ़ चुका था उससे और मैंने उससे यह कह भी दिया। पैट के इस नये रूप को लेकर मेरी समझ भला कितनी थी? मैं केवल उसकी हास्यास्पद और दुस्साहसी प्रेमान्धता को ही देख पाता था—और कुलीनता, यह सब क्या था? शायद आयरलैंड में यह कोई शानदार चीज़ थी, लेकिन मुझे नहीं मालूम क्या चीज़ थी। मैंने उसका मज़ाक उड़ाया कि वह

अपनी उस किसान की नन्ही-सी लड़की पर इस क़दर फ़िदा था कि अपना भेजा ख़राब कर बैठा था।

"मैं उसकी ख़ातिर मर सकता हूँ," वह बोला। यह तो बहुत बड़ी बात हो गयी। "तिस पर तुम कुलीन घराने से भी हो," मैंने यूँ ही कह दिया।

"मैं नहीं हूँ कुलीन घराने का, मेरी माँ है," वह बोला।

उसने अपनी जेब से एक ख़त निकाला और मुझे दिखाया; लिफ़ाफ़े की पिछली तरफ़ हरी मीनाकारी का एक नमूना बना था जिसे वह कुल-चिह्नात्मक कोट बता रहा था। मुझे तो वह, जो भी हो, श्रेष्ठ लग ही रहा था। कुछ भी समझ न पाने की स्थिति में, मैं केवल चुप्पी साधे रह सकता था, लेकिन तब भी मैं असमंजस में था। तो भी, सवारी के उसके उन दो घोड़ो का मज़ाक तो मैंने उड़ा ही दिया।

उसने जवाब दिया, "मेरे प्यारे नूत, तुम इनमें से किसी भी चीज़ को नहीं समझते। हमारी एक जागीर है, इसीलिए मैं दो-दो घोड़े रख सकता था।"

इससे मेरी समझ में कोई इज़ाफा नहीं हुआ।

लेकिन तब से छत में से मुण्डी निकाल पैट पूरा दिन आँगन में टंगे कपड़ों पर नज़र रखने लगा। वह पगला गया, ईर्ष्या ने ऐसा कुचल डाला उसे कि वह उबर ही नहीं पाया। मैं उस पर हँसता था लेकिन उसकी बला से। उसकी आँखें बहुत काँइयाँ हो जाया करतीं, कोई उसकी आँखों में धूल नहीं झोंक सकता था; ज़नाना चीज़ों की गिनती बढ़ सकती थी, लेकिन एक भी उसकी नज़रों से बच नहीं सकती थी।

एकदम मूरख।

यह तब तक चलता रहा जब तक क्लाइस्ट केक इत्यादि बनाने की कला सिखा रहा था, लेकिन एक दिन उसने घोषणा की कि युवा बिज्रेट अब पूरी तरह सीख चुकी थी और खुद-ब-खुद केक बना सकती थी, अपने घर, रेस्तराँ में। तब कहीं जाकर छुटकारा मिला।

क्लाइस्ट अच्छे मिजाज़ का ऑस्ट्रियाई था; धूर्त बकरा होना तो दूर की बात थी, वह अपने कारोबार में अव्वल उस्ताद आदमी था और अपनी मुस्तैद शिष्या पर नाज़ था उसे। हुआ यूँ कि जो दस डॉलर उसे काम सिखाने के मिलना थे, उसने लेने से साफ़ इनकार कर दिया। शहर में उसका अच्छा-ख़ासा धन्धा था और वह

अच्छा कमा रहा था। और अब कई हफ़्तों और महीनों के बाद वह अपने रोज़मर्रा मिज़ाज में लौट आया, और कुछ भी नहीं हुआ था।

लेकिन पैट में एक बड़ा बदलाव आ चुका था : वह अब बिझेट से प्रेम नहीं करता था। चमत्कार था यह। और क्या चमत्कार था यह : उसे अब बिझेट से प्रेम नहीं था!

वह जिसका भट्ठा बैठ चुका था, वह जो बुरी तरह फ़िदा था, वह जिसने अभी हाल ही में उसकी ख़ातिर मर जाने की बात की थी — इस सबसे क्या समझा जा सकता था? बड़ी सीधी-सी बात थी : अब ईर्ष्या पैदा करने वाला कोई नहीं था, कुछ भी नहीं था, उसे भीतर से कोंचने वाला कुछ भी नहीं था, और इस तरह उसका नशा काफ़ूर हो चुका था और उसका जोश ठण्डा।

बेचारा पैट, वह दुबला और मरियल दिखने लगा था क्योंकि उसे खाने के लिए वक़्त ही कहाँ मिला था; छत से निगरानी रखने के कारण वह बाहर भी कहाँ निकल पाता था। लेकिन कुछ ही समय में उसकी हड्डियों पर माँस चढ़ आया, वह सर उठाकर कद्दावर लगने लगा, पैट।

हम लोग एक रेस्तराँ गये। पैट कुछ नहीं बोला, हमने चॉकलेट और केक खाये और पैसे दिये। पैट को अब प्रेम तो चलाये नहीं रखना था; ठीक इससे उलट, वह पैसा वसूलने की गर्ज़ से संकेतों में बात करने लगा था। माँ और बेटी ने आँख उठाकर देखा, चकित थीं वे। वह इतना बदल चुका था, पैट का एकदम नया पहलू।

पैसा चाहिए — काम के बदले, बिलकुल। लेकिन क्या वह आकर ऊपरी मञ्ज़िल के एक छोटे से कमरे में नहीं रह सकता था जिसे बनाने में उसने मदद की थी?

पैट ने न में सर हिला दिया।

लेकिन फिर उसने वे छोटे कमरे बनाये क्यों थे?

"मुझे अपना पैसा चाहिए," पैट बोला। "मैं व्योमिंग जा रहा हूँ।"

वे बड़ी आना-कानी कर रही थीं और ढीली थीं। बिझेट का हाल काफ़ी बुरा था, वह अपने पिता-सरीखे दोस्त बेकर क्लाइस्ट के लाड़-प्यार से बिगाड़ दी गयी थी।

मैं उससे नाराज़ था, वह बड़ी शातिर हो चुकी थी। वह शहरी कपड़े पहने चहकती फिरती थी लेकिन उसने अपने बचपन के घर को बिकते देखा था बिना किसी रञ्ज के। न, वह ज़रा भी अच्छी नहीं थी।

"मैं लार्सन के दुकान के सामने से गुज़रा था एक दिन," मैं बोला। "तुम्हारी मथनी अब भी वहीं है।"

"क्या कहा तुमने?"

"मथनी तुम्हारी। तुम लेने नहीं गयीं उसे।"

"अरे मैं क्यों—अपनी मथनी—मेरे किसी काम की नहीं—तुम ले सकते हो, नूत। हा-हा-हा।"

"तब भी उसे वहाँ से उठाने की ज़ेहमत भर के लिए मुझे कुछ चाहिए होगा," मैं बोला।

"शश्श, बिझ्रेट," माँ बोली।

"मेरे काम के दो सो चालीस डॉलर बैठेंगे," पैट बोला।

माँ-बेटी ने ताली बजायी। "हम लोग हिसाब लगवा कर देखेंगे," वे बोलीं; उन्होंने पैट के साथ शर्मनाक सुलूक किया।

"ओह, वे जानती थीं वे क्या कर रही हैं; मूल्यांकन में समय लगने वाला था और पैट को पैसा चाहिए था। आख़िरकार उसे आधे में मान लेना पड़ा सिर्फ़ इसलिए कि पैसा हाथ में आ जाये। "बकवास!" पैट बोला।

ख़ैर, मैं इस बात से खुश था कि उसने बिझ्रेट से पीछा छुड़ा लिया है, और हम लोग फिर बैठकर अपने भविष्य के बारे में चर्चा करने लगे। वसन्त क़ी आमद होने वाली थी, और हमें घर लौटने की चिन्ता थी। जहाँ तक मेरा सवाल था, मैं दुकान की नौकरी छोड़ने वाला था — मैं दो साल से वहाँ था, लेकिन तनख़्वाह कम थी और इस नौकरी से निकला कुछ भी नहीं था। अब मैं पश्चिम की ओर जाना चाहता था, मैदानों की ओर जहाँ रहने-खाने की व्यवस्था हो जायेगी और काम करते वक़्त मेरा कोई खर्चा भी नहीं होगा।

"इससे भी कुछ नहीं निकलेगा," पैट बोला। "मैं व्योमिंग जा रहा हूँ।"

"क्या करोगे वहाँ?"

"थोड़ा देखूँगा। वो फ़ार्म भी मैं बेच सकता हूँ, भई।"

"कौनसा फ़ार्म?"

"जिस पर मैं काम करता था।"

“वो कैसे—वह तुम्हारा फ़ार्म थोड़े ही था, क्यों?”

“ऐसा है कि वह आदमी उसे छोड़कर फ़्लोरिडा चला गया था।”

अवाक् मैंने उसकी ओर देखा और सोचने लगा, क्या इससे वह तुम्हारा फ़ार्म हो गया? पैट, पैट तुम एक अजीब क़िरदार हो, एक चलता-फिरता रोमाञ्च, और अब मैं तुम्हें लेकर फिर असमंजस में पड़ चुका हूँ!

“तब भी मैं उसे बेच ही डालूँगा,” वह बोला।

“फिर तो मुझे लगता है तुम्हारा हक़ है ऐसा करने का,” मैं बोला। “उस फ़ार्म पर तुम्हारे हाथ पैसा लगने वाला है न?”

“हाँ,” पैट लपकते हुए बोला।

“यह बात है। तुम वहाँ रहे, वक़्त की परवाह न करते हुए काम करते रहे, और तुम्हें कुछ भी नहीं मिला न?”

“हाँ,” पैट बोला।

मैंने सिर हिलाकर बताया कि मैं अच्छे से समझ रहा हूँ। “और तुम वहाँ काफ़ी लम्बे समय तक रहे, शायद कई साल— ”

“डेढ़ साल,” पैट बोला।

“बेशक। तब तो कुछ गड़बड़ नहीं है, तुमने मुझे बता दिया, इस बात की ख़ुशी है मुझे। जाने से पहले अपना पता देना मत भूलना।”

पैट के जाने के बाद शहर में रहना मेरे लिए और भी दुखद था। वह एक अत्याज्य साथी था, और उसकी कमी अखरती थी मुझे। मैंने उसे दो-एक बार ख़त लिखा लेकिन कोई जवाब नहीं आया। शायद उसके पास वक़्त न रहा हो, शायद वह घर लौटने की तैयारी में जुटा हो। अन्त में श्रीमान हार्ट ने मुझे इस शर्त पर अच्छी तनख़्वाह देने की पेशकश की कि मैं नौकरी में टिका रहूँ। बहुत देर हो चुकी थी।

मैं रेड रिवर वैली मैं डैरिलिम्पल के फ़ार्म पर चला आया और कटनी के बाद तक वहीं रहा।

*

आज मुझे लगता है मेरी गिरफ़्तारी को तीन बरस हो चुके हैं। और यह बैठा हूँ मैं।

मुझे कोई क्षति नहीं पहुँची, मेरा कोई सरोकार नहीं था। मेरे साथ ऐसा होना मात्र संयोग था, और मेरा कोई इरादा नहीं मैं इसके बारे में कुछ और कहूँ। चुप रहने का अभ्यास किया है मैंने।

हम सब लोग एक ऐसे प्रदेश की ओर यात्रा कर रहे हैं जहाँ हम शीघ्र ही पहुँच जाने वाले हैं। हमें कोई जल्दी नहीं, आकस्मिक घटनाओं को हम सहज स्वीकारते हैं। केवल मूर्ख लोग ही होनी को लेकर नाक-मुँह सिकोड़ते हैं और इन आकस्मिक घटनाओं के बारे में भारी-भरकम शब्द ईजाद करते हैं, ये घटनाएँ हमसे ज़्यादा मुस्तैद हैं और इनसे बचा नहीं जा सकता। या ख़ुदा, कितनी मुस्तैद हैं वे और कोई बच भी सकता है इनसे!

गर्मी एक लम्बे समय तक रही है इस बार, छाया में चौहत्तर डिग्री। फिर अचानक सब बदल जाता है, आसमान साफ़ होता है और कोहरा छा जाता है। रात है, और मैं देखने निकल जाता हूँ माजरा क्या है। पूर्णिमा है, लेकिन चाँद नहीं। क्या? चौतरफ़ शान्ति है, एक मच्छर तक नहीं। दो घण्टे बाद मैं फिर बाहर जाता हूँ और वृक्षों की फुनगियों पर उगते हुए चाँद को देखता हूँ।

यह सब किसी बड़ी गड़बड़ी का संकेत शायद न हो, क़तई नहीं, लेकिन असमंजस में डालने वाला तो है। अगर मैं दो घण्टे पहले पर्याप्त ऊँची जगह पर खड़ा होता, तो समुद्र से सोना छलकाती जेली मछली की मानिन्द चाँद को मैं चढ़ते हुए देख सकता था।

आह, मेरी हमेशा के लिए ख़राब पड़ चुकीं ज़ेहनी क़ुव्वतें मुझे बेवकूफ़ बनाये दे रही हैं!

मेरी धमनियाँ सख़्त पड़ चुकी हैं, बेशक लेकिन इससे भी मुझे कोई नुक़सान नहीं, मेरा कोई वास्ता नहीं है इससे। जिस चीज़ से मैंने खुद को सजा-धजा लिया है, उसे मैं गठिया कहता हूँ। लाठी का इस्तेमाल न करते हुए अब एक साल से ज़्यादा हो गया है। किसलिए दरकार थी लाठी की मुझे? यह सिर्फ़ शेखी थी मेरी, जैसे टोपी को तिरछा पहनना वगैरह। क्या लाठी का ज़रा भी सहारा था मुझे? नहीं। हम साथी

बन गये थे, इससे ज़्यादा कुछ नहीं। जब हम गिरा करते, बर्फ़ में एक-दूसरे से छिटक कर दूर पड़े होते।

साथियों से यही उम्मीद की जाती थी।

लेकिन ज़ाहिर है मेरा गठिया भयंकर झंझट खड़ा करता है। मुझे सुनायी नहीं देता। ठीक है। लेकिन मैं देख नहीं सकता, यह और बुरा है। मैं अब और अख़बार नहीं पढ़ सकता। कोई बात नहीं। हालाँकि यह भी एक तरह की शेखी है; अगर अच्छी धूप पड़ रही हो तब तो अख़बार पढ़ सकता हूँ।

नूरलांड में ''पैदल दृष्टि'' जैसा कुछ मुहावरा हुआ करता था, सैर के लिए अच्छी नज़र का होना। जब मारेन मारिया शेल्डसन पैदल चलती हुई आयीं, उनकी पैदल दृष्टि अभी कायम थी, लेकिन वे लाठी के सहारे चलती थीं और कई और कमज़ोरियों की शिकार थीं वे। मारेन मारिया हमारे बीच एक रहस्यमय शख़्सियत थीं; उनके बारे में कोई कुछ नहीं जानता था, लेकिन लोग कहते थे कि कभी वे देखने में अच्छी युवती हुआ करती थीं, शायद किसी जहाज़ के कप्तान की बेटी, लेकिन यह सिर्फ़ एक अटकल थी, और वे खुद कुछ नहीं कहती थीं। सब सोचते थे वे किसी अच्छे खानदान की थीं, क्योंकि उनका नाम शेल्डसन था, और हमारे प्रदेश में किसी का यह नाम नहीं था। जब वे हमारे पड़ोस में घूम रही होतीं, उनका केवल एक काम था; चबाने वाला तम्बाकू माँगना अपने सिर के दर्द के लिए। उन्हें अपने युवा दिनों में तम्बाकू की लत पड़ गयी थी और इसके बिना अब उनका चलता न थाः अपनी फंकी को अब वे किसी समुद्री नाविक की तरह चबाती थीं। और मायनों में भी वे काफ़ी अप्रिय थीं, और कोई शर्म नहीं थी उन्हें। लेकिन इस महिला के हाथ बहुत ख़ूबसरत थे, किसी युवती के हाथों जैसे। मैं उन हाथों से विस्मित रहताः हालाँकि उनका रंग ज़र्दी लिये था वे अच्छे ख़ासे कोमल थे, किसी काम में उपयोग नहीं होता था उनका, ख़ास साफ़ नहीं थे, लेकिन देखने में बहुत ख़ूबसूरत थे।

अन्त में मारेन मारिया उस इलाके की कंगाल महिला हो गयीं और किसान परिवार बारी-बारी से उनकी देखभाल करते; उस समय तक वे सत्तर या अस्सी की ज़रूर हो चुकी होंगी। एक फ़ार्म से दूसरे फ़ार्म तक जाने के लिए जो रास्ता उन्होंने बनाया था उसे बिना किसी साथ के पार करने लायक उनकी नज़र अभी ठीक थी;

उनकी पैदल दृष्टि अन्त तक बनी रही। आगामी वर्षों के लिए पैदल-दृष्टि का बने रहना एक वरदान है।

*

1948 का मध्य-ग्रीष्म दिवस।

आज सुप्रीम कोर्ट ने अपना फ़ैसला दे दिया है, और मैं अपने लेखन का समापन करता हूँ।

नोट्स

1. ऑस्लो से दक्षिण-पश्चिम की ओर कोई 125 मील दूर आउस्ट-आग्डेर काउण्टी का तटवर्ती नगर।

2. आरेण्डाल से दक्षिण-पश्चिम दिशा में कोई 25 मील दूर स्थित एक तटवर्ती नगर।

3. 1860 में स्थापित एक प्रमुख नॉर्वीजी समाचारपत्र। 1880 से *आफ़्टेनपोस्टेन* अनुदारवादी राजनैतिक दृष्टिकोण का प्रतिनिधित्व करता रहा है।

4. विभिन्न ईसाई संगठनों द्वारा प्रकाशित इन पत्रिकाओं में से 1948 में स्थापित *फॉर रिच ऍण्ड पुअर* उस समय नॉर्वे में अपनी तरह की सबसे जानी-मानी पत्रिका थी। 1951 में इसकी प्रसार संख्या 57,000 थी।

5. डेनिश लेखक विल्हेम टूप्सो (1840-81) ने 1860 व 1870 के दशक में मनोवैज्ञानिक रूप से अन्तर्दृष्टिपूर्ण कई कहानियाँ लिखीं। टूप्सो ने गियोर्ग ब्रांडेस के उग्र राजनैतिक विचारों का विरोध किया था, लेकिन जीवन के यथार्थवादी चित्रण सम्बन्धी उनके आवाहन के वे समर्थक थे।

6. क्रिश्चियन फ़्राएले (1821-99) के सम्पादकत्व में *मूर्गेनब्लाडेट* (स्थापना 1819) नॉर्वे का अग्रणी अनुदारवादी समाचारपत्र बन गया था। अप्रैल 1943 से मई 1945 में मुक्ति मिलने तक जर्मन सत्ता के आदेश के चलते यह स्थगित रहा आया।

7. महत्वपूर्ण डेनिश समीक्षक गियोर्ग ब्रांडेस (1842-1927) स्कैण्डिनेयिवाई साहित्य में यथार्थवाद लाने वाली प्रमुख बौद्धिक शक्ति रहे। 'उन्नीसवीं शताब्दी के साहित्य में मुख्य धाराएँ' विषय पर यूनिवर्सिटी ऑफ़ कोपेनहागेन में नवम्बर 1871 में शुरू हुए उनके व्याख्यान आगे चलकर प्रकाशित भी हुए और अँग्रेज़ी सहित कई भाषाओं में अनूदित हुए।

8. विधिवेत्ताओं की अनेकों पीढ़ियों के वंशज पीटर लॉरिंस स्टाबेल (1877-1950) 1933 से ग्रिमस्ताड में न्यायाधीश रहे। नॉर्वे पर जर्मनी के कब्ज़े के दौरान इस जाने-माने देशभक्त को उनके पद से हटा दिया गया था। युद्ध पश्चात उनकी पद-बहाली के बाद उन्होंने क्नुत हाम्सुन मुक़दमे की अध्यक्षता की थी।

9. 24 अप्रैल 1940 से युद्ध के अन्त तक योसेफ तेरबूवेन (1898-1945) *राइखकमिसार* (साम्राज्य के कमिश्नर) रहे। 8 मई 1945 को उन्होंने आत्महत्या कर ली। तेरबूवेन ने सम्राट की निजी एस्टेट को अपने निवास तथा जिस इमारत में नॉर्वे की संसद लगती थी उसे अपने कार्यालय के बतौर इस्तेमाल किया।

10. यहाँ जिन भी शख़्सियतों का उल्लेख है वे सब राज्य सत्ता के विरोध की विभिन्न शैलियों का प्रतिनिधित्व करती हैं। मार्कस थ्राने (1817-90) पहले नॉर्वीजी श्रमिक नेता थे। 1848 में उन्होंने एक श्रमिक संगठन बनाया और उसके अगले साल एक समाचारपत्र शुरू किया। थ्राने 1851 में गिरफ़्तार कर लिये गये और आठ साल उन्होंने जेल में काटे। 1863 में वे संयुक्त राज्य में जा बसे और पत्रकार बन गये। क्रिस्टियन लुफ़्टुस (1750-97) एक नॉर्वीजी किसान नेता थे। नॉर्वीजी किसानों पर सरकारी अफ़सरों द्वारा किये जा रहे अन्याय की शिकायत करने के लिहाज़ से वे दो बार डेनिश-नॉर्वीजी किंग्डम की राजधानी कोपेनहागेन गये; दूसरी बार 36 अन्य प्रतिनिधि भी उनके साथ थे। मार्च 1787 में गिरफ़्तार कर उन्हें क्रिस्तिआनिआ (अब ऑस्लो) के आकेरहुस क़िले में नज़रबन्द रखा गया। 1792 में उन्हें कड़े श्रम वाले आजीवन कारावास की सज़ा दी गयी। हांस नेल्सीन हाउगे (1771-1824) सर्वाधिक प्रभावशाली नॉर्वीजी पुनरुत्थानवादी रहे। अठारहवीं शताब्दी में नॉर्वे की शासकीय ईसाइयत, कई अन्य यूरोपीय देशों की तरह ही, ज्ञानोदय के तर्कणावाद से चिह्नित/आलोकित रही थी। हाउगे ने धर्मान्तरण की आवश्यकता पर धर्मोपदेश दिये और व्यक्तिगत धार्मिक अनुभव की महत्ता पर बल दिया। अब चूंकि धर्माधिकारी ही सरकारी अधिकारी थे, सो उनकी इस गतिविधि को नौकरशाही के ख़िलाफ़ एक ख़तरा माना गया। 1804 और 1814 के बीच हाउगे को क्रिस्तिआनिआ में क़ैद रखा गया।

11. हाम्सुन का अनुमान थोड़ा अधिक लगता है। अपनी पराकाष्ठा पर नैशनल सैम्लिन (NS यानी नेशनल यूनियन) की संख्या 40,000 से थोड़ी ही अधिक थी।

12. हाम्सुन के तसव्वुर में जो व्यक्ति है वह है गेरहार्ड स्मिथ-पेटरसन (1859-1933) ग्रिमस्टाड का शिप ब्रोकर और 1892 से फ्रेंच कॉन्सुलर एजेण्ट।

13. स्वीडी ग्राफ़िक कलाकार व लेखक और क्नुत हाम्सुन के अच्छे मित्र, आल्बेर्ट एंग्स्ट्रोम (1869-1940) ने ऐसे पात्रों की ऐसी गैलरी बनायी जिसने उस समय के स्वीडन के आम जीवन को अविस्मरणीय बना दिया।

14. ब्योन्स्र्टेर्ने ब्योर्नसन (1832-1910) : कवि, उपन्यासकार व नाटककार। प्रमुख नॉर्वीजी लेखक व राजनीतिज्ञ। ब्योर्नसन के महान समकालीन इब्सन के बारे में अच्छी राय न रखने वाले हाम्सुन, ब्योर्नसन के प्रशंसक थे।

15. यहां पर 'देशभक्त' के बतौर अनूदित शब्द *jossing* है। यह शब्द पश्चिम नॉर्वे के जोसिंग फ़्योर्ड से आया है जहां फ़रवरी 1940 में एक ब्रिटिश दस्ते ने जर्मन टैंकर *आल्टमार्क* में बन्दी बनाकर रखे गये उन 300 नाविकों को मुक्त किया था जिन्होंने नॉर्वीजी समुद्री सीमा में शरण मागी थी।

16. ठीक-ठीक कहें तो उस जनपद का नाम जो उत्तर ट्रोण्डिलाग व ट्रुम्स प्रान्तों के बीच उत्तर-पूर्व दिशा में कोई 300 मील की दूरी पर स्थित है। मोटा-मोटी, उत्तर नॉर्वे को इंगित करने वाला एक सामान्य पद।

17. नार्विक के दक्षिण-पश्चिम में कोई 100 मील पर बसा नूरलांड जनपद का एक हिस्सा।

18. वेस्ट फ़्योर्ड से दक्षिण-पूर्व दिशा में स्वीडी सरहद तक करीब 50 मील फैली नूरलांड जनपद की बस्ती व मोहल्ला। भौगोलिक रूप से यह नाम 15 गुणा 7 वर्ग मील के क्षेत्रफल वाले एक प्रायद्वीप को इंगित करता है जो हाम्सुंड थलडमरूमध्य के द्वारा दो भागों में विभक्त होता है। पश्चिम-मध्य नॉर्वे की लुम नामक बस्ती में जन्मे हाम्सुन का अधिकांश बचपन हाम्सुंड में बीता और यहीं से उन्होंने अपना नाम लिया। 1911 व 1917 के बीच अपने बढ़ते परिवार के संग वे हामारॉय फार्म के मालिक व निवासी रहे आये। स्कोगहीम नामक फ़ार्म उनके बचपन वाले घर के नज़दीक था।

19. 25 मीटर लम्बी और तीन मीटर चौड़ी 'द सागफ़्योर्ड' हामारॉय की सबसे लम्बी फ़्योर्ड है।

20. मार्टिन की कहानी में बाद में उल्लिखित ज़्यादातर स्थानों की ही तरह क्लिंगेन्बर्ग भी

हामारॉय में स्थित है।

21. एक फ़्योर्ड, नार्विक से क़रीब बीस मील उत्तरपश्चिम में स्थित ट्रुम्स जनपद की एक बस्ती और चर्च का इलाक़ा।

22. हेल्गेलाण्ड नूरलांड जनपद के दक्षिणी हिस्से का नाम है।

23. ट्रुम्सो ट्रुम्स जनपद का मुख्य शहर है। यह उत्तर में ट्राण्डाइम से 580 मील और आगे तथा नार्विक से 135 मील दूर स्थित है।

24. हाम्सुन नॉर्वीजी वर्तनी को लेकर काफ़ी कट्टर थे, जिसमें उनके अपने जीवन-काल में एक से अधिक बार संशोधन हुए थे। इस प्रकरण में वे 'फ़िज़ीशियन' शब्द की नॉर्वीजी हिज्जे को उसकी डेनिश हिज्जे से अलगाने का मज़ाक उड़ाते हैं।

25. कहा जाता है कि उवे मूस्सिन ने क्रिस्तियानिया क्रिमिनल इन्वेस्टिगेशन डिपॉर्टमेण्ट के प्रमुख के रूप में बहुत अच्छा काम किया था। हालाँकि बाद में डिप्टी चीफ़ ऑफ़ पुलिस के रूप में उनके कार्यकाल के दौरान उनके उस कठोर और अक्खड़ रवैये के लिए उनकी आलोचना की गयी थी जो अपराध का कारण बना था और जिसने उन्हें मुश्किलों में डाल दिया था।

26. सीटुस तारामण्डल का बहुरंगी वर्णों से युक्त एक आकर्षक तारा।

27. दक्षिण ट्रोण्डिलाग जनपद की बस्ती और चर्च का इलाक़ा।

28. ऑस्लो के क़रीब साठ मील उत्तर में स्थित हेडमार्क जनपद की बस्ती।

29. पॉल बुट्टेन हानसन (1824-69), नॉर्वीजी आलोचक, सम्पादक, और युवा इब्सन के अन्तरंग दोस्त, जिनके साथ मिलकर हानसन तथा एक अन्य नॉर्वीजी लेखक आस्मुण्ड विन्ये ने 1850 के दशक में एक महत्त्वपूर्ण साहित्यिक पत्रिका प्रकाशित की थी।

30. रॉबर्ट लुईस स्टीवेंसन (1850-94), अपने रोमांचक उपन्यासों के लिए विशेष रूप से प्रसिद्ध स्कॉटिश लेखक जो स्वास्थ्यलाभ के लिए 1889 में सामोआ में जाकर बस गये थे। तपेदिक के शिकार स्टीवेंसन मृत्युपर्यन्त वहीं रहे।

31. एरिक फ़्रीडेनलुण्ड (1862-1947) के साथ हाम्सुन की आजीवन मैत्री की शुरूआत 1884 में हुई थी, जब हाम्सुन संयुक्त राज्य अमेरिका की अपनी पहली यात्रा के दौरान लगी

बीमारी से छुटकारा पाने ऑस्लो से क़रीब सौ मील उत्तरपश्चिम में स्थित ऑपलैण्ड जनपद के वाल्ड्रेस क्षेत्र में नॉर्थ ऑरडाल में लम्बे प्रवास पर रहे थे।

32. एडोल्फ़ विल्हेम डिनेसेन (1845-95), डेनिश अधिकारी और लेखक, तथा लेखक इसाक डिनेसेन के पिता। एक अन्तरराष्ट्रीय सैन्य सेवा में काम करने के बाद वे एक खेत में जाकर बस गये थे और वहाँ रहते हुए उन्होंने बोगानिस के छद्म नाम से 1889 और 1892 में 'शिकारी ख़त' (*जाग्ट्ब्रेवे*) शीर्षक से दो संग्रह प्रकाशित किये थे।

33. जॉन बनयन (1628-88), अँग्रेज़ी लेखक जिनको 1660 में बग़ैर लायसेंस के धर्मोपदेश करने के जुर्म में गिरफ़्तार कर बारह साल के लिए क़ैद में डाल दिया गया था। हाम्सुन का उद्धरण बनयन की पुस्तक *द पिल्ग्रिम्स प्रोग्रेस* (1678; भाग दो, 1684), जो दूसरे जेल-प्रवास के दौरान शुरू हुई थी, के पहले वाक्य के मुक्त अनुवाद की तरह लगता है।

34. जॉयक सामी या लाप्पी द्वारा गाया जाने वाला एक स्त्रोत है जो किसी व्यक्ति की कहानी या अतीत की घटनाओं का बखान करता है।

35. बाइबल की भजन-संहिताओं के अन्त में बारबार आने वाला एक हिब्रू शब्द। जहाँ तक इसके अर्थ का सवाल है, इसके बारे में हर कोई हाम्सुन से ज़्यादा जानता लगता है, लेकिन इसकी व्याख्या प्रायः एक सांगीतिक विराम या विश्राम के संकेत के रूप में की गयी है।

36. हेलसिंगफ़ूर्स फ़िनलैण्ड की राजधानी हेल्सिंकी का स्वीडी नाम है।

37. ऑस्लो का आवासीय इलाक़ा और शहर के मध्य भाग से कुछ मील दूर दूर स्थित हुलमेनकुल्लेन मार्ग का एक स्टॉप।

38. राजनीति, साहित्य और सामाजिक समस्याओं पर केन्द्रित उच्च बौद्धिक स्तर की पत्रिका *सामटिडेन* नॉर्वे के कुछ अत्यन्त प्रतिष्ठित अकादेमिकों के सम्पादन में 1890 से प्रकाशित हो रही है।

39. हाम्सुन उस वक़्त बीस साल के थे जब उन्होंने बेर्गेन के क़रीब तीस मील पूर्व में स्थित आएस्टेसे, हारडांगेर में कुछ महीने बिताये थे।

40. सिल्वियो पेल्लिको (1789-1854) अपनी पुस्तक *मेरी जेलें* के लिए बेहतर जाने जाते हैं, जोकि जेल-जीवन का एक सरल और सहज स्वीकार कर लिया गया लेखा है। पेल्लिको ने, जोकि कार्बोनरी के एक गुप्त संगठन से सम्बद्ध थे, उत्तरी इटली के ऑस्ट्रियाई शासकों

की कड़ी आलोचना की थी। उनको 1820 में गिरफ़्तार कर मौत की सज़ा सुनायी गयी थी, लेकिन इस सज़ा को माफ़ कर पन्द्रह साल के सख़्त सश्रम कारावास में बदल दिया गया था। वे 1830 में रिहा कर दिये गये थे।

41. यूहान सेबास्टिन वेल्हावेन (1807-73) के गीत 'बुएसनूरेन' (प्रत्यंचा) का मुख्य चरित्र। यह गीत *न्येरे डिग्टे* (ताज़ा कविताएँ; 1845) में शामिल हुआ था।

42. ऑपरा सुप्रानो गायिका क्रिस्टेन फ़्लागस्टाड (1895-1962) वॉग्नर की सबसे अग्रणी व्याख्याकारों में से एक थीं। दूसरे विश्वयुद्ध के बाद नाज़ी कार्यकाल के दौरान, विशेष रूप से 1935 और 1945 के बीच, बेरेयुथ में गाने के लिए उनकी बहुत ज़्यादा आलोचना हुई थी।

43. ब्लेस पास्कल (1623-62) फ़्रांसीसी गणितज्ञ और धर्मदार्शनिक। 1654 में हुए गम्भीर आध्यात्मिक अनुभव के बाद उन्होंने अपना ध्यान पूरी तरह से धार्मिक लेखन पर केन्द्रित कर दिया था। पास्कल अपनी मृत्यूपरान्त प्रकाशित पुस्तक *विचार* (1670) के लिए सबसे बेहतर जाने जाते हैं, जो ब्रह्माण्ड की समझ के लिए गुह्य साधना को अनिवार्य बताती है।

44. आरिल्ड हाम्सुन (1914-88), हाम्सुन के छोटे पुत्र ने अपने पिता के बाद नोरहूल्म फ़ार्म का प्रभार सँभाल लिया था।

45. ये क्रिस्वियन कोनिग (1867-1935) हैं जो डेनिश प्रकाशनगृह यिल्डेन्डाल्स्के बोग़ाण्डेल, नॉर्डिस्क फोरलाग की नॉर्वीर्जी शाखा के 1907 से 1920 तक निदेशक रहे और फिर 1920 से 1927 तक सह-निदेशक रहे।

46. नूरलांड जनपद के साल्टन क्षेत्र का मुख्य क़स्बा बोडो हामारॉय से क़रीब पचहत्तर मील दक्षिण में स्थित है।

47.ऑस्लो के उत्तरपश्चिम में क़रीब पच्चीस मील दूर स्थित बुस्केरुड जनपद का एक छोटा सा क़स्बा।

48. *बेर्डेंस गांग* (दुनिया का तौर-तरीक़ा) 1885 में एक दैनिक पत्र के रूप में स्थापित हुआ था। 1923 में इसका प्रकाशन रुक गया, और बाद में 1945 से एक स्वतन्त्र समाचार पत्र के रूप में इसका प्रकाशन फिर से शुरू हो गया था।

49. हेरोड महान और मेरियाने की बेटी हेरोडियास ने पहले अपने चाचा हेरोड फ़िलिप से

विवाह किया जिससे उसकी एक बेटी सालोमि पैदा हुई। बाद में, मूसा के क़ायदे के विपरीत, उसने अपने सौतेले भाई हेरोड एण्टीपास से विवाह कर लिया, जिसका जॉन द बैप्टिस्ट ने विरोध किया। सालोमि, जिसका ज़िक्र बाइबल (मैथ्यू 14ः 6-11) में आता है, के बारे में माना जाता है कि वह एक नर्तकी थी।

50. यहाँ पर हाम्सुन नॉर्वीजीकृत हिज्जे को लेकर अपनी चिड़चिड़ाहट व्यक्त करते हैं, जिसमें यह आशय निहित है कि पूर्व में नॉर्वीजी– *Snedker* – में भी इस्तेमाल की जाने वाली डेनिस हिज्जे 'वुडवर्क' शब्द, के मूल अर्थ को दर्शाती है। हालाँकि उनके द्वारा प्रस्तावित निरुक्त (*snididkar*), जैसा कि वे खुद भी स्वीकार करते हैं, एक हस्तक्षेप है। *Snedker* की व्युत्पत्ति मिडिल लो जर्मन *snididkar* से है, न कि एक ओल्ड नॉर्स शब्द से।

51. अनिश्चित सर्वनाम *उंद* का प्रयोग उसी अर्थ में किया जाता है जिस अर्थ में जर्मन शब्द का होता है। हाम्सुन उन लोगों द्वारा सुझाये गये विकल्प का मज़ाक उड़ाते हैं जिनका विश्वास है कि नॉर्वीर्जी को इस तरह के विदेशी आयात से छुटकारा पाना चाहिए।

52. यहाँ हाम्सुन फ्रांसीसी के रास्ते एक और आयात करने की कोशिश करते हैं। मूल शब्द *Skin* के अर्थ के लिए हाम्सुन जिन शब्दों को सामने रखते हैं वे हैं 'छद्‌म' या 'कृत्रिम'। ये शब्द हैं क्रमशः 'ईर्ष्या' (*Skinsyke, छद्‌म बीमारी*); 'ज़ाहिर तौर पर मृत', जैसे कि स्थगित सजीवता (*Skindød*, कृत्रिम मृत) के प्रकरण में; 'पाखण्डपूर्ण' (*Skinhellig*, छद्‌म धार्मिक); 'जीवन का स्वांग' या 'रिक्त जीवन' (*Skinliv*, छद्‌म जीवन)। *Skinfektning* को अँग्रेज़ी में शाब्दिक तौर पर 'छद्‌म युद्ध' के रूप में अनूदित किया जा सकता है।

53. नॉर्वीजियाई भाषाशास्त्री और क्रिस्टियानिया विश्वविद्यालय, ओस्लो में भाषा-विकास-विज्ञान के अध्येता ह्येलमार फ़ाल्क (1859-1928) एक लब्धप्रतिष्ठ निरुक्तशास्त्री थे जिन्होंने उसी विश्वविद्यालय में संस्कृत और तुलनात्मक भाषा-विकास-विज्ञान के प्रोफ़ेसर एल्फ़टॉर्प (1853-1911) के साथ मिलकर डेनिश और नॉर्वीजियाई भाषाओं का निरुक्तपरक शब्दकोष (दो खण्ड, 1903-06) तैयार किया था। फ़ाल्क ने न्यू नॉवीर्जी को एक अधिकृत लिखित भाषा के रूप में मान्य किये जाने का विरोध किया था और डेनो-नॉवीर्जी के आधुनिकीकरण

के लिए काम किया था।

54. ईर्ष्या के लिए स्वीडी शब्द, *Svartsjuka,* जिसका शाब्दिक अर्थ है 'काली बीमारी'।

55. साल्टेन क्षेत्र में तटीय बस्ती बोडो शहर के दक्षिण में।

56. फ़्रिट्टफ़ोल्क नेशनल यूनियन पार्टी का मुखपत्र था।

57. हाम्सुन यहाँ पर सम्भवतः पश्चिमी ऑस्लो की बस्ती बेरुम के फ़ार्म में स्थित ग्रीनी कॅन्सन्ट्रेशन कैम्प का ज़िक्र कर रहे हैं। 1941 में जर्मनों द्वारा शुरू किये गये इस कैम्प में अधिकतम 5,400 क़ैदी थे जिनमें 600 स्त्रियों समेत मुख्यतः राजनैतिक क़ैदी शामिल थे। जर्मन आधिपत्य के वर्षों(1940-45) दौरान इसमें लगभग कुलमिलाकर 20,000 लोग क़ैदी रहे थे।

58. निकोलाई एफ़. एस. ग्रुण्टविग (1783-1872), डेनिश कवि, चर्च का पुरोहित और शिक्षणकर्ता। उसने फ़ोक हाई स्कूल की स्थापना की थी जो युवा वयस्कों के बीच देशभक्ति और धार्मिक दृढ़ता को संवर्द्धित करने के लिए तैयार किया गया वयस्क शिक्षण का एक रूप था।

59. वर्न वॉन हेडन्स्टाम (1859-1940) एक स्वीडी कवि और उपन्यासकार थे। उनको 1916 में साहित्य का नोबेल पुरस्कार प्रदान किया गया था।

60. ओस्टरबूट्टन (पूर्वी बोथनिया) पश्चिमी फ़िनलैण्ड का ऐतिहासिक तटीय क्षेत्र है जहाँ एक सशक्त स्वीडी-भाषी अल्पसंख्यक समुदाय रहता है। वासा उसका मुख्य शहर है।

61. हाम्सुन की दोनों तिथियाँ ग़लत हैं। संयुक्त राज्य अमेरिका में वे जनवरी या फ़रवरी 1882 के पहले नहीं आये थे।

62. येन्स पीटर याकोब्सेन (1847-85) एक लब्धप्रतिष्ठ डेनिस कवि और उपन्यासकार थे। *फ़्रू मरी ग्रुब्बे* (1876; अँग्रेज़ी अनुवाद *मरी ग्रुब्बे*, 1917) प्रथम प्रकृतवादी डेनिश उपन्यास था।

63. गाल्ढोपिग्गेन (2496 मीटर) दक्षिण नॉर्वे के मध्य भाग की पर्वत-शृंखला यूटुन्हीमेन की सबसे ऊँची चोटी है। लगभग पन्द्रह मील उत्तर में लुम्सेग्गेन (2058 मीटर) सबसे ऊँची चोटी है, जो ऑपलैण्ड जनपद के लुम क़स्बे में स्थित है, जहाँ हाम्सुन का जन्म हुआ था।

64. आन्तरिम उत्तरी आयरलैण्ड का एक जनपद है; बेल्फ़ास्ट मुख्य शहर है।

65. लूफुटेन पश्चिमी फ़्योर्ड के उत्तरपश्चिम में स्थित द्वीपों का एक विशाल समूह है; हामारॉय इसी फ़्योर्ड के दक्षिणपूर्व में है। लूफुटेन कॉड मछली के शिकार (फ़रवरी से अप्रैल तक) के लिए विशेष रूप से प्रसिद्ध है । नॉर्वे के उत्तरी छोर का जनपद फ़िन्नमार्क दूसरी चीज़ों के अलावा अप्रैल से जून के मध्य अपने तट पर कॉड मछली के शिकार के लिए उल्लेखनीय है।

टूरे हाम्सुन का अपने पिता क्नुत हाम्सुन पर व्याख्यान, 1973

इस व्याख्यान के लिए मैं स्वयं को एक संकेत-शब्द देता हूँ।

यह शब्द-दरअसल एक संख्या है—1890।

यूरोपीय साहित्य के लिए यह एक यादगार वर्ष था...

लगभग इसी समय नौजवान सिग्मण्ड फ़्रॉयड, वियेना स्थित अपने सादे से क्लिनिक में, मनोविकार के उपचार का एक बिलकुल ही नया तरीक़ा विकसित कर रहे थे। लगभग उनकी ही उम्र का एक व्यक्ति एक छोटे नॉर्वीजी शहर लिल्लेसांड के एक होटल के कमरे में बैठा था।

वह एक लेख लिख रहा था, जिसका कथ्य वियेनावासी डॉक्टर के वृहत दृष्टिकोण से विचित्र रूप से मेल खाता था।

फ़्रॉयड़ के मनोविश्लेषण ने मस्तिष्क की आदिमता, उसकी गत्यात्मकता, उसकी प्रवृत्तियों, दमित ज़रूरतों व कल्पनाओं और आत्मा के उन संघर्षों पर प्रकाश डाला जो सशक्त, दुर्बोध भावनाओं तथा आवेगों को मस्तिष्क के रसातल से उभार कर प्रकट करते थे।

लिल्लेसांड के होटल के कमरे में बैठा व्यक्ति एक लेखक था, और उसने अपने विचारों को काव्यात्मक रूप दिया। उसने सुझाया कि वह समय आ चुका है जब साहित्य उस सबको सम्बोधित करे, जो मैं नीचे उद्धृत कर रहा हूँ:

> गुप्त गतिविधियाँ जो हमारे अजाने ही आत्मा के दूरस्थ स्थानों में संचालित होती हैं, संवेगों का बुरी तरह छितरा जाना, काँच के उस पार के जीवन की नाज़ुक फ़न्तासी, इधर-उधर भटक विषाद की ओर ले जाने वाले विचार व भावनाएँ जो पदचिह्न नहीं छोड़ते — दिल और दिमाग़ की सुरागहीन यात्राएँ, आशंकित आवेगों की विचित्रता, रक्त की फुसफुसाहट, हाड की बाँसुरी से निकली प्रार्थनायें—स्वयं आत्मा का ही अवचेतन जीवन!

मानव मस्तिष्क का अन्धकारपूर्ण बन्द महाद्वीप, चरित्र का वास्तविक रहस्य; इस पर दो युवा द्रष्टाओं द्वारा दो भिन्न कोणों से हमला किया गया। एक ने वस्तुपरक और वैज्ञानिक चिन्तन एवं मनोरोगों का अध्ययन किया तो दूसरे ने अपनी कलात्मक

प्रेरणा का उपयोग किया।

जहाँ एक ने मनोविश्लेषण के सिद्धान्तों को अपने तुलनात्मक व सटीक चिन्तन की शक्ति से तराशा—दूसरे में संगीतमय शब्दों का विस्फोट हुआ, जिससे लेखन के एक ऐसे कार्यक्रम की रचना हुई, जिसकी नियति विश्व-भर में विख्यात होने की थी।

यह युवा नॉर्वीजी कौन था, जिसने अपने मस्तिष्क की खुदबुदाती शक्तियों को अन्तस में क़ैद कर अपने समक्ष मानव की चित्तवृत्ति के तल में कूदने का लक्ष्य रखा? और वह *है* कौन?

इसी प्रश्न का उत्तर देने की चेष्टा मैं करूँगा, पर केवल झलकियों में ही। सामग्री इतनी वृहद, इतनी समृद्ध और अविभक्त है कि एक पूरे चित्र को आंकना ही असम्भव है।

आपसे इस बात को याद रखने का अनुरोध मुझे करना होगा कि क्नुत हाम्सुन 93 वर्ष तक जिये।

आपसे आग्रह करना होगा कि आप यह याद रखें और कल्पना करें : उनके जीवन-काल में भारी तकनीकी विकास, सामाजिक उतार-चढ़ाव, युद्ध, विध्वंस, आदर्शों तथा विचारधाराओं में बदलाव, विविध शैलियों तथा कलाओं का जन्म व उनकी मृत्यु हुई थी। जिस वर्ष उनका जन्म हुआ, 1859 में, उसी वर्ष पैनसिल्वेनिया के एक भूविज्ञानी ने पेट्रोलियम के व्यावहारिक मूल्य को खोजा था। और जिस वर्ष उनकी मृत्यु हुई, 1952 में, उस वर्ष यूरोप के पहले आणविक संयन्त्र की नींव रखी गयी थी। उनका जीवन भूमिगत तेल से लेकर अणु-युग तक फैला था।

और इस दीर्घ जीवन के दौरान एक अति संवेदनशील मस्तिष्क के छापों के प्रभाव के तहत वे अपनी 37 कृतियों में एक महाकाव्यात्मक संगीतमय व नाटकीय कृतित्व छोड़ गये हैं।

1890 में जब क्नुत हाम्सुन ने अपना लेख "आत्मा के अवचेतन जीवन से" लिखा था, वे 31 वर्ष के थे। उनके पीछे एक कठिन, रंगीली और अनियमित युवास्था थी—और वे अपनी अभूतपूर्व साहित्यिक कृति *भूख* की रचना कर चुके थे।

और हुआ यहः अब से उनकी गणना होने लगी, अब से एक लेखक के रूप में उनकी साख उनकी हरेक रचना के साथ बढ़ने वाली थी। साहित्य की परिष्कृत दुनिया में वे चमकने वाले थे।

पर उन स्थानों पर उनके पीछे-पीछे जाने का इरादा मेरा नहीं है। मैं लेखक क्नुत हाम्सुन का एक दूसरे ही स्तर पर अनुगमन करने की कोशिश करूँगा; जीवन के सपाट-सीधे पथ पर, जिस पर भी वे घूमे-भटके थे। मैं उनके दिनों की, लोगों के साथ उनके व्यवहार की, और रोज़मर्रा के जीवन की कुछ झलकियाँ रखना चाहता हूँ, जिनके साथ उनका इतना तात्कालिक क़रीबी रिश्ता था।

ये उनके असली स्रोत थे, जहाँ से वे उँडेला करते थे। मैं कुछ देर सिर्फ़ क्नुत हाम्सुन पर बोलना चाहता हूँ, जिनके क़रीब मैं आया था, क्योंकि वे मेरे पिता थे।

*

अपने शुरुआती शैशव से ही याद आता है कि वे किस प्रकार—सचेत रूप से भले ही वे न चाहते हों, परन्तु अपने व्यक्तित्व की शक्ति मात्र से अपने परिवेश को प्रभावित करते थे।

मेरे भाई-बहन और मैं भी अपवाद नहीं थे, हालाँकि वे हमारे सन्दर्भ में अपने धीरज को यथासम्भव खींचते भी थे। जब वे काम कर रहे होते, हमें चौकन्ना रहना पड़ता था। फिर भी काम करने के लिए उन्हें जिस शान्ति की दरकार थी उसे हासिल कर पाना उनके लिए आसान न था। और जो अक्सर उनके ही द्वारा शुरू किये गये शोर-शराबे से सीमित-बाधित होती थी : नोरहूल्म में हमारे मकानों का पुनर्निर्माण, खेतीबारी के काम, जंगल; इन सभी को उनके व्यक्तिगत हस्तक्षेप की जरूरत पड़ती थी—या कम-से-कम यही वे सोचते-मानते थे...

सो उन्हें लम्बे समय तक आस-पास के किसी छोटे कस्बे में भागना पड़ता था, ताकि वे काम कर सकें।

आख़िरकार उन्होंने खेत में स्थित भवनों से कुछ दूरी पर एक छोटा मकान, एक तरह की कुटिया बनाना शुरू किया जहाँ वे लिख और एकान्त में रह सकें। इस छोटे-से घर का नक़्शा उन्होंने खुद बनाया आलीशान नहीं—व्यावहारिक, जहाँ वे अपनी सारी किताबें और काग़ज़ रख सकें। वह एक पहाड़ी की तलहटी में स्थित था, उसकी खिड़कियाँ दक्षिण की ओर थीं।

पूरे घर का एक ही छोटा-सा दरवाज़ा था, और फिर केवल एक बड़ा कमरा जिसमें तीन खिड़कियाँ थीं।

दीवारें किताबों के आलों से ढकी थीं, और सबसे अन्दरूनी खिड़की के पास उन्होंने अपनी मेज़ बनायी; दो टकटकियाँ, जिन पर एक लकड़ी का तख्ता था। उन्होंने खुद उसे मोटे लपेटने वाले काग़ज़ से मंढ़ा। अपनी लकड़ी की कुर्सी के पिछले हिस्से पर एक घिसा हुआ पुराना ओवरकोट डाला; और वह वातावरण उन्हें मिल गया जिसमें वे काम कर सकते थे। मैंने कभी अपने पिता को ऐसे परिवेश में लिखते नहीं देखा जिसमें वैभव या आराम का लेशमात्र पुट भी हो। वे बिलकुल बुनियादी परिस्थितियों में ही फूल-फल पाते थे। कठोर लकड़ी की कुर्सी, आदिम मेज़ : ये उपकरण उनके विपन्न बचपन और किशोरावस्था को प्रतिध्वनित करते थे; यह सादा परिवेश ही उन्हें वह शान्ति पाने में मदद करता था जिसकी उन्हें ज़रूरत थी।

यह ज़रूरी था कि चीज़ों की अपनी भाषा भी शान्त हो ताकि वे विघ्न न डालें। वे तब ही उम्दा काम कर सकते थे जब उनका अवचेतन बचपन की इन स्मृतियों में विश्राम कर पाता था; उन फ़र्शों के आरामदेहपन में जो बहुत साफ़ न हों, कुछ धूल भरे किताबों के आले अंगीठी के पास सूखते जलावन की तेज़ गन्ध में।

जब मैं छोटा था तब कितनी ही बार उनके घर के सामने से गुज़रते समय मैं खिड़की से उनके सफ़ेद सर को काम पर झुके देखता। वे अक्सर सिर उठाते और मुझे देख हाथ हिलाते। पर काम में ख़लल डालना वे बर्दाश्त नहीं कर सकते थे। उन्हें अपने घर में किसी का भी घुसना पसन्द नहीं आता, तब भी नहीं जब वे वहाँ मौजूद न हों। मुझे लगता है कि उन्हें यह विचार परेशान करता था कि अपरिचित लोग यह देखें कि उनका कार्यालय कितना सादा था।

इस घर के सामने से गुज़रना आज मुझे विचित्र लगता है। खिड़कियाँ वहीं बैठी हैं; अँधेरी, मुझे देखती हुईं। स्मृति अब भी सजीव है; काँच के पीछे उनका मेरे बचपन के अनेक वर्षों के दौरान झुका हुआ सफ़ेद सर... ऐसा लगता है मानो वहाँ एक प्रकाश अब भी हो—

*

कुछ चीज़ें वास्तव में स्मृति पर खुद जाती है। इस काल की सबसे सशक्त स्मृति हैं प्रकृति में हमारा साथ-साथ घूमना।

उस समय भी—जब मैं काफ़ी छोटा ही था—मैं नैसर्गिक रूप से उस तारागुच्छ से प्रभावित होता था : क्नुत हाम्सुन तथा वन।

वे मन्थर गति से चलते थे, अपने हाथ पीछे रख, कभी-कभार धीमे से गाते

हुए। वे कुछ शब्द कहते, तब लम्बे समय तक चुप रहते। क्रमशः यों टहलते समय मैं खुद को अधिक बोलने से रोकना सिखा सका। मैंने महसूस किया कि वे अपनी दुनिया में कितनी गहराई से खोयें हैं।

वे किसी झाड़ी के नीचे या किसी पेड़ के तने पर बैठते; और अपनी जेब से काग़ज़ का एक टुकड़ा निकालते और कुछ नोट्स लेते। वे धीमे स्वर में बुदबुदाते—जो उन्होंने कहा हो उसे दोहराते, जाँचते, आकलन करते, उन शब्दों को स्वयं को कहते सुनना उनके लिए ज़रूरी था।

यह मुझे याद नहीं कि उन्होंने क्या-क्या कहा होगा पर उनकी आवाज़ का समृद्ध लहजा मैं अब भी सुन सकता हूँ जब *पान* के लेखक ने वन में वे शान्त शब्द कहे थे, और तब गर्मियाँ थीं...

मैं कभी उन परिस्थितियों में भी उनका अवलोकन करता जो क़तई संगीतमय न होतीं, जब सुखद प्रेरणा बहुत दूर होती—और उनकी कला की गम्भीर माँगें शिद्दत से महसूस की जातीं।

मैं अब भी साफ़-साफ़ देख सकता हूँ कि कितनी सघनता से, बल्कि कहें कि व्यथापूर्वक, वे अपनी अभिव्यक्ति के उपकरण से : स्वयं *भाषा* से ही, जूझते थे। दिनों-दिन तक वे घर में ही इधर-उधर चक्कर काटा करते थे; वे अटक चुके होते थे। अक़्सर वे किसी एक शब्द को तलाश रहे होते, पर उसे ढूँढ़ नहीं पाते। उन्होंने स्वयं ही कहा था : इन शब्दों का दरअसल नॉर्वीजी भाषा में अस्तित्व ही नहीं है।

उनकी बण्डी की जेब हमेशा काग़ज़ की चिन्दियों से भरी रहती थी—जो किसी कैलेण्डर से फाड़ी हुई होती थीं। छोटी-छोटी चीज़ों में बचत का उनका ख़याल विचित्र था। उदाहरण के लिए वे कभी कैलेण्डर खरीदते नहीं थे, "ये तो हर साल मुफ़्त में मिल जाते हैं—बड़ी कम्पनियाँ इफ़रात से उन्हें बाँटती हैं, और आपको सिर्फ़ "शुक्रिया" खर्चना पड़ता है।—और मेरे पिता कभी भी ढेर सारे कैलेण्डर माँगने से शर्माते नहीं थे। बाद में उसके पिछले हिस्से को वे अपने नोट्स लिखने में काम में लेते थे।

दूसरे छोटे मामलों में भी वे ठीक यही करते थे—बड़े मसलों में बेहद उदार थे—परन्तु खुद के बारे में मितव्ययी। अगर कोई पत्र आता और उसके पन्ने पर ख़ाली जगह बची होती, तो वे बड़ी सावधानी से उसे फाड़ उस टुकड़े को, करीने से अपनी मेज़ पर रख लेते...

मेरा वास्तव में मानना है कि अगर क्नुत हाम्सुन को अपने प्रारम्भिक छितरे-निखरे विचारों को किसी बड़े कोरे काग़ज़ पर लिखना पड़ता, तो उनकी अंतःप्रेरणा ही सूख जाती।

वृत्त पुनः बंद होता है : पहले अटपटे प्रयास जब वे हामारॉय में पशुओं की देखभाल करते होते—वे भोज की छालों पर छोटी कविताएँ लिखते। और तब एक परिपक्व कलाकार की तरह, वे सहज ही शुरुआत की ओर पलटते...

*

बेहतर हो कि सावधानी बरती जाये और कला तथा विज्ञान के सम्बन्ध के विषय में कोई नाटकीय निष्कर्ष न निकाला जाये।

फिर भी, अपने परिचय में मैंने फ्रॉयड के वैचारिक उद्यम तथा क्नुत हाम्सुन के साहित्यिक उद्यम में समानताएँ दर्शायी थीं।

मेरे पिता का समस्त लेखन अवचेतन गहराई में स्थित है और इसके कारण ही, उसकी वाणी सचेतन है।

परन्तु कला की प्रकृति के भीतर अतार्किक अवशेष अंकित है...

*

मुझे दोहराने की अनुमति दें : मैंने अपने पिता के स्वाल्प, बचपन तथा किशोरावस्था के विषयों को केवल छुआ भर है। पर उनकी विपन्नता केवल भौतिक नहीं थी। *पाँच लम्बे वर्षों के दौरान,* उन्हें हामारॉय में उनके मामा के साथ रखा गया। मनोवैज्ञानिक रूप से भी उन्होंने कष्ट झेला; उनके मामा ने उन्हें दुखद और दमनकारी स्थितियों में रखा—वह कट्टर धर्मान्ध व्यक्ति उस छोटे से बच्चे से दुर्व्यवहार करता था।

यहीं उस वस्तु का बीज है, जिसे उन्होंने अपने जीवन में आगे चलकर अपना "स्नायु-दौर्बल्य" कहा।

रिसते स्नायु उनके जीवन-भर एक भारी बोझ रहे। पर फिर—उनके बिना वे हमारे साहित्य के वैसे कवि भी नहीं बनते जो प्रेम की सुखद अनुभूति तथा प्रकृति के साथ भावप्रवण एकात्मता की ऐसी मार्मिक स्तुति कर पाते।

वे इन ख़ून बहाते स्नायुओं के बिना क्नुत हाम्सुन न बन पाते।

*

प्रकृति के साथ उनका सम्बन्ध कोई सांस्कृतिक विरासत नहीं था—उनके सन्दर्भ में यह सम्बन्ध अन्तर्भूत था।

एक बार उन्होंने मुझे बताया कि एक छोटे बालक के नाते उन्होंने नूरलांड को किस प्रकार से अनुभव किया। पारलौकिक प्रान्त की प्रथम झलक, जो उनके शेष जीवन पर्यन्त उनके साथ रहने वाली थी :

वह मध्यग्रीष्म की पूर्व सन्ध्या थी, समुद्र पर धुँधली सूरज की रोशनी फैली थी। उनके दर्ज़ी पिता पिएर और उनका परिवार नाव द्वारा हामारॉय के घाट पर लाया गया था। क्नुत हाम्सुन सबसे छोटे थे, पूरे चार वर्ष के भी नहीं। और ठेठ बुढ़ापे तक इन्द्रियों की यह स्मृति उनके साथ बनी रही :

पूरे तट पर कर्क-संक्राति की उत्सवाग्नियाँ समारोह की मशालों की मानिन्द चमक रही थीं.....

अपने जर्मन अनुवादक को लिखे पत्र में हाम्सुन कहते हैं : "मैं आधुनिक जीवन के लोगों और स्मृतियों से बहुत दूर जाने की कोशिश कर रहा हूँ। मैं स्वयं को अपने बचपन में स्थापित कर रहा हूँ, जब मैं खेतों में पशुओं की देखरेख करता था। उस समय ही प्रकृति की मेरी समझ जगी थी— मतलब अगर कोई ऐसी समझ मुझमें दरअसल है तो..."

अगर मुझमें हैं तो! उन्होंने कहा था।

जब वे गहन अवसाद या शंका से पराजित हो रहे होते थे तब भी उनकी मंशा इस कथन के शाब्दिक अर्थ से नहीं होगी। उनसे बेहतर भला कौन समझ सकता था कि वे प्रकृति के अपने एहसास में किस अनन्यता से डूबे हुए थे। उनके सपनों और बचपन की स्मृतियों के साथ घुला-मिला यह भाव ही उनकी कला की नींव थी। यह वे बख़ूबी जानते थे। जब वे स्वयं को इन स्रोतों से दूर कर देते थे, तब मानो वे मुरझा जाते थे, और चेतन या अवचेतन रूप से पुनः उनके चुम्बकीय क्षेत्र में खिंचे चले जाते थे।

इसके दृष्टान्त के रूप में मेरे पास एक कथा है :

एक गर्मियों में वे नीचे दक्षिण में रह रहे थे। तट पर भटकते हुए उन्हें पोतघाट पर एक अकेली नौका मिली। एक स्मृति जगी..... *हामारॉय में मामा से पलायन की*:

घटना एक गर्मियों में घटी, भोर का समय था। वह लड़का समुद्र की ओर भागा जा रहा है। उसे तट के पास एक नौका मिलती है, वह उस पर सवार हो चल देता है। समुद्र का प्रवाह ग्लिम्मा नौका को खुले सागर में ले जाता है। केवल तब जाकर उसे एहसास होता है कि नौका में कोई चप्पू ही नहीं हैं...

इस पलायन को लेकर उसकी कोई योजना नहीं थी, वह तो केवल दूर जाना चाहता था, अपने मामा से दूर—और इसलिए वह नाव के फ़र्श पर लेट जाता है और उसे बहने देता है। मानो चमत्कार से नौका एक द्वीप पर जा पहुँचती है, वह तट पर उतर जाता है और यहाँ ही अगले दिन वह पाया जाता है।

परन्तु तीन दशकों बाद उस ग्रीष्म के दिन दक्षिण में वह अकेली नौका उसके सामने है और अब कुछ ऐसा होता है जो फ्रॉयड के "वीदरहोलुंगत्सवाँग", अर्थात जबरन दोहराव का दृष्टान्त प्रस्तुत करता है :

वह नौका पर सवार होता है, चल देता है और प्रवाह को खुद को ले जाने देता है। और पुनः एक द्वीप पर पहुँचता है...

क्नुत हाम्सुन की लिखी अनुप्राणित कविताओं में एक का शीर्षक है "आर्किपिलेगो आइलैण्ड" (द्वीपपुंज का द्वीप) :

नौका तिरती है
द्वीपपुंज के द्वीप की ओर
सागर के द्वीप जिसके तट हरे-भरे हैं

कविता में उसे *अपने पूर्ववर्ती अस्तित्व के साथ अपने रिश्ते* का एहसास होता है, मानो एक स्वप्न में, मानो अवचेतन की फुसफुसाहट में :

शायद मैं था
यहाँ
एक आदिम सुबह
पाया गया था
एक श्वेत स्पिरिया,
उसकी सुगन्ध,
मैं जानता हूँ उसे

अतीत से

एक प्राचीन स्मृति

सिहरती गुज़र जाती है मेरे भीतर से

*

युद्ध के बाद, अपने जीवन के अन्त के निकट, उनकी नियति यह होने वाली थी, कि वह जो निरीक्षण करता था—उसी का निरीक्षण किया जाने लगा। और जिस व्यक्ति ने यह कार्य स्वतः स्वीकारा, और अपने ही तरीक़े से उसका समाधान पाया, वह मनोविज्ञान का प्रोफ़ेसर था। गाब्रिएल लांगफ़ेल्ड्ट।

मुझे लगता है कि क्नुत हाम्सुन में जिस अवचेतन का मैं पहले ज़िक्र कर चुका हूँ, उसमें तथा न्यायिक निरीक्षण के क्रम-नोट्स में एक प्रांसगिकता है। न्यायिक निरीक्षण सम्बन्धी टिप्पणियों को मैं कुछ ही देर में उद्धृत करूँगा।

ऑस्लो के मनोचिकित्सा क्लिनिक में तालाबंद दरवाज़े के पीछे एक बहरा बूढ़ा व्यक्ति बैठा है। उसके बहरेपन के कारण उससे बातचीत करना कठिन है, अतः प्रोफ़ेसर साहब का समाधान है प्रश्नों को एक नोटपैड पर लिखकर देना। यह लॉगफ़ेल्ड्ट की टिप्पणियों में से एक हैं :

"सरकार ने आपके बारे में जो विवरण चाहा है, उसमें आपकी मनोवृत्ति का चित्रण शामिल करने पर मैं बाध्य हूँ। इस मसले पर आपका मत सुनना बेहद कीमती होगा। मैं मानकर चलता हूँ कि अपने जीवन में आपने ख़ूब अच्छे से अपना *विश्लेषण* किया है। जहाँ तक मैं देख सकता हूँ, आप हमेशा से आक्रामक रहे हैं। क्या आप स्पष्ट कर सकते हैं कि यह आक्रामकता अन्तर्जात है या इसका सम्बन्ध युवावस्था में किन्हीं ख़ास अनुभवों से है?

साथ ही, मुझे लगता है कि आप बेहद संवेदनशील हैं—बल्कि असहायक तक। क्या यह सच है? और आपकी वृत्तियों में कौन-सी प्रमुख हैं; न्यायशीलता का असंदिग्ध बोध? तार्किकता? संवेदनशीलता या कि भावशून्य प्रकृति?"

इसका मेरे पिता ने उत्तर दिया—वह भी लिखित रूप में : "मैंने अपनी पुस्तकों में कई सौ पात्रों को रचने के सिवा अपना विश्लेषण किसी और तरीक़े से नहीं किया — प्रत्येक पात्र मुझसे ही काता गया है, मय उन कमियों और अच्छाइयों के जो काल्पनिक पात्रों में होती हैं।

तथाकथित "प्रकृतिवादी" दौर में, ज़ोला तथा उनके समकालीनों ने प्रमुख

विशेषताओं वाले लोगों के बारे में लिखा था। अर्थच्छाआयों वाला मनोविज्ञान उन्हें उपयोगी नहीं लगता था। उनके पात्रों में केवल प्रधान विशेषताएँ ही होती थीं, जो उनके कृत्यों को प्रेरित करती थीं।

दोस्तोएव्स्की व अन्य लेखकों ने मनुष्य के बारे में हमें कुछ दूसरी ही बात सिखायी।

जब से मैंने शुरुआत की, मैं यह नहीं मानता कि मेरी समग्र रचना में कोई *एक* व्यक्ति मौजूद है जिसमें एक सम्पूर्ण, एकरेखीय, प्रधान विशेषता हो। वे सभी इस तथाकथित *चरित्र* के बिना हैं, वे खण्डित और विभाजित हैं, न अच्छे हैं न बुरे, वरन दोनों हैं, उनमें विभेद हैं, उनके मस्तिष्कों व कृत्यों में फेर-बदल होता रहता है।

और कोई शक नहीं, कि मैं भी ठीक ऐसा ही हूँ।

यह सम्भव है कि प्रोफ़ेसर ने जिन तमाम ख़ासियतों का ज़िक्र किया है उनमें से कुछ मुझमें हों। असहाय, शक्की, अहँकारी, उदार, ईर्ष्यालु, सदाचारी, तार्किक, संवेदनशील, भावशून्य—वे सभी मानवीय ही होंगे।

मनोवृत्तियाँ। मुझे यह ज्ञात ही नहीं कि मुझमें मौजूद इन वृत्तियों की सूची मैं कैसे दूँ।

इसके अतिरिक्त मुझे जो बनाता है वह एक देन है जिसने मुझे अपनी पुस्तकें लिखने की क्षमता दी है। पर उस देन का 'विश्लेषण' करने में मैं असमर्थ हूँ।"

*

उन्होंने स्वयं को जिस प्रकार चित्रित किया उसकी टीका अनावश्यक है। उनका साहित्य और जिस तरह उन्होंने अपना जीवन जिया स्वतः ही इसकी वैधता को पर्याप्त रूप से रेखांकित करता है।

उनका बहुआयामी मस्तिष्क किस प्रकार प्रतिक्रिया करता था उसका अवलोकन करने के मुझे अनेक अवसर मिले। उनकी श्रेष्ठतम विशेषताओं में एक था उनका औदार्य, अपने पुराने मित्रों के प्रति ईमानदारी तथा निष्ठा, या उन लोगों के प्रति जिन्होंने कभी उनका उपकार किया हो।

1920 में उन्हें यह ख़बर मिली कि उन्होंने "माटी की फ़सल" के लिए नोबेल पुरस्कार जीता है, उन्हें यह विश्वास था कि इसका श्रेय उनके पुराने मित्रों आल्बर्ट एंगस्ट्रूम तथा एरिक आक्सेल कार्ल्सफ़ेल्डर को जाता है।

उन्हें यह विश्वास न हो सका कि स्वीडी अकादमी ने उन्हें यह पुरस्कार महज़ इसलिए दिया होगा कि वे इसके पात्र थे!

अतः वे नोरहूल्म के घर में बैठे और एक पत्र लिखा :

"प्रिय आल्बर्ट एंगस्ट्रूम...!

अगर मैं पुराने दिनों सा होता, तो मैं तुम्हें पागलपन और आनन्द से भरा पत्र लिखता, पर अगर सच्चाई बयान करनी हो तो इस महती घटना से मुझे लकवा-सा मार गया है, मैं यहाँ अपना सिर हिलाते बैठा हूँ, जड़मूर्ख बना... मेरी पत्नी, जो अब पिछले कई वर्षों से मेरे लिये पत्रों के उत्तर देती है, क्रिस्तिआनिया भाग गयी है... ख़ैर गयी तो वह एक स्त्री के साथ ही है, फिर भी यह एक तरह का व्यभिचार ही है, क्योंकि मैं मूर्खताग्रस्त हूँ और अपनी देखभाल नहीं कर सकता....

...यह विचार कि मेरे इन धन्य पुराने मित्रों में समूची अकादमी को प्रभावित करने की ताक़त थी, यह अब मेरे लिए एक करिश्मा ही है। मैं अब भी यह समझ नहीं पाता।

"सच, मैंने कभी सोचा नहीं था कि नोबेल पुरस्कार मैं कभी पा सकूँगा...मैं नहीं जानता कि मैं तुम लोगों का शुक्रिया कैसे अदा करूँ..."

*

क्नुत हाम्सुन के पुत्र के रूप में, बेशक, मैं उनके अनेक उदार गुण गिना सकता हूँ, जो ठेठ उनके थे। वे ऐसे इनसान थे जो एक ख़ास हद तक दूसरों के दुर्भाग्य पर प्रतिक्रिया करते थे—और ऐसे असंख्य मौक़े थे जब उन्होंने सहायता की —अधिकतर अनाम रूप से।

परन्तु, जैसा उन्होंने स्वयं ही कहा था—ज़ाहिर है कि उनके कई दोष और ख़ामियाँ भी थीं। वे बेहद आक्रामक और संतुलनहीन हो सकते थे। एक युवा लेखक के रूप में, प्रारम्भिक वर्षों में जब उन्हें मान्यता पाने के लिए कड़ा संघर्ष करना पड़ा था, उनकी ज़िद्दी संकल्पशीलता ने उनकी बड़ी मदद की।

पर निःसंकोच कहूँ, तो यह उनके निकटस्थ लोगों के लिए अक्सर बेहद कठिन होता। जिन दिनों या सप्ताहों के दौरान जब वे किस ख़ासतौर से चुनौतीपूर्ण सामग्री से जूझ रहे होते, हम सब उनके तनाव के परिणाम महसूस करते।

वे इस बात से बिलकुल बेख़बर थे कि वे हम पर किस क़दर पूरी तरह से हावी थे—

अपने बच्चों का कुशलक्षेम उनके लिए बेहद महत्त्वपूर्ण था। हम यह समझते थे, पर बच्चों के लालन-पालन के उनके तौर-तरीक़े ठीक आधुनिक नहीं थे। एक उदाहरण प्रस्तुत हैः

अठारह-उन्नीस बरस की उम्र में मेरे भाई आरिल्ड को '*आफ़्टेनपोस्टन*' नामक अख़बार में काम मिला। एक समय वह पिता के कोप का भाजन बना था — वे इसलिए बेहद नाराज़ थे क्योंकि उन्हें लगा कि इसने अपनी छुट्टियों का सदुपयोग नहीं किया, ख़ाली समय में भी लिखने का अभ्यास नहीं किया।

सो मेरे भाई को खरी-खोटी सुनायी गयी। इतनी कि उसका दिमाग़ ही चकरा गया। दस मिनट के गर्जन-तर्जन से भरे भाषण के बाद मैंने उनके अन्तिम शब्द सातों दीवारों से प्रतिध्वनित होते सुनेः "अब जंगल में जाओ," मुझे सन्देह है कि ठीक उस समय मेरे भाई की मनःस्थिति हृदयस्पर्शी लेखन की थी।

फिर भी, इस विस्फोट के पीछे अनुभव का ठोस आधार था, जाओ! लिखो! शुरू करो! उनके लिए तथाकथित प्रेरणा की प्रतीक्षा करना बिरले ही एक विकल्प रहा था। वह तो काम करने से आती थी।

अपना अन्तिम संकलन जो मुझे उन्होंने दिया उसके शीर्षक पृष्ठ पर लिखा था : *यह काम करना सुखद ग़ुलामी था।*

*

जब मैं युवक था, मैंने खुद की राह पा ली और चित्र आंकने लगा, मेरे पिता एक उत्सुक, बेहद रुचि, लेने वाले अवलोकनकर्ता थे। वे स्वयं भी चित्र बनाने में काफ़ी अच्छे थे—नोरहूल्म का सारा नवीनीकरण उनकी ही डिज़ाइनों के अनुरूप किया गया था।

पर मेरे चित्रांकन में उनकी रुचि, कई बार, काफ़ी रोचक नतीजे देती थी। दरअसल, वे व्यक्तिगत भागीदारी करते थे।

अपने स्टूडियो में घुस मैं कभी उन्हें रंगेहाथ, आतुरता से मेरे चित्र को *सुधारते* पकड़ लेता। यह कहना आवश्यक है कि मैं इससे ख़ास प्रसन्न नहीं होता था।

उन्हें भी यों रंगे-हाथ पकड़े जाना लज्जाजनक लगता था, पर वे सीधे होते और आक्रामक रवैया अपनाते : "तुम आधुनिक चित्रकार," वे चीखते, "तुम पोतते जाते हो। तुम्हें पत्तियाँ भी आंकनी चाहिए, टूरे, कम-से-कम कुछ यहाँ और वहाँ।" और वे कूची तथा रंग पट्टिका उठाते और पत्तियाँ बनाने लगते, जब तक मुझे उन्हें यह न कहना पड़ता कि भगवान के लिए बस करो ताकि वे एक बिलकुल ही भिन्न चित्र न बना डालें—

पर ऐसा अक्सर नहीं होता था—शुरुआत में केवल कुछ बार। बाद में वे मेरी राय चलने देते—बेशक अनिच्छा से।

*

1920 के दशक के बीच में मेरे पिता विलम्ब से आए मध्यजीवन संकट का सामना कर रहे थे; अपनी महान कलात्मक विजयों नोबेल पुरस्कार तथा वैश्विक ख्याति के बावजूद। एक ओर तो उनकी यह मनःस्थिति दुनिया की घटनाओं के कारण थी, दूसरी ओर व्यक्तिगत मामलों के चलते; बुढ़ापे का निरन्तर बढ़ते आना, अपने ही मानदण्डों के अनुरूप खरे न उतरने का भय—अपनी सामग्री पर पहले सा अधिकार न कर पाना।

मैंने पहले 1920 में एंगस्ट्रूम-पत्र का उल्लेख किया था; जो उत्तेजना और प्रफुल्लता से सराबोर था। इजाज़त दें कि मैं उनके एक अन्य पत्र से कुछ पढ़ूँ, जो उन्होंने अपने एक अन्य क़रीबी दोस्त को लिखा था। हैनरिक कावलिंग को, जो डेनी अख़बार *पोलिटिकेन* के सम्पादक थे।

यहाँ उनकी मनोदशा भिन्न थी :

"प्रिय कावलिंग!

मेहरबानी से अब तो अपनी व्यक्तिगत शिष्टता को मुझ पर जब-तब बर्बाद करने से बाज़ आओ, जब भी तुम्हारा अख़बार मेरी निन्दा करे। तुम्हारे पास करने को बेहतर काम हैं—बहरहाल—मेरे पास जवाब देने की न सेहत है न समय ही।

पत्र लिखने का शारीरिक श्रम कष्टदायी है, और तुम्हारे विपरीत, मेरे पास ऐसी टाइपिंग मशीन भी नहीं जिसे मैं बोलकर लिखवा सकूँ।

अन्य डेनी अख़बारों में मैंने हमेशा शिष्ट आचरण ही देखा है—वे कभी-कभार मुझे लिखते हैं और मुझसे योगदान माँगते हैं।

पोलिटिकेन अब कई वर्षों से स्वयं को अपवाद मानता रहा है; मेरे अन्तिम चार प्रकाशनों के साथ बेहद तिरस्कारपूर्ण आचरण किया गया, जब मुझे नोबेल पुरस्कार दिया गया तुम्हारा अख़बार दुनिया का एकमात्र अख़बार था जिसने लिखा कि मैं इसके योग्य नहीं था, और इसको दर्शाते हुए मेरा एक चित्र छापा गया जिसमें मैं 'अपने सम्मान पर बैठा हुआ' था।

...तुम्हारे एक कार्मिक ने, जो झूठ बोलकर मेरे घर में आया, बाद में विश्वासघात कर एक साक्षात्कार प्रकाशित किया जिसे न छापने का वादा उसने किया था, आदि-इत्यादि।

किसी दूसरे प्रकाशन ने मुझसे ऐसा बर्ताव नहीं किया है।

और इस सबके बाद तब तुम अपना भोला मुखौटा पहने दृश्य पर आते हो, पुराने दोस्ते होने के नाते।

...ग़लत न समझनाः मैं शिकायत नहीं कर रहा, बेशक यह जारी रखो — उदाहरण के लिए अपने लोगों को हाज़िर करो ताकि वे इन पंक्तियों का मख़ौल उड़ायें!

पर मैं तुम्हें कभी कभार दोस्ताना पत्र लिखने के अस्पष्ट दायित्व से मुक्त करता हूँ, जब भी तुम्हारा अख़बार मुझ पर कटाक्ष करे, दोस्ताना बर्ताव की यह क़िस्म मुझे बाध्य करेगी कि मैं शुक्रिया अदा करता उत्तर भी दूँ, जो कुछ लज्जानक है।

जहाँ तक मैं जानता हूँ मैंने तुमसे कभी कोई मदद नहीं माँगी, कभी माँगूगा भी नहीं। पर मैं तुम्हें स्नेह करता हूँ क्योंकि कहीं भीतर तुम मेरी तरह एक कवि हो।

यही इन चन्द पंक्तियों का कारण है, अन्यथा मैं चुप ही रहता।"

*

मेरे पिता को ऐसे हमलों की आदत थी, और वे सीधे हमलों की रेखा में खड़े थे।

यह यथास्थिति तब से थी, जब एक 18 वर्षीय किशोर (हाम्सुन) ने अपने प्रथम उपन्यास 'ब्योर्गर' में दुस्साहसपूर्वक कहा थाः मैं *उलटा* हूँ।

परन्तु हाम्सुन तथा उनकी अपरम्परागत उग्रवाद सम्बन्धी चर्चाएँ उस समय

भी साहित्यिक तथा नैतिक धरातल पर मौजूद थीं। प्रथम विश्व युद्ध के बाद इन हमलों का चरित्र बदला, वह साहित्यिक से हटकर सामाजिक तथा राजनीतिक धरातल पर आ गया।

और ठीक जिस तरह राजनीति तथा मतान्धता की सेवा के लिए सभी अवधारणाओं को लोकप्रिय बनाना एक ज़रूरी साधन होता है, ठीक उसी प्रकार हाम्सुन पर हमला करने वालों में उन्हें सुविधाजनक तरीक़े से इस श्रेणी में रखने की चेष्टा की : *वे केवल नीत्शे को दोहरा रहे थे।*

और यह वक्तव्य दो विश्व युद्धों के दरमियानी सालों, उनके अन्तिम सालों में तथा बाद में भी—उनकी मृत्यु पर्यन्त उनके विरुद्ध उकसाने का काम करता रहा।

*

इस माहौल की पृष्ठभूमि में, जो मेरे पिता के अन्तिम वर्षों साफ़-साफ़ उनके विरुद्ध था—आपको लग सकता है कि मैं उने बचाव में एक भाषण देने को यहाँ खड़ा हूँ।

पर यह मेरी मंशा नहीं है।

इसकी इच्छा उन्हें तब नहीं थी, और अब भी उन्हें इसकी ज़रूरत नहीं है। मैं जो करना चाहूँगा वह है, एक भ्रांति को सुधारना :

नीत्शे का दर्शनमात्र एक ख़ास युग की आध्यात्मिक विषयवस्तु का हिस्सा था। कुछ ही लोग उनके ओजस्वी, गीतात्मक गद्य के प्रति बेख़बर थे। लेखकों की एक पूरी पीढ़ी ने ज़राथ्रुष्ट के व्याख्यान को सुना था।

अतः स्वाभाविक ही था कि क्नुत हाम्सुन जिन्हें तकरार में रस आता था और कट्टर व्यक्तिवादी होने के कारण वे विचारों के उस महान पुनर्आकलनकर्ता की बात सुनते थे। साथ ही नीत्शे का दर्शन और मानवजाति के बारे में उनका नज़रिया हाम्सुन में काल्पनिक प्रेरणा से कुछ अर्थों में समान भी है।

सब कुछ के पुनरागमन का नीत्शे का प्रमुख विचार हाम्सुन के प्रकृति के रहस्यवाद के अनुकूल है। प्रकृति के साथ यह एकात्मता कभी-कभी अनेकेश्वरवाद के रंग बिखेरती है, और गीतात्मक अभिव्यक्ति तक पहुँचती है जैसे 'द्वीपमाला का द्वीप' नामक कविता में।

उस जर्मन दार्शनिक को मेरे पिता ने इसी तरह पढ़ा और समझा था।

उन्होंने अपनी काव्यात्मक अंतर्दृष्टि से स्वयं का मार्गदर्शन किया और नीत्शे के 'विचारों के पुनर्आकलन' को स्वीकारा—जो दरअसल उनके अन्तस में पहले ही प्रारम्भ हो चुका था।

एक *व्यवस्थित* विचारक वे कभी नहीं बने—और मुझे शक है कि वे इस दर्शन विशेष के अन्तिम निष्कर्ष तक पहुँचाने वाले आयाम को पूरी तरह समझे भी थे।

*

अपनी व्यापक रचना *भूख* से लेकर उनकी अन्तिम पुस्तक *घास ढँकी पगडण्डियाँ* तक में हम यह जान पाते हैं कि वे कौन थेः एक रूमानी इनसान जिनकी ख़ास आदिमता ने एक नयी तरह की परीकथा रची, जिसमें रूमानी नायक और स्वप्नदृष्टा बसे थे, जिसकी प्राञ्जल भाषा गीतमय सौन्दर्य तथा सघनता से गढ़ी गयी थी।

अपने अनेक नायकों की तरह, वे भी हाशिए से थे; उस स्थान से हममें से अधिकांश अपरिचित हैं। स्वप्नदृष्टा तथा मनीषी, जिसे भौतिक प्रगति के माध्यम से सुख नहीं मिला। अगर उनकी कोई विचारधारा थी तो वह माटी के साथ काम करने का धर्म-सिद्धान्त ही रही होगीः दैवीय आधार के रूप में और पृथ्वी-कार्य जोकि अपने आप में ही श्रेष्ठता का पयार्य हो।

*

मेरे पिता के जीवन-पथ से इस भटकाव के लिए माफ़ करें—मैं और विस्तार नहीं करूँगा। न ही मैं द्वितीय विश्व युद्ध के दौरान के दुखद वर्षों पर, या उसके बाद के काल पर बात करूँगा क्योंकि वह तो एक नया ही व्याख्यान होगा—

सो अपनी बात ख़त्म करने से पहले मैं नोरहूल्म के रोज़मर्रा के जीवन को लौटता हूँ जहाँ उन्होंने अपने अन्तिम साल अपनी पत्नी, बच्चों और नाती-पोतों से घिरे बिताए।

अब उनकी एक बड़ी-सी सफ़ेद दाढ़ी थी, व्यावहारिक कारणों से। सुघड़ता से बनी उनकी मूँछ जिसने सालों-साल उनके चेहरे को एक कड़ी सौम्यता दी थी, वह एक दादा की सदय सफ़ेद दाढ़ी में लुप्त हो चुकी थी।

शान्त दिन एकरसता से गुज़रते जाते थे। मेहमान बिरले ही आते थे, और पिता को उनके आने न आने से कोई फ़र्क भी नहीं पड़ता था।

उनकी नज़र और श्रवण शक्ति बेहद क्षीण हो चुकी थी। पर उनका मस्तिष्क चैतन्य था।

91 वर्ष की आयु में, एक दिन एक स्वीडी फोटोग्राफ़र आया, उनका चित्र खींचने की इच्छा लेकर। सो उनके चित्र खींचे गये, और दोनों बाद में बातचीत का मज़ा ले रहे थे। उस युवक ने कहाः "यह काम मनोरंजक रहा। मैंने वृद्ध राजा गुस्ताव के चित्र भी खींचे थे, पर मुझे कहना ही होगा, श्रीमान हाम्सुन, कि आप उनसे कहीं ज़्यादा सुन्दर हैं।"

मेरे पिता कुछ समय इस कथन के साथ बैठे रहे, तब मुस्कराये : "ओह, पर तुम्हें याद रखना चाहिए कि सम्राट गुस्ताव मुझसे पूरे एक साल *बड़े* हैं।"

अपना शान्त विनोदी भाव उन्होंने अन्त तक बनाये रखा।

*

जब वे अपना अन्तिम ग्रीष्म जी रहे थे मैं नूरहोल्म में अपने पिता के पास ही था। अपने नन्हे से घर में काम किये उन्हें सालों गुज़र चुके थे। उन्हें पता न था कि उनकी किताबें और काग़ज़ किस हालत में हैं, सो उन्होंने मुझे कहा कि मैं जाऊँ वहाँ थोड़ी साफ़-सफ़ाई करूँ—सम्भव है मुझे कुछ सामग्री ही मिल जाये; मैं उन पर ही कुछ लिखने की योजना बना रहा था।

उस सादे से कमरे का माहौल मुझे साफ़-साफ़ याद है। किताबों और उनकी मेज़ पर धूल जमी थी, उनके नोट्स अब भी वहीं धरे थे। मैं मेज़ के पास बैठ गया और मैंने उनकी खिड़की से बाहर देखा।

*

तुम क्या करोगे, बूढ़े बाबा, अगर तुम्हें पता हो कि कल के दिन ही तुम मरने वाले हो?

मैं उन्हें आसीसि के संत फ्रांसिस के शब्दों में जवाब देते सुनता हूँः मैं आख़िर तक अपना खेत काटूँगा। मेरे पिता की मृत्यु 19 फरवरी, 1952 की रात हुई। दो दिन वे चुपचाप और शान्ति से सोते रहे — मार्ग के अन्त में।

*

कलाकार तथा मानव क्नुत हाम्सुन को लेकर एक संयत तथा तटस्थ स्थिति मेरे लिए आसान नहीं है। सम्भव है कि इस शाम मैंने जो विचार रखे हैं वे यह दर्शाते भी हों।

परन्तु एक चीज़ बिल्कुल स्पष्ट है : आज भी क्नुत हाम्सुन के पाठकों का विशाल वृत्त है।

आज भी उनकी कृतियाँ हमारे मस्तिष्कों में एक महाद्वीप की तरह स्वतः उबर आती हैं; जिसमें किरदार और उनकी नियतियाँ हैं, उसके अपने कानून हैं, अपने ही आकाश हैं।

एक छवि का विस्तार से निरूपण करने दें: सब कुछ सम्मिलित करने वाले गद्य के परिदृश्य के ऊपर नूरलांड की गर्मियों का व्यापक आसमान उठता है। मेरे लिए उनके लेखन के इतिहास के उन स्मरणीय दिनों के भीतर ऐसी मार्मिकता है —जो एक प्रारम्भ और एक अन्त की घोषणा करती है :

करीब 90 वर्ष बाद एक मध्यग्रीष्म के दिन उन्होंने अपने देश के सर्वोच्च न्यायालय द्वारा भेजा गया पत्र खोला, और खुद पर सुनाया गया फ़ैसला देखा। और अपनी क़लम नीचे रख दी।

परन्तु इन दो मध्यग्रीष्म के दिनों के बीच एक साहित्यिक दुनिया मौजूद है, जो दूर तक पहुँचती है। और वह हमारी है। यह क्नुत हाम्सुन का उपहार है, सबके लिए मुक्त और निर्बाध।

*

टूरे हाम्सुन के व्याख्यान का हिन्दी अनुवादः **पूर्वा याज्ञिक कुशवाहा**

अंग्रेज़ी अनुवाद सर्वाधिकार : **रेगीना हाम्सुन**

मत रोओ, मरीय,
तुम्हारे आँसुओं लायक नहीं है यह सब

तेजी ग्रोवर

1-

शुरुआत मैं रेगीना हाम्सुन से करना चाहूँगी—समकालीन नॉर्वीजी चित्रकार जो पिछले कई वर्षों से भारत में आकर बस जाने की सोच रही हैं। उनसे मेरी मुलाक़ात एक ग़ज़ब का संयोग था। वे वाराणसी में एक स्कूल के पुस्तकालय को अपने पितामह क्नुत हाम्सुन की किताबों के हिन्दी अनुवाद भेंट करना चाहती थीं। शीघ्र ही उन्हें मेरा नाम और पता ऑनलाइन पत्रिका *प्रतिलिपि* से प्राप्त हुआ।

कुछ माह बाद ऑस्लो में उन्होंने हाम्सुन के उस पोर्ट्रेट की कुछ प्रतियाँ मुझे दीं जो नैशनल गैलरी ऑस्लो को रेगीना की चित्रकार माँ ने बनाकर संग्रह के लिए दे दिया था। हर प्रति पर मेरे किसी एक मित्र को नाम से रेगीना ने वह उपहार भेजा था—उन मित्रों को जो क्नुत हाम्सुन को अंग्रेज़ी में बड़े चाव से पढ़ते हैं, और उन मित्रों में से कुछ को भी जिन्होंने *भूख* और *पान* को हिन्दी में पढ़ा है। मेरी प्रति पर लिखा था, 'प्रिय तेजी, यह चमत्कार है कि हम मिले, शुक्रिया तुम्हारा।"

भारत और नॉर्वे में हुई अगली कुछ मुलाक़ातों के बाद शायद हमारी मैत्री से आश्वस्त हो एक दिन वे मुझसे बोलीं, "तुम जानती हो, बड़ा कठिन है हाम्सुन के नाम को धारण किये हुए होना।" तिस पर संयोगवश क्नुत उनके जीवन-साथी का नाम भी है। मुझसे मिलने से पहले एक ख़त में उन्होंने मुझसे पूछा था, "क्या तुम विश्वास कर सकती हो, कैसा होता होगा यह?" (हाम्सुन के नाम का काठिन्य और क्नुत का प्रेम?)। मुझे मालूम नहीं रेगीना इस सबसे प्रेमपूर्वक निर्वाह कैसे कर रही होगी, लेकिन हाम्सुन से मेरी "मुलाक़ात" भी अपने कमसिन वर्षों में ही हुई थी, जिन वर्षों में, मेरा विश्वास है, साहित्य के हर जुनूनी पाठक को लगातार वे लेखक मिलते चले जाते हैं जो उसके बीज में पहले ही बसे हुए होते हैं, और मैं इसे "भाग्य" जैसा कोई नाम न भी दूँ, भाग्य की अवधारणा या इसकी प्रतीति मनुष्य के मन में पहले-पहल कैसे आयी होगी, इसे अपने युवा दिनों से अब तक इसी सन्दर्भ में

महसूस करती आयी हूँ—आपके हिस्से में कौन सी किताबें, कौन से मित्र, पृथ्वी के कौन से टुकड़े, किन सन्तों के वाक अनायास चले आयेंगे।

रेगीना हाम्सुन क्नुत हाम्सुन की पोती हैं और वे हाम्सुन का नाम धारण किये हैं—या उसके काठिन्य को। उन्होंने मुझसे मिलने की सोचकर और अपने दादा के नाम के काठिन्य को मुझसे कुछ हद तक साझा कर क्नुत हाम्सुन को लेकर मेरी प्रेमान्धता (और क्या कहें इसे?) को एक ख़ूबसूरत अञ्जाम देने में मेरी बड़ी मदद की है।

हिन्दी के जिन पाठकों को *भूख* और *पान* पढ़ने का अवसर प्राप्त हुआ है, वे यह जानते होंगे कि ये दोनों कृतियाँ हाम्सुन द्वारा उन्नीसवीं शताब्दी के अन्त में लिखी गयी थीं, और पाश्चात्य आधुनिक साहित्य की शुरुआत, बहुतों का यह मानना है, इन्हीं कृतियों की देन है। इन दोनों किताबों को जब मैंने पढ़ा था तो बहुत से पेंगुइन क्लासिक्स की रवायत के मुताबिक लेखक के बारे में कोई विवादास्पद निबन्ध बतौर भूमिका नहीं हुआ करता था। लिहाज़ा हाम्सुन के राजनैतिक विचारों ने उनके अन्तिम सालों में दूसरे विश्वयुद्ध के दौरान क्या मोड़ लिया, इसका आभास मुझे ज़रा भी नहीं था। इस अनभिज्ञता के लिए मैं आज अपने आप को बहुत खुशनसीब मानती हूँ। मुझे नहीं मालूम उन हज़ारों-हज़ार ख़तों और दस्तावेज़ों को जाँच-परख कर, अप्रिय व्यक्तिगत विवरणों को तफ़्सील से जानकर मुझे ऐसा क्या मिल जाता जो हाम्सुन साहित्य से मुझे नहीं मिला। उस बौद्धिक उद्यम का मैं सम्मान करती हूँ जो दूसरे विश्वयुद्ध के सन्दर्भ में हाम्सुन की भूमिका को लेकर हुआ है और जिसकी बदौलत हाम्सुन या तो "साहित्यिक मेधा का कृष्ण पक्ष" दीख पड़ते हैं, या कभी एक निर्दोष बूढ़े लेखक जिन्हें "उनकी पत्नी ने फुसला कर नात्सी समर्थक में बदल दिया था।"

उस उद्यम को भी मैं सोचने-समझने की कोशिश करती हूँ जो इन दोनों मतों के बीच के अवकाश में स्थित है और कई संस्मरणों, किताबों, जीवनियों और फ़िल्मों का विषय है। उत्तरी नॉर्वे के हामारॉय क्षेत्र के नव-निर्मित हाम्सुन केन्द्र में, जो कि अवर्णनीय प्राकृतिक सौन्दर्य से घिरा है, शायद ऐसा कोई भी मत नहीं है जिसको पर्याप्त जगह न मिली हो। रेगीना ने सुझाया कि हाम्सुन की अन्तिम किताब पर काम करते हुए मुझे किसी भी तरह एक बार केन्द्र को देख आना चाहिए। "किसी भी तरह" का अर्थ मैं समझ गयी—कि यह जगह हाम्सुन को लेकर गम्भीर चर्चा

का केन्द्र भी है और उन सबका तीरथ भी जो हाम्सुन को सनक की हद तक चाहते हैं। चर्चाएँ नॉर्वीजी भाषा में होना थीं, लिहाज़ा मुझे केवल लोगों से मिलने, हाम्सुन से जुड़े स्थानों का दर्शन करने, और केन्द्र में हाम्सुन सम्बन्धी विपुल सामग्री को बाँचने-परखने जाना था। केन्द्र की अनुमति लेना ज़रूरी था क्योंकि आर्थिक आवासीय सीमाओं की वजह से केवल आमन्त्रित लोगों की ही ज़िम्मेदारी केन्द्र लेता है। मुझे न्यौता देने वाले तो फिर मरहूम क्नुत हाम्सुन ही थे, और उनके प्रति असीम कृतज्ञता का भाव मुझे एक बार फिर उस भूभाग की ओर खींच रहा था जिसे नॉर्वे कहा जाता है और जो मेरे लिए हेनरिक इब्सन, क्नुत हाम्सुन, एदवार्द मुंक की अति सुन्दर भूमि ही है। उनकी ही बदौलत साहित्य और कला के क्षेत्र में कालान्तर में मुझे कई समकालीन नॉर्वीजी कवि-कथाकार और चित्रकार मिलते चले गये जिन्हें मुझे ''हिन्दी'' से साझा करना एक ज़रूरी काम लगता रहा है। (अगर इस लेख में उन हिन्दी लेखकों को उद्धृत करने की इजाज़त मुझे मिल गयी जिन्हें हाम्सुन की हिन्दी में अनूदित कृतियाँ ने बहुत मुतासिर किया है, तो मैं कुछ पंक्तियाँ उनसे साभार यहाँ प्रस्तुत करना चाहूँगी।)

मैं हाम्सुन केन्द्र की ओर लौटती हूँ। आपमें से जो देखना चाहें ऑनलाइन देख सकते हैं, जैसे मैंने भी जाने से पहले जिज्ञासावश देखा था, वास्तुकला के इस अद्‌भुत नमूने को, जिसके सिर पे दूर से देखने पर सरकण्डे-नुमा घास उगी हुई मालूम पड़ती है। एक मत के अनुसार यह आधुनिक और विचित्र इमारत अपने आसपास की चित्ताकर्षक प्राकृतिक छटा के बीच हाम्सुन के ही किसी जाँबाज़ और सरफिरे क़िरदार की तरह अक्खड़ और अड़ियल तनी हुई जान पड़ती है। फिर भी हाम्सुन केन्द्र लेखक की शान में खड़ा कर दिया कोई प्रशस्ति भवन नहीं है बल्कि हाम्सुन के समूचे जीवन और उनकी कृतियों और कृत्यों का सूक्ष्म और प्रभावशाली लेखा-जोखा है। पूरे देश में एक संकरी गली तक को ''हाम्सुन गाटा'' का नाम नहीं दिया गया था और दुनिया भर से केन्द्र की स्थापना को लेकर कई विषम स्वर यहाँ तक पहुँच रहे थे—इज़राइल से केन्द्र बनाने के फ़ैसले की कटु आलोचना आयी, हाम्सुन की युद्धकालीन भूमिका को मद्देनज़र रखते हुए और यहूदियों के साथ हुए सलूक की पुनः याद दिलाते हुए। केन्द्र की निदेशक बूदिल ब्यरसेट जो अभी युवा ही हैं, को केन्द्र की स्थापना को लेकर दुनिया के कई मुल्कों से आती असहमतियों का सामना करना पड़ा।

लेकिन जिस व्यक्ति के हाथों फीता काटा गया, जो पहला व्यक्ति केन्द्र में

औपचारिक तौर पर प्रविष्ट हुआ उसके परिवार को नॉर्वे के नात्सी सत्ताधारियों ने आउश्विट्ज के यातना शिविर भेजा था... इसलिए यह केन्द्र उस दया, कृपा, क्षमा का जीता-जागता बिम्ब भी है जो अब नॉर्वे और अन्य देशों में हाम्सुन को पढ़ने वाले लोगों को रास आ रहा है।

बूदिल ब्यरसेट हमें (रुस्तम को और मुझे) हाम्सुन उत्सव की व्यस्तता के बावजूद अपना समय देती हैं, और कुछ दृश्य स्वतः एकमेक होने लगते हैं। वे आर्कटिक नदी की निर्मल, स्वच्छ कलकलाहट में हाम्सुन का एक अंश पढ़कर सुनाती हैं : "पुरोहिताश्रम [जहाँ क्नुत के मामा रहते थे] ज्वारीय नदी ग्लिम्मा के तट पर सुरम्य बसा था, चौड़ी चट्टानी नदी जो दिन-रात गरजती और दहाड़ती है, रात और दिन सर्दी हो या गर्मी वह उसी आवेग से बहती। घर के जंगल कभी-कभी पक्षी-गीतों के गड्डमड्ड कोलाहल से भरे हुए होते। वसन्त और ग्रीष्म में पहाड़ों में जब काली तीतरें चिल्ला रही होतीं और पाले में घनी झाड़ियों में सफ़ेद तीतरें तितियाती फिरतीं, तो फ़ार्म पर किसी आदमी को बोलते हुए सुन पाना असम्भव था।" (लक्ष्य करें कि यही वह जगह है जहाँ हम बैठे हुए हैं, हाम्सुन केन्द्र के परिसर में।)

अब कई जगहों पर वैचारिक सूक्ष्म-दर्शियों के नीचे पड़ा क्नुत हाम्सुन का जीवन ग्लिम्मा नदी के तट से अन्ततः भाग जाने के बाद ही कुछ हद तक उस खानाबदोशी और मुफ़लिसी में अपनी लेखकीय अलख तलाश पाया जो संयुक्त परिवार के अन्धकारमय माहौल में कहीं दबी पड़ी थी। कठिन संघर्ष, भुखमरी और अनाथ भावनाओं से ग्रस्त यह बालक जिसने केवल 252 दिन की स्कूली शिक्षा पायी थी उत्तरी नॉर्वे की प्रकृति के सम्मोहन में बड़ा हुआ था, लेकिन उस कुदरत की हक़ीक़त से भी बख़ूबी वाकिफ़ था जो फ़सलों को "लौह रात्रियों में कोहरे से ढाँप कर नष्ट कर देती है।" कुदरत मानो नॉर्वे के ब्रिटेन द्वारा किये जा रहे शोषण से होड़ ले रही होती थी। ब्रिटेन ने नॉर्वे की बन्दरगाहों के रास्ते रोक रखे थे, लिहाज़ा अनाज की आमद अन्य तटवर्ती देशों से हो नहीं सकती थी। घनघोर मुफ़लिसी और भूखा पेट बचपन से ही अंग्रेज़ों की साम्राज्यवादी धर-दबोच और शोषण से जुड़ गये थे नन्हे क्नुत के ज़ेहन में। तिस पर माँ का रहस्यमय मानसिक असन्तुलन जो असह्य घड़ियों में गगनभेदी रुदन और चीत्कार में अभिव्यक्त होता था। अपनी एक बहन के साथ क्नुत को अपने मामा को सौंप दिया गया और यहाँ एक और क्रूर अध्याय की शुरुआत होती है जो मामा की चँगुल से बिन चप्पू की नाव में बचकर

भाग निकलने की कोशिश में समाप्त होता है। नूरलांड में मामा उत्तरी नॉर्वे के प्रेस्टाइड नामक जलराशियों से कलकलाते उस भूदृश्य में रहते थे जहाँ आज के दिन हाम्सुन केन्द्र स्थित है। यहीं आते हैं क्नुत हाम्सुन के वंशज भी... और लाइफ़ हाम्सुन भी जो हाम्सुन के पौत्र हैं। उन्होंने हाम्सुन केन्द्र के परिसर में स्थित फ़िस्के-कैम्पिंग नामक रेस्तराँ में हमारे संग वाइन पीते हुए हमें बताया कि *घास ढँकी पगडण्डियाँ* लिखते समय उनके पितामह ने अपनी पेंसिल को दीवाल में ठुँकी कील से बाँध रखा था, फिर बायें हाथ से काँपते दाँये को थामकर वे अन्त तक लिखते रहे थे।

बूदिल ब्यरसेट हमें कुछ-कुछ वही बतलाने की कोशिश करती हैं जो हमें हाम्सुन विद्वान और अनुवादक स्वेर्रे लिंगस्टाड के आलोचनात्मक लेखों में भी पढ़ने को मिलता है। स्वेर्रे लिखते हैं, "हमें किसी व्यक्ति-विशेष को अलग-अलग क़िरदारों में बाँटना कितना भी अटपटा क्यों न लगे, लेकिन हाम्सुन के सन्दर्भ में हमें ऐसा करना ही होगा।" मॉनिका ज़ागार सहित ऐसे कई विद्वान हैं जिन्होंने किन्हीं वैचारिक पहलुओं से हाम्सुन की समूची कृतियों का अध्ययन कर ये निष्कर्ष निकाले हैं कि राजनैतिक हाम्सुन और साहित्यिक हाम्सुन में कोई फाँक है ही नहीं, कि इस असाधारण प्रतिभा का कृष्ण पक्ष उनके लेखन में भी बराबर लक्ष्य किया जा सकता है, जिसमें महिलाओं, नॉर्वे के आदिवासियों और यहूदियों को लेकर हाम्सुन के पूर्वग्रह काफ़ी स्पष्ट होते हैं। कुछ का तो यहाँ तक कहना है कि नात्सीवाद की आमद से पहले ही हाम्सुन नात्सी थे, हालाँकि यह मत भी है कि वे *एक* ऐसे नात्सी लेखक हैं जिन्हें हर किसी को पढ़ना चाहिए।

बूदिल हमें इस बात की जानकारी भी देती है कि ब्रेविक नाम के जिस नॉर्वीजी किसान ने 22 जुलाई 2011 के दिन युटोया (नॉर्वे) में लगभग 70 मासूम नॉर्वीजी किशोरों को गोलियों से भून डाला था, वह भी हाम्सुन को जी-जान से पढ़ा करता था। वह नहीं चाहता था कि नॉर्वे में दूसरे मुल्कों से आये लोगों को शरण दी जाये। जिस सरकार की नीतियों के ख़िलाफ़ उसने ये हत्याएँ कीं, वह सरकार इस बार नॉर्वे में हार गयी है। यूरोप के कई देशों में दक्षिण-पंथी पार्टियों ने सत्ता हासिल की है, जबकि दूसरे विश्वयुद्ध का इतिहास अन्य देशों की तरह नॉर्वे में भी विजयी ताक़तों द्वारा लिखा गया था और 90,000 नॉर्वीजी नागरिकों पर नात्सियों का समर्थन करने का आरोप लगा और उन पर मुकद्दमें चलाये गये थे। यह संख्या अन्य देशों से कहीं

अधिक थी—यानी सबसे ज़्यादा सज़ा पाने वाले लोग नॉर्वीजी थे, जिन में हाम्सुन और क्विस्लिंग प्रमुख थे। हाम्सुन के दोनों पुत्रों टूरे और आरिल्ड को भी सज़ा सुनायी गयी और मरीय हाम्सुन को तो निहायत कड़ी सज़ा भुगतना पड़ी।

ब्रेविक ने हाम्सुन को पढ़ रखा था—यह तथ्य हमारे लिए मानीखेज़ नहीं था। शायद बूदिल इससे कुछ सिद्ध करने की कोशिश भी नहीं कर रही होंगी, क्योंकि नात्सी जर्मनी को समर्थन देने वाले हाम्सुन से प्रेरित होकर कोई उनकी किताबें पढ़ेगा तो उसे घोर निराशा होगी। हिंसा के पक्षधर हाम्सुन नहीं रहे होंगे, न आज यूरोप में सक्रिय नव-नात्सियों के लिए वाजिब प्रेरणा का स्रोत वे हो सकते हैं। उनकी आत्म-छवि उनकी उस छवि से नितान्त भिन्न है जो उनकी पुस्तकें उन्हें लौटाने या जलाने वाले लोगों के मन में थी। शायद यही मरते दम तक उनके मन में टीसता रहा होगा कि ख़ुद को देश-प्रेम के पयार्य के रूप में देखने वाले हाम्सुन एक देश-द्रोही के रूप में कटघरे में खड़े कर दिये गये। शायद साहित्यिक बिरादरी में अपनी साख, अपने हमवतनों का प्रेम, और अपनी आत्म-छवि के प्रभा-मण्डल को खो देना ही वृद्धावस्था में हाम्सुन की त्रासदी थी। उनके ऐसे प्रशंसकों और प्रेमियों की ओर से इन परिस्थितियों को देखा जाये जो उनके हिटलर-प्रेम और नॉर्वे पर काबिज़ ताक़तों से अपना फ़ासला न बनाने को लेकर क्षुब्ध थे, तो इन प्रशंसकों में से किसी को हाम्सुन का यह दिवास्वप्न रास नहीं आया था कि महान जर्मन राज्य में नॉर्वे का रुतबा बहुत ऊँचा होने वाला है। शायद इस स्वप्न को स्वदेश प्रेम का पर्याय मान हाम्सुन देखते ही रह गये जबकि नात्सी ताक़तों की बर्बरता की पोल नॉर्वे में ही नहीं अन्य देशों में भी खुलना शुरू हो चुकी थी। और इसे न देखने, या न देख पाने या अपने अकेलेपन में बैठ-बैठे यह कल्पना कर लेने कि उनका सही-सही मार्गदर्शन किसी ने नहीं किया इस सबका सम्बन्ध क्नुत हाम्सुन की आत्म-छवि से है। हाम्सुन की आत्म-छवि के अनुकूल ही मशहूर डेनी लेखक थूरकिल्ड हान्सेन ने अपनी मर्मस्पर्शी लेकिन अत्यन्त विवादास्पद पुस्तक *प्रोसेसेन (मुकद्दमा)* लिखी थी जो *घास ढँकी पगडण्डियाँ* से प्रेरित थी । सुख्यात स्वीडी कथाकार पेर एन्क्विस्ट ने इस पुस्तक और हाम्सुन के संस्मरण पर आधारित पटकथा लिखकर *हाम्सुन* नामक फ़िल्म को बनाने में सहयोग दिया था। यह फ़िल्म कलात्मक तौर पर बेमिसाल है और हाम्सुन प्रेमियों को अत्यन्त प्रिय। (अंग्रेज़ी अनुवाद नहीं था संवाद का, जब मैंने इसे स्वीडन में पहली बार देखा था, और मेरे मित्र लार्श एण्डर्सन अंग्रेज़ी में फ़ौरी अनुवाद कर

मुझे यह फ़िल्म दिखा पाये थे।)

"उनका [हाम्सुन का] नाम सुनकर हम ऐसे मुस्करा देते हैं, जैसे हम प्रेम करते हों।" यह एक डेनी कवि का कहना है।

बूदिल हमें अपने आख्यान से मन्त्र-मुग्ध कर चुकी हैं।

हमारा ध्यान इस ओर जाता है कि वह शीघ्र ही माँ बनने वाली हैं और इतने पैशन से हाम्सुन के बारे में बोलते हुए उनके मुख की कान्ति देखते ही बनती है। हम लोग इस समय केन्द्र के कैफ़ेटेरिया में बैठे हैं और अब उस धूप का आभास हमारी मेज़ पर है जो कई दिन बाद एक कोशिश और कर रही है। बूदिल कहती हैं इस देश के लोगों के मन में हाम्सुन की जो जगह थी, जिस ऊँची पीठिका पर बिराजे हुए थे वे, उसे हटाना उन सबके लिए बहुत त्रासदपूर्ण काम था। अदालती कार्यवाही में यह सिद्ध हो जाता कि वे मानसिक तौर पर असन्तुलित थे तो लोगों को कुछ राहत मिलती। अगर ऐसा होता तो हाम्सुन, जो अन्त तक अपने नज़रिये को लेकर अडिग रहे आये, बहुत उद्विग्न हो जाते। उन्होंने कहीं कहा है, "सत्य न तो दोतरफ़ा होता है, न वस्तुनिष्ठ। सत्य निस्वार्थ आत्मनिष्ठता है।"

बूदिल चाहती हैं हम इस तथ्य को लक्ष्य करें कि हाम्सुन केन्द्र एक बहुत संयमित उद्यम का फल है, न कि हाम्सुन सम्बन्धी प्रशंसात्मक साहित्य का अजायबघर। वे बताती रहीं कि हाम्सुन से पहले नोबेल पुरस्कार विजेता ब्योर्नसन ही ऐसे साहित्यकार थे जिन्हें उनके हमवतन अपनी अन्तरात्मा जैसा मानते थे। उनकी मृत्यु के बाद वे हाम्सुन से उम्मीद करने लगे कि वे ही उनका मार्गदर्शन अपनी अन्तर्विवेकशीलता से करें। उनके लिए हाम्सुन का एक ख़तरनाक वैचारिक मार्ग पर भटक जाना बेवफ़ाई और धोखाधड़ी थी।

हाम्सुन परिवार पर अभी तक उनके नाम की छाया लरज़ती है क्योंकि इस नाम में जो छिपा है उसे उघाड़ने, उधेड़ने और सामने लाने का काम लगातार चलता जा रहा है। रेगीना और लाइफ़ हाम्सुन के पिता टूरे हाम्सुन को, जिन्हें ख़ुद भी सज़ा भुगतनी पड़ी थी, युद्ध के बाद रोज़ी-रोटी कमाने में दिक़्क़त पेश आती रही क्योंकि वह नाम जो युद्ध से पहले के सालों में इतना आदरणीय था और हद से प्यारा था, अब धूल में मिल चुका था। यह अकारण ही नहीं था कि युद्ध के बाद नॉर्वे में बहुत से लोगों ने अपने पारिवारिक नाम बदल लिये थे। लेकिन हाम्सुन नाम को कौन बदल सकता था भला? वह नाम जो ख़ुद उन्होंने हाम्सुंड नामक उस जगह से लिया

था जहाँ उनका कठिन बचपन बीता। यह नाम उस शख़्स का था जिसका यथार्थ के साथ अपने ही क़िस्म का सम्बन्ध रहा होगा कि उस घड़ी जब सब लोग डूबती नैया से कूद कर जान बचाने की कोशिश कर रहे थे, वे डूबती नैया में अपना बूढ़ा पाँव रखे दे रहे थे। हिटलर की मृत्यु के बाद जब तेरबूवेन(नॉर्वे में नात्सी कमिसार) ने खुदकुशी का रास्ता चुना, उस समय हाम्सुन देर रात तक बैठ हिटलर की प्रशंसा में ऑबिच्युरी लिख रहे थे। वे उस समय भी चेते नहीं कि उनके अपने इतिहास में इस विदाई गीत के क्या मानी हो जाने वाले हैं। हिटलर से अपनी इकलौती मुलाक़ात के बाद उनके मन में मोहभंग की स्थिति बनी भी, लेकिन वे फिर खुद को बहलाकर उसी दृष्टिकोण में जस-के-तस बने रहे।

राष्ट्रीय संघ (NS) जो काबिज़ ताक़तों की नॉर्वीजी पार्टी थी और जिसके नेता विडकुन क्विसिलंग थे, उसकी सदस्तया लेने का आरोप भी हाम्सुन और मरीय पर लगा और उन्होंने एकाधिक बार जर्मन सेनानियों को नोरहूल्म के फ़ार्म पर भरपूर आतिथ्य से भी नवाज़ा। जैसे जर्मनी को लेकर हाम्सुन अपनी कृतज्ञता को पर्याप्त जता ही न पा रहे हों, उन्होंने अन्ततः अपना नोबेल पुरस्कार मेडल हिटलर के राइख-मन्त्री योसेफ़ ग्यबल्ज़ की शान में पेश कर दिया।

इसकी प्रतिक्रिया में नॉर्व के हज़ारों-हज़ार लोगों ने हाम्सुन की किताबों को नोरहूल्म के पते पर वापिस भेज दिया (जहाँ वे 1917 से 1952 तक अपनी मृत्यु तक रहे थे)। कइयों ने हाम्सुन की किताबों को जला डाला। हाम्सुन, जिनकी जर्मनी के प्रति कृतज्ञता इस कारण भी थी कि उनकी कृतियों का सबसे अधिक सम्मान जर्मनी में ही हुआ था, नोबेल मेडल दे देने से एक ऐसी चीज़ कर बैठे जो उनके हमवतनों की नज़र में अक्षम्य थी। मॉनिका ज़ागार का कहना है कि हाम्सुन के इस कृत्य का प्रतीकात्मक मूल्य, जिसमें साहित्य राजनीति में समाहित हो जाता है, हाम्सुन के देशवासियों को हद से ज़्यादा बेवफ़ाई की मिसाल जान पड़ा होगा। (हालाँकि किताबों को जलाना या वापिस भेजना भी हाम्सुन को अपने हमवतनों का ऐसा ही कृत्य जान पड़ा होगा, और जिसके अवसाद से उबरने की कोशिश वे *घास ढँकी पगडण्डियाँ* के लेखन में करते कई बार मालूम पड़ते हैं।)

हाम्सुन के कुछ हमवतन अभी तक इस अवसाद और आक्रोश से उबर नहीं पाये। चित्रकार अम्बादास की पत्नी हेगे का मानना है कि चूँकि उन लोगों के वंशज अभी मौजूद हैं जिन्हें यातनाएँ दी गयी थीं, हाम्सुन को अभी वक़्त लगेगा उसी स्थान

को प्राप्त करने में जो सहज उनका हुआ करता था। 1998 में पहली बार जब मेरा नॉर्वे जाना हुआ तो नॉर्वे के स्वतन्त्रता दिवस 17 मई को सुख्यात अनुवादक पेर क्वाले के घर होने वाले सालाना जमावड़े में यह अहसास मुझे पहली बार हुआ, जिसे हेगे ने बहुत बाद में मेरे सामने व्यक्त किया था। ऑस्लो विश्वविद्यालय में कार्यरत इतिहास के एक प्रोफ़ेसर ने मुझे बताया कि हालाँकि हाम्सुन को पढ़े बिना किसी की गुज़र नहीं होती, उनकी किताबों को लोग अब भी कवर चढ़ाकर पढ़ते हैं ताकि दूसरों को पता न चल पाये। फिर भी वे अचरज कर रहे थे कि अगर हाम्सुन की हर किताब की हर साल 30,000 प्रतियाँ बिकती हैं तो भला कितनी किताबों पर हर साल कवर चढ़ते होंगे? 1998 से लेकर अब तक स्थितियाँ बहुत बदल चुकी हैं, और हाम्सुन केन्द्र खुद इन बदली स्थितियों का प्रत्यक्ष प्रमाण प्रस्तुत करता है। हालाँकि जैसा बूदिल हमें बता चुकी थीं, स्वीकार-भाव का अर्थ हाम्सुन को लेकर यह नहीं है कि आलोचनात्मक समीक्षा ख़त्म हो चुकी है। केन्द्र की स्थापना के समय किसी ने मञ्च से कहा था—"हाम्सुन की आत्मा सफ़ेद भी थी और काली भी।"

हाम्सुन के समकालीन कवियों-लेखकों के लिए हाम्सुन की छवि उस समय क्या हो गयी थी यह अन्दाज़ा कुछ-कुछ डेनी आलोचक टुम क्रिस्टेनसेन की इस प्रतिक्रिया से लगाया जा सकता है—"सोचिए, नात्सीवाद के हाथ में एक जादुई बाँसुरी चली गयी, इतनी सुरीली कि हम छिनने ही कहाँ दे सकते थे उसे!" टॉमस मान्न, जिनका मानना था कि हाम्सुन से पहले नोबेल पुरस्कार कभी इतने सुपात्र को नहीं मिला, अब अत्यन्त क्षुब्ध थे कि हाम्सुन के सिवा बाकी नॉर्वीजी लेखक इतनी चुप्पी कैसे साधे बैठे हैं। हाम्सुन के बारे में उनकी राय वही थी—" ऐसा शख़्स जिसने हमें शानदार किताबें दी हैं....[लेकिन इस घड़ी में]वे हमसे कहीं अधिक बदक़िस्मत शख़्स हैं।"

1959 में हाम्सुन की जन्म-शती के अवसर पर हाम्सुन सोसायटी बनाने की बात उठी तो मान्न ने कहा कि उनका इससे कुछ भी लेना-देना नहीं है। हर्मन हेस्स, जिन्होंने ब्रेख़्त और मान्न की नात्सी जर्मनी से बच निकलने में मदद की थी, का मानना था कि क्नुत हाम्सुन "हैरत में डाल देने वाली अपनी राजनैतिक ग़लतियों की पर्याप्त कीमत अदा कर चुके हैं।"

2.

हाम्सुन सहज वृति से लिखने पर बल देते थे—वह वृति जिसे अब "रक्त की फुसफुसाहट, हड्डी की याचना" कहा जाता है। उनके लेखन में आधुनिकता के बेलगाम विकास की आलोचना और आधुनिक शैली को विकसित करने में उनकी अग्रणी भूमिका के बीच के तनाव को बख़ूबी पढ़ा जा सकता है; इसी तनाव के बीच कहीं वे प्रश्न भी स्थित हैं जो उनकी युद्धकालीन भूमिकाओं में भी प्रश्न ही रहे आये।

नात्सियों का समर्थन करने के बावजूद हाम्सुन के परम मित्रों, हितैषियों और कृपा-पात्रों में यहूदी लोग बड़ी संख्या में थे। 1933 के बाद हाम्सुन को ज़रूर पता चल चुका होगा कि जर्मनी में यहूदियों को प्रताड़ित किया जा रहा है, ख़ासतौर पर उन लोगों के पत्रों के माध्यम से जो लोग उन्हें लिखा करते थे। मिसाल के तौर पर बर्लिन से अपने एक परिचित मैक्स ताउ की जान बचाने में हाम्सुन की असंदिग्ध भूमिका रही थी, लेकिन यहूदियों को लेकर हाम्सुन का एक विशिष्ट नज़रिया ज़रूर था। अगस्त 1933 में लिखा एक पत्र देखें जो किसी मेयरफ़ेल्ड के नाम लिखा गया थाः

> आपके ख़त ने मुझे द्रवित किया है, लेकिन मैं वही जवाब दे पाऊँगा जो आप पहले से जानते हैं। एक यहूदी की हैसियत से आप एक ऐसी नस्ल के सदस्य हैं जो, आप लोगों के विशिष्ट नज़रिये की बदौलत—सभी देशों में सांस्कृतिक क्षेत्रों में पूरी तरह छायी हुई है। विज्ञान, कला, लेखन, उद्योग—हर चीज़ में यहूदी सबसे ऊपर पहुँच जाते हैं। जहाँ तक मैं जानता हूँ इस बात का प्रतिकार कोई नहीं करता। इस बात का भी कि यहूदी ही हैं जो वित्तीय अखाड़े का नियंत्रण भी करते हैं और इसलिए अन्तर्राष्ट्रीय राजनीति और वैश्विक व्यापार में सत्ताधारी हैं—आप लोग देशों के मूल निवासियों को पछाड़ देते हैं।

इसी तरह हाम्सुन यहूदी समस्या का हल एक स्वतन्त्र यहूदी देश में ढूँढते थे—अपने यहूदी मित्रों की प्रशंसा करते हुए भी राजनीति, साहित्य, और कलाओं में उनकी उत्कृष्टता एवं दक्षता की सराहना करते हुए भी "श्वेत नस्लों के आगामी रक्त-मिश्रण" को रोकने वे यहूदियों को अलग कर देना चाहते थे ताकि वे अपनी उत्तम प्रतिभाओं का पूरे विश्व की भलाई के लिए सदुपयोग कर सकें—"लेकिन जब तक ऐसा हो नहीं जाता यहूदियों के पास दूसरों के घरों के सिवा कोई घर नहीं हैं। वे विदेशी समाजों में रहने को बाध्य हैं, दोनों का ही अहित है इसमें।"

जनवरी 10, 1942 के दिन नॉर्वे में यहूदियों के पहचान पत्रों पर J लिखा रहना अनिवार्य घोषित कर दिया गया और फ़रवरी में नॉर्वीजी यहूदियों को प्रश्नावलियाँ वितरित कर दी गयीं, जिनका उपयोग अक्तूबर में यहूदियों को गिरफ़्तार कर अन्ततः उन्हें आउश्विट्ज़ भेजने की बुनियाद बनाने में किया गया। डरी हुई जनता ने कोई आवाज़ नहीं उठायी, केवल चर्च के एकाधिक पदाधिकारियों ने देश भर के प्रवचन मञ्चों से यहूदियों को बचाने की कोशिश की। किसी ने यहूदियों की सम्पत्तियों की नीलामी का बहिष्कार नहीं किया और नॉर्वे ने अपनी आधी यहूदी जनसंख्या को खो दिया। युद्ध के बाद (नवम्बर 1946) पूरे देश में केवल 559 यहूदी लोग बच पाये थे।

इस पूरे प्रसंग में इस बात का कहीं कोई दस्तावेज़ीकरण नहीं है कि हाम्सुन को यह सब ज्ञात था या नहीं। टूरे हाम्सुन को लिखे पत्र से यह ज़रूर पता चलता है कि यहूदी प्रश्नावली को लेकर वे प्रसन्न थे और उन्हें नहीं लगता था इसका कोई असर यहूदी लोगों के नॉर्वे में युद्ध के बाद तक बने रहने पर होने वाला है। यहूदी प्रसंग पर हाम्सुन की उस दौरान एक भी सार्वजनिक टिप्पणी नहीं है और राष्ट्रीय संघ (NS) का अखबार *फ्रिट्टफोल्क* चूँकि वे पढ़ते ही थे, उन्हें बख़ूबी मालूम था कि प्रधानमंत्री विडकुन क्विस्लिंग की पार्टी की क्या अहमियत थी। पार्टी की सदस्यता के लिए जो फ़ार्म हाम्सुन ने भरा था उसमें एक प्रश्न था : "क्या आपका जीवन-साथी अपने परिवार में यहूदी नस्ल से मुक्त है?" दूसरा प्रश्न : "क्या आपने इससे पहले कभी किसी ऐसे शख़्स से विवाह किया है जो आर्य नस्ल का न हो?" दोनों का जवाब न में था।

हिटलर के साथ अपनी त्रासदपूर्ण मुलाक़ात में भी हाम्सुन ने पूरी तरह तेरबूवेन (नॉर्वे में नात्सी कमिसार) को हटाने की अपनी अपील को रद्द होते पाकर भी जर्मनी का समर्थन करना नहीं छोड़ा। 26 जनवरी 1943 की यह मुलाक़ात हिटलर की पतली हो चुकी हालत का साक्ष्य भी प्रस्तुत करती है। हिटलर अवसाद से पीड़ित था, और अधिक मात्रा में दवाई ले रहा था । नॉर्वे के व्यापार की ख़ातिर समुद्री जहाज़ों की आवाजाही शुरू करने को लेकर भी हिटलर ने कोई हामी नहीं भरी। हाम्सुन तैश में आकर जो भी बोले उसका हिटलर के लिए अनुवाद नहीं किया गया। उनका हिटलर से तीसरा सवाल था कि नये जर्मन राज्य में नॉर्वे की क्या जगह होने वाली है; इसका जवाब सुनने की कोई ज़रूरत नहीं रह गयी होगी। इस दृश्य को *हाम्सुन*

फिल्म में बड़े मार्मिक ढंग से फ़िल्माया गया है—हाम्सुन को ओढ़ी हुई शिष्टता से बाहर का रास्ता दिखा दिया गया और वे बालकनी में जाकर फूट-फूट कर रो पड़े।

जिस विचाराधारा ने अपने बाहरी जामे से हाम्सुन को मुतासिर किया, उसकी राजनैतिक हक़ीक़त कुछ और ही थी। हाम्सुन को नात्सी जर्मन की प्रचार-प्रसार मशीन ने अपनी स्वार्थ-सिद्धि के लिए भी इस्तेमाल कर लिया था। इसीलिए जब ग्रीनलैण्ड मुद्दे को लेकर हाम्सुन तेरबूवेन से मिले थे तो प्रेस फ़ोटोग्राफ़र पहले ही से मौजूद था और क्नुत एवं टूरे हाम्सुन राइख कमिसार के साथ दोस्ताना वार्तालाप में अगली सुबह अख़बारों में चमक रहे थे। तेरबूवेन दरअसल हाम्सुन को "एक भावुक मूर्ख" से अधिक कुछ नहीं समझता था और अन्ततः हिटलर का भी हाम्सुन को लेकर यही मत बना कि हाम्सुन अपने हमवतनों को लेकर ज़रूरत से ज़्यादा भावुक थे। "आप कुछ भी नहीं समझते," मुलाक़ात के दौरान हिटलर ने झुँझलाकर कहा था।

अम्बर्टो इको और जॉर्ज मूस्से उन लोगों में से हैं जिन्होंने नस्लवाद और परम्परावाद, "सही" या "शुद्ध" वंशावली पर बल, और स्त्रीत्व को लेकर रूढ़िवादी आदर्शों को उस नज़रिये के महत्वपूर्ण तत्त्व बताया जोकि सर्वसत्तावादी राज्यों की आमद से पहले ही बना हुआ था, और जिसने नात्सीवाद और फ़ासीवाद को पोषित किया। "लहू और माटी"—या कि फ़ासीवादी तत्त्वों से सराबोर है, यह विवाद भी उठा था हाम्सुन के नोबेल पुरस्कार विजेता उपन्यास *माटी की फ़सल* को लेकर। नोबेल पुरस्कार विजेता कृतियों पर दक्षिणपंथी होने के इल्ज़ाम लगभग कभी नहीं लगाये गये लेकिन सम्भवतः हाम्सुन की विचारधारा का सम्पूर्ण आकलन करते हुए उसमें जो भी तत्त्व नात्सी दृष्टि से एकमेक जान पड़े, उन पर सांस्कृतिक, साहित्यिक और राजनैतिक टिप्पणीकार एकदम टूट पड़े होंगे। "माटी की ओर लौटो", "प्रकृति की ओर वापसी" जैसे आदर्शों का नात्सी खेमे में प्रवेश यह दर्शाता है कि किसी भी दर्शन का जबरन दोहन और दुरुपयोग किया जा सकता है, ख़ासतौर से राजनीति में।

जहाँ तक नस्लवाद और सुजनन-विज्ञान का सवाल है, अट्ठाहरवीं शताब्दी के अन्तिम सालों, और उन्नीसवीं शताब्दी में तो और भी अधिक, यूरोप में वैज्ञानिक शोध का एक बड़ा अंश नस्ल और वंशावली के दूषण पर बुरी तरह केन्द्रित हो चुका था। उन्नीसवीं शताब्दी में चिकित्सा विज्ञान, मनोविज्ञान और आपराधिक विज्ञान

तक इस दुराग्रह की चपेट में आ चुके थे।

1921 में युन आल्फ़्रेड म्येन दूर की नस्लों के पारस्पिरक सम्बन्धों से पैदा हुई सन्तान की शारीरिक और मानसिक व्याधियों के बारे में चर्चा कर रहे थे। म्येन के अनुसार इन मिश्रित प्रजातियों का ''मानसिक असन्तुलन'' विसंगतिपूर्ण नज़रिये और अनैतिकता में प्रकट होता था। और इसके साथ-साथ शारीरिक लयभंग, अंगों के ऊटपटांग अनुपात (मसलन सिरों का बड़ा होना), क्षय रोग और विकलांगता आदि की सम्भावनाएँ अधिक हो जाती थीं। सामी-नॉर्वीजी मिश्रण से उपजी सन्तान में म्येन के अनुसार चोरी, झूठ और दारूबाज़ी की आदतें देखने को मिलती थीं। इसलिए ''सकारात्मक सुजननवाद'' के तहत एक बेहतर सफ़ाई-पसन्द, यौनिक और सामाजिक व्यवहार की निर्मिति करने की और ''नकारात्मक सुजननवाद'' के तहत उन पुरुषों और स्त्रियों को अलग करने की कोशिश की जाने लगी ''जिन्हें प्रजनन नहीं करना चाहिए।'' नसबन्दी कानून नॉर्वे में 1934 में, डेनमार्क में 1929 में, स्वीडन, फ़िनलैण्ड में 1935 में और आइसलैण्ड में 1938 में पारित किया गया। हिटलर की सरकार ने 1933 में नसबन्दी कानून पारित किया जो पहले तो यहूदियों के खिलाफ़ नहीं था लेकिन 1935 में न्यरनबर्ग कानूनों के बाद हो गया। यह दमनकारी नसबन्दियाँ न केवल सर्वसत्तावादी राज्यों की जड़ में पनप रही थीं, बल्कि आधुनिक यूरोपीय समाज की नींव में भी यह नस्लवादी नीतियाँ व्याप्त थीं।

हाम्सुन म्येन परिवार के क़रीबी मित्र थे और म्येन की जीवन-संगिनी क्लेयर जर्मन थीं और हाम्सुन की एक पुस्तक का अनुवाद जर्मन में कर चुकी थीं। क्लेयर म्येन महिलाओं के कई मुद्दों में हिस्सेदारी करती थीं लेकिन वे भी उन्हें मातृत्व और परिवार को ही समर्पित देखना चाहती थीं और इस हक़ में नहीं थीं कि वे वोट तक दें। हाम्सुन की म्येन परिवार से मित्रता इसलिए भी रही होगी क्योंकि एक ओर सुजननवाद और नस्लवाद और दूसरी ओर महिलाओं को उनकी परम्परागत भूमिका में बनाये रखने सम्बन्धी विचारों में भी वे म्येन की सोच से प्रभावित रहे होंगे। लेकिन निश्चित ही एक बड़ा लेखक अपने विचारों को दाँव पर लगाकर ही लिखता है और अपने क़िरदारों को अपने हाथ से पूरी तरह सरक जाने देता है। *भूख* की यीलयाली और *पान* की एद्वार्दा किसी भी दृष्टि से वे किरदार नहीं हैं जिन्हें हाम्सुन की विचारधारा की कठपुतलियाँ कहा जा सके। लेकिन यह बात भी सही है कि अपने जीवन में हाम्सुन इन मुद्दों को छोड़ अन्य सभी धरातलों पर समाज के

प्रचलित मूल्यों से एकदम विमुख थे। इसलिए यह बात भी हैरत में डालती है कि क्यों इन्हीं मुद्दों पर हाम्सुन इतने सख़्त विचार रखते थे, और क्यों इन मुद्दों पर उन्होंने अलग सोच नहीं बनायी।

नस्लवाद और सुजननवाद को उस समय न तो दक्षिणपंथी विचार माना जाता था, न प्रतिक्रियावादी। एक बड़ा वर्ग इन विचारों का पोषण और अनुसरण कर रहा था। म्ययेन और हाम्सुन दोनों आधुनिकता के बदलावों को ख़ून के मिश्रित हो जाने के दृष्टिकोण से ही देखते थे। कहा जा सकता है कि ये विचार किसी संक्रमण की तरह हवा में थे। जहाँ तक महिलाओं के मुद्दे का सवाल है "महिलाओं के विकास" को लेकर वे सुस्पष्ट विचार रखते थे। वोट देने का अधिकार, खेल में शिरक़त, स्त्री-लेखन, बराबर के साथियों का वैवाहिक सम्बन्ध, कम बच्चों वाले परिवार—हाम्सुन इन सब पर फ़ब्ती कसते थे, कड़ी आलोचना करते थे। एक निबन्ध "औरत के बारे में ख़त" में वे कहते हैं कि स्त्री खुद को "मुक्त" करती है, "जाग्रत" होती है, लेकिन वह अन्ततः मर्दों की ही नकल करने लगती है। "पुरुष को असली स्त्री की बजाय लकड़ी का कारीगर मिल जाता है।" हाम्सुन के अनुसार यह सब ज़्यादा टिकाऊ मामला नहीं होने वाला : "जब ये स्त्री नमूने जो सातवें दशक में उभरे हैं मर-खप जायेंगे तो नयी शताब्दी नये फ़ैशन को अञ्जाम देगी। तब शायद औरतों में मर्दाना होने का फ़ैशन बच नहीं रहेगा।"मॉनिका ज़ागार का कहना है कि इक्कीसवीं शताब्दी के नॉर्वे में स्त्रियों की स्थिति देख हाम्सुन हतप्रभ रह जाते।

"माटी" की पैरवी करने वाला यह अद्भुत प्रतिभाशाली उपन्यासकार अन्ततः खेती-बाड़ी और जानवरों की देखभाल लम्बे समय तक मरीय हाम्सुन के सुपुर्द कर अपना काम करने शान्ति की तलाश में होटलों में रहकर "नग्नों" की तरह लिखा करता था। मरीय जो खुद भी एक प्रतिभाशाली लेखक थीं हाम्सुन की ही तरह नात्सी आदर्शों के प्रचार से प्रभावित थीं और अपने कलात्मक जीवन से कट कर रह गयी थीं। चार बच्चों की और नोरहूल्स के फ़ार्म की देखभाल करते-करते उनमें कटुता इसलिए भी आने लगी थी कि हाम्सुन के प्रकाशक यीलन्दाल को मरीय की किताबें छापने से खुद हाम्सुन ही ने रोक रखा था; वे केवल बच्चों के लिए लिखी गयी किताबें ही छपवा सकती थीं। दूसरे विश्व युद्ध के बाद बड़ी संख्या में ऐसे लोग थे जो नात्सी समर्थन का ज़िम्मा मरीय के मत्थे मढ़ अपने प्रिय लेखक को बरी करना चाहते थे। युद्ध के दौरान भी ऐसे कई नॉर्वीजी थे जो सोचते थे मरीय हाम्सुन को ग़लत रास्ता

दिखा रही हैं, उनके बहरेपन का फ़ायदा उठाते हुए। मरीय के लिए यह एकदम स्पष्ट संकेत था कि कला की पुण्य-स्थली पर उनकी बलि चढ़ाई जा रही है। मरीय चूँकि बार-बार जर्मनी जाती थीं, उस समय भी जब नात्सी जर्मनी के कुकर्मों की पोल लगातार खुल रही थी, उन लोगों के लिए मरीय की हिस्सेदारी का पर्याप्त प्रमाण सामने आ रहा था।

"यह विश्वास जितना फैल गया था उतना ही झूठ भी था," मरीय अपने को हाम्सुन को गुमराह करने के दोष से बचाने अपने संस्मरण में लिख रही थीं। वे उस समय केवल चौसठ वर्ष की थीं और वृद्ध हाम्सुन के बाद जीवित रहने वाली थीं। उन्हें इस बात का इल्म था कि हाम्सुन के साथ अपने जीवन के संस्मरण लिखने पर उन्हें असंख्य पाठक मिलने वाले थे।

हाम्सुन और मरीय दूसरा विश्वयुद्ध हार चुके थे। दुनिया को बदलने और नॉर्वे को जर्मन राज्य में एक ऊँचा स्थान दिलाने के उनके विश्वास इतिहास की कसौटी पर खरे नहीं उतरे थे। लेकिन हाम्सुन बार-बार कहते थे उनका मन शान्त है, उनकी अन्तरात्मा साफ़। इस पहेली को बूझने की ललक उस कष्टकारी समय से हमारी दूरी के साथ उन सबके लिए कम हो रही है जो या तो हाम्सुन साहित्य को सर्वोपरि मानते हुए उनके लेखन को उन छायाओं से मुक्त पाते हैं जो कि उनकी राजनीति में थीं, और या हाम्सुन को केवल लेखक के रूप में देखते हुए हाम्सुन की राजनीति के रहस्य को भी एक बड़े लेखक की ज़ेहनी जटिलता के रूप में देखते हैं।

प्रोफ़ेसर लांगफ़ेल्ड्ट (मनोचिकित्सक जिन्होंने हाम्सुन से सख़्ती से पूछताछ की) ने मरीय से हाम्सुन के सम्बन्धों को लेकर मरीय की जो लम्बी बातचीत रिकार्ड की, वह प्रोफ़ेसर के आश्वासन के बावजूद हाम्सुन को बिठाकर पूरी की पूरी दिखा दी गयी। मरीय ने प्रोफ़ेसर को चेताया था कि अगर ऐसा हुआ तो वे लोग फिर कभी एक छत के नीचे नहीं रह पायेंगे। इस दम्पत्ति को दी गयी यह सज़ा बहुत कड़ी साबित हुई। मरीय को नोरहूल्म से निकाल दिया गया क्योंकि हाम्सुन अपने निजी जीवन को हमेशा ज़माने की नज़रों से बचाकर रखते थे और किसी को उसमें दख़लअन्दाज़ी या टिप्पणी नहीं करने देते थे। पत्रकारों को पास तक न फटकने देने वाले हाम्सुन होटलों में छद्म नाम से रहा करते थे और इस प्रसंग में तो अदालती कार्यवाहियों को जानते हुए वे अन्दाज़ा लगा सकते थे कि अब कई लोग मरीय की अन्तरंग अभिव्यक्ति का लुत्फ़ उठा रहे होंगे।

बाद में मरीय ने जब अदालत के दस्तावेज़ देखे तो उनको भयानक चोट पहुँची —लांगफ़ेल्ड्ट ने वादाख़िलाफ़ी की थी और हाम्सुन के साथ मरीय के दुखद जीवन का एक-एक विवरण अब हर किसी की खिल्ली का विषय हो सकता था। मरीय ने हाम्सुन को एक लम्बा ख़त लिखना शुरू किया जो 18 अगस्त को पोस्ट किया गया। हाम्सुन ने पढ़े बिना लिफ़ाफ़े के पीछे अपनी विशिष्ट लिखावट में यह इबारत लिखकर ख़त मरीय को लौटा दिया: "मैं इसे पढ़ना बरदाश्त नहीं कर सकता, और मुझे चैन से रहने दिया जाये। तुम्हारे इस ख़त की सम्भावित विषय-वस्तु मेरे लिए न यहाँ है न वहाँ।"

ख़ुद दर्द से बिलबिलाते हाम्सुन ने मरीय को ठुकरा दिया था। दो दिन बाद ही मरीय की अदालत में पेशी थी। हाम्सुन की ही तरह मरीय पर भी राष्ट्रीय संघ (NS) की सदस्यता लेने, उन नॉर्वीजी लोगों के माल-असबाब पर कब्ज़ा करने और गद्दारी-भरा प्रचार करने का इल्ज़ाम लगा था।

सरकारी वकील इस कोशिश में सफल रहा था कि मरीय को तीन साल कड़ी मेहनत की सज़ा मिले, वे दस साल के लिए नागरिक अधिकारों से वंचित कर दी जायें, उनसे 75,000 क्रोनर का जुर्माना, और राष्ट्रीय संघ (NS) की सरगर्मियों से हुई नॉर्वे की आर्थिक क्षतिपूर्ति के लिए 1,50,000 क्रोनर का मुआवज़ा वसूल किया जाये। हाम्सुन से लिये जाने वाले 3,25,000 के हर्जाने की रकम जोड़ कर लेने से वे दोनों एकदम कंगाल हो जाने वाले थे।

मरीय से पूछा गया कि वे फ़ैसले के बारे में कुछ कहना चाहेंगी तो उनके अपने वकील के संकेतों के बावजूद वे बोलीं : "मेरे पास कोई वजह नहीं युद्धकालीन अपने जीवन और व्यवहार को लेकर क्षमा-प्रार्थी होऊँ। मेरी सज़ा तय कर दी गयी है, प्रेस की मेहरबानी से। इसलिए मेरे पास कहने को और कुछ नहीं है।"

वे सारे सबूत जो मरीय एकत्र कर अपने साथ अदालत में लायी थीं— इस तथ्य को प्रस्तुत करने कि युद्ध के दौरान उन्होंने भी नात्सी कब्ज़े के दौरान कई नॉर्वीजियों की जानें बचायी थीं, किसी काम नहीं आये। सरकारी वकील ने जितनी कड़ी सज़ा मरीय के लिए प्रस्तावित की थी, उसमें ज़रा भी कटौती नहीं की गयी।

हाम्सुन ने सर्वोच्च न्यायालय में इस प्रसंग में अपने बारे में जो कहा था, वह यह था : "जो विजयी हुए जान पड़ते हैं, उनसे अनेकों परिवार इस तरह मिलने नहीं आया करते थे जैसे मेरे पास, मामूली से लेकर ऊँचे ख़ानदान, जो मेरे पास आकर

अपने पिताओं, भाइयों और पुत्रों के लिए रोते थे, भाई और बेटे जो शिविरों में कंटीली तारों के पीछे बैठे हुए थे और जिन्हें मौत की सज़ा सुना दी गयी थी। मेरे पास कोई सत्ता नहीं थी, लेकिन वे मेरे पास आते थे।''

अदालत में बैठी दो महिलाओं को, जो हाम्सुन की हर तरह से मदद कर रही थीं, इन शब्दों का मर्म एकदम छू गया होगाः सिग्रिड स्ट्रे और उसकी बेटी आन्ना लिज़े। आन्ना नोरहूल्म आकर हाम्सुन के सामने रोयी थीं क्योंकि उनकी माँ सिग्रिड को हिरासत में ले लिया गया था।

''हमें विश्वास दिलाया गया था कि उस महान जर्मन समाज में जिसका कि उदय उन दिनों हो रहा था नॉर्वे को एक ऊँची और सम्मानजनक जगह मिलेगी, और जिसमें हम सभी का विश्वास था,'' अदालत में बूढ़े हाम्सुन के ये गूँजते हुए शब्द त्रासदपूर्ण थे। वहाँ मौजूद किसी व्यक्ति को युद्ध के दौरान यह नहीं लगता था कि कभी एक महान जर्मन समाज की रचना होगी, याकि नॉर्वे की उस समाज में कोई जगह होगी। टूवे फ़िल्सेथ ताउ, जोकि उस समय वहाँ मौजूद थीं, और जिन्होंने बड़ी जाँबाज़ी से पोलैण्ड, चेकोस्लोवाकिया, नॉर्वे और स्वीडन में नात्सी ताक़तों से लड़ाई की थी, हाम्सुन के अड़ियलपन को देख ज़रूर विस्मित हो उठी होंगी। इसी तरह सिग्रिड स्ट्रे भी जिन्होंने काबिज़ ताक़तों के ख़िलाफ जम कर लड़ाई की थी और अन्ततः पकड़ी गयी थीं। टूवे के पति का पूरा परिवार यातना शिविरों में मर खप गया था।

अपना पक्ष रखने के बाद हाम्सुन अदालत में जो थोड़े-बहुत लोग मौजूद थे उनसे हाथ मिलाने लगे। माक्स ताउ (टूवे के पति) टूरे हाम्सुन के पक्ष में गवाही देने वहाँ मौजूद थे। वकील को यह एक और तथ्य भी मालूम था कि यह हाम्सुन के बड़े पुत्र टूरे की वजह से नहीं था कि माक्स ताउ की जान बची थी। ताउ को हाम्सुन की वजह से ही बख़्श दिया गया था। वे एक ऐसे शिविर में थे जहाँ उनकी मृत्यु तय थी।

इन विवरणों से यह सिद्ध होता है कि हाम्सुन नात्सी कहर को लेकर इतने अनभिज्ञ नहीं थे जितना वे ख़ुद सोचते होंगे। यह रहस्य कि हाम्सुन तथ्यों को जानते हुए भी अनजान और अड़ियल क्यों बने रहे, आज तक उनके प्रशंसकों को असमंजस में डाले हुए है। दूसरी ओर थूरकिल्ड हान्सेन (सुख्यात डेनी लेखक) और पेर एन्क्विस्ट (सुप्रसिद्ध स्वीडी लेखक) जिनके पारस्परिक सहयोग से *हाम्सुन* नामक

फ़िल्म बनी थी, हाम्सुन को एक निर्दोष पीड़ित की तरह पेश करते हैं जिन्हें अपनी वृद्धावस्था में इतनी ज़िल्लत उठाना पड़ी।

उपरोक्त विवरणों से एक और बात भी स्पष्ट होती है—भरपूर यातना झेल चुके कई नॉर्वीजी चाहे वे यहूदी थे या नहीं, अगर वे हाम्सुन के हस्तक्षेप से अपनी जान बचा पाये, तो उनमें कई बढ़-चढ़कर हाम्सुन को बचाने के उपक्रम में लग गये। सिग्रिड स्ट्रे एक मिसाल हैं।

सितम्बर 1949 में मरीय के हाथ में *घास ढँकी पगडण्डियाँ* की एक प्रति थी। उन्हें राहत हुई यह पढ़कर कि हाम्सुन ने प्रोफ़ेसर लांगफ़ेल्ड्ट को ही दोषी माना था, मरीय को नहीं, जोकि खुद हिरासत में थीं और जिनकी ज़ेहनी हालत कोई ख़ास अच्छी नहीं थी। लेकिन अब वे कई वर्ष से एकदम जर्जर और फटेहाल जीवन जी रही थीं। कभी टूरे के घर की बेसमेंट के अन्धकार में तो कभी कहीं और। नोरहूल्म लौटने की इजाज़त उन्हें अब भी नहीं मिली थी।

उसी वर्ष 12 दिसम्बर को हाम्सुन ने अपने बड़े बेटे टूरे हाम्सुनको क्रिस्मस के लिए नोरहूल्म आने का न्यौता दिया, और चार दिन बाद पुनः सोच कर उन्होंने लिखा कि टूरे तभी आयें जब वे आना चाहें, उनके बच्चों अन्ना मरीयऔर लाइफ़ की ख़ातिर भी। (लाइफ़। अब तो लाइफ़ बहुत बड़े हो चुके हैं और बड़े प्रेम से अपने दादा के बारे में उन लोगों को बतलाते हैं जो उनके बारे कुछ जानना चाहते हैं। जैसे दीवार पर कील से टंगी पेंसिल के बारे में जिससे *घास ढँकी पगडण्डियाँ* लिखी गयी थी। वे नाराज़ थे कि *हाम्सुन* केन्द्र में कहीं ऐसा प्रस्तुत किया गया है कि नात्सी कमिसार तेरबूवेन और हाम्सुन में गहरी छनती थी।)

जब टूरे अपने परिवार के साथ नोरहूल्म आये तो अपनी माँ को साथ नहीं ला पाये क्योंकि हाम्सुन मरीय से अभी तक नाराज़ थे। वे आस्केर में टूरे के घर में अकेली थीं।

17 अप्रैल 1950। मरीय से वे चालीस बरस पहले आज ही के दिन मिले थे। वसन्त पूरे जोबन पर था।

सोमवार की रात थी। हाम्सुन ने छोटे पुत्र आरिल्ड की पत्नी ब्रिट का दरवाज़ा खटखटाया। जब ब्रिट ने दरवाज़ा खोला हाम्सुन बोले, आप "बेहतर होगा आप लोग माँ को घर ले आयें।" देर रात तार नहीं भेजा जा सकता था।

दो दिन बाद मरीय जहाज़ पर सवार थीं। आरिल्ड और ब्रिट अपने बड़े बेटे एस्बेन के साथ उन्हें आरेण्डाल की बन्दरगाह पर लेने पहुँचे।

वे दोनों कमरे सटे हुए थे—मरीय का और क्नुत का। बीच का दरवाज़ा खुला हुआ था। किसी फ़िल्म का दृश्य रहा हो सकता होगा यह कि मरीय अपने कमरे में से गुज़रते हुए पीठ मोड़े हाम्सुन के पास से घूमती हुई सामने पड़ती हैं और वे पाँच साल की चुप्पी के बाद मरीय से पहली बार मुख़ातिब होते हैं, "बहुत समय बीत गया तुम्हें गये हुए, मरीय। तुम्हारी दूरी के इन दिनों में सिवा ख़ुदा के मेरे पास बात करने वाला कोई नहीं था।"

यह मिलन मरीय के लिए कैसा रहा होगा इसका कुछ अनुमान उस संस्मरण से लगाया जा सकता है जो मरीय उन दिनों लिख रही थीं। युद्ध के बाद किसी ने मरीय को क्षमा कर पुनः स्वीकारने की ज़रूरत नहीं समझी, बल्कि कभी-कभी मरीय की कीमत पर ही क्नुत हाम्सुन के प्रशंसक और प्रेमी उन्हें स्वीकृति दिलाने और परिवार की मदद करने सक्रिय हुए थे। लेकिन सिग्रिड स्ट्रे ने न्याय विभाग से अपील की थी कि हर्जाने की वजह से परिवार एकदम कंगाल हो चुका है, और इसलिए कुछ राशि हाम्सुन को लौटा दी जाये। यह अपील तो ठुकरा दी गयी लेकिन मरीय का हर्जाना 20,000 क्रोनर कम कर दिया गया। यीलन्दाल (प्रकाशक) ने भविष्य में हाम्सुन को मिलने वाली रायल्टी के एवज़ में एक बड़ी रकम देकर नोरहूल्म के फ़ार्म को नीलाम होने से बचा लिया था।

1951 के शुरू में भारी बर्फ़बारी से नोरहूल्म के बाहरी घर की छत ढह गिरी। क्नुत और मरीय ने एक बार फिर सिग्रिड स्ट्रे से परिवार की माली हालत का हल ढूँढने का अनुरोध किया। लेकिन लगभग उसी समय हाम्सुन के वकील ने एक अच्छी ख़बर लाकर दी। उन्हें यीलन्दाल प्रकाशक से ख़त मिला था (हाराल्ड ग्राइग का लिखा) कि हाम्सुन की सम्पूर्ण रचनावली को उनके कैटॉलॉग में अहम जगह दी गयी है। जब सिग्रिड स्ट्रे ने नोरहूल्म आकर यह बताया कि यीलन्दाल का यह कैटॉलॉग देश की प्रत्येक बुकशॉप को भेजा गया है, हाम्सुन यह सुनकर रो पड़े।

उसी अप्रैल मरीय ने अपने उस संस्मरण पर फिर काम करना शुरू किया जोकि *इन्द्रधनुष* नाम से प्रकाशित होने वाला था : "हलका-सा मुड़कर जिस बूढ़ी स्त्री को मैं आईने में देखती हूँ, वह मैं हूँ। और मेरे पास, बुरी तरह चरमराती बेंत की कुर्सी पर, पति बैठे हैं मेरे, भाग्य और वर्षों के बीतने से झुके हुए।" मरीय लिखती हैं कि

बाहर वाले घर के खण्डहर को देख जब वे रो पड़ी थीं, क्नुत उन्हें सान्तवना दे रहे थे : "मत रोओ, मरीय, तुम्हारे आँसुओं लायक नहीं है यह सब। हम जल्द ही मर जाते हैं, जीवन इतना छोटा है। और तब भी अक़्सर कितना लम्बा प्रतीत होता है...जीवन इतना छोटा है, मज़ाक है यह।"

जर्मन और नॉर्वीजी अख़बारों में उन्हीं दिनों मरीय ने एक लेख भेजा, इस तथ्य को उजागर करते हुए कि कैसे वे और उनका पति मुफ़लिसी में जी रहे थे। यीलन्दाल के हाराल्ड ग्राइग से उन्होंने टूरे के माध्यम से पुछवाया कि क्या उनके सत्तरवें जन्म दिन के अवसर पर उनकी किताबों का पुनमुर्दन किया जा सकता है। ग्राइग ने टूरे से मुआफ़ी माँगते हुए लिखा कि यह मरीय को दोबारा छापने का सही वक़्त नहीं है और इससे उन्हें ख़ुद को ही क्षति पहुँचने वाली है क्योंकि बहुत से लोग ऐसा सोच रहे हैं कि मरीय ने ही हाम्सुन को खींच कर युद्ध के समय सक्रिय होने को बाध्य किया था।

मरीय ने उत्तर दिया कि वे जानती हैं क्नुत हाम्सुन को बचाने की ख़ातिर उन्हें बलि का बकरा बनाया जा रहा है—हाम्सुन बेश्कीमती पूँजी हैं बहुत से लोगों के लिए। ग्राइग्ग को उन्होंने याद दिलाया कि वे हाम्सुन को ख़ुद बख़ूबी जानते हैं, और यह भी जानते हैं कि उन दोनों में से युद्ध के समय कौन ज़्यादा सक्रिय था —"वे ऐसे आदमी थे जो कभी अपने विचारों को किसी दूसरे से निर्देशित नहीं होने देते थे।"

हाम्सुन की कृतियों की बहाली की ख़बरें चहों ओर से आ रही थीं, लेकिन अब वे धीरे-धीरे मुरझा रहे थे। मरीय रोज़मर्रा की सामान्य बातें उनके कान में चिल्लाकर उनसे करती थीं, क्योंकि वे एकदम बहरे हो चुके थे...

अब लेखक मरीय थीं, आख़िरकार।

वे अपनी बेटी सिसिलिया को लिख रही थीं—"हाम्सुन पूरी दुनिया में पढ़े और मञ्चित किये जाते हैं, उन्हें जीवित लेखकों में सबसे महान माना जाता है, लेकिन हम लोगों के पास उनके जनाज़े के लिए पैसा नहीं है। और अपनी मृत्यु-शय्या पर उन्होंने चिथड़े पहन रखे हैं।"

इस ख़त को लिखे उन्हें कुछ ही घण्टे हुए होंगे कि क्नुत की शय्या के पास बैठीं मरीय ने उनका अन्तिम वाक्य सुना, "मरीय, अब मैं मरता हूँ।"

(इस निबन्ध का दूसरा भाग मॉनिका ज़ागार की पुस्तक *क्नुत हाम्सुनः साहित्यिक मेधा का कृष्ण पक्ष* और इंगार स्लेट्टेन कूलुएन की लिखी जीवनी *क्नुत हाम्सुन : स्वप्नद्रष्टा और बहुमत विरोधी* पर कुछ हद तक आधारित है।)

3.

7 जुलाई, 2008

"आपके द्वारा अनूदित नॉर्वीजी उपन्यास *पान* पढ़ा। किताबें तो मैंने बहुत पढ़ी हैं लेकिन *पान* जैसी फ़िक्शननिगारी आज तक देखने नहीं मिली। क़िरदार भी मैंने एक-से-एक देखे थे लेकिन *पान* के इस चिड़ीमार ने तो मुझे बिलकुल अवाक् कर दिया। उपन्यास पढ़े दो-ढाई महीने बीत गये हैं लेकिन मेरे नथुनों में अब भी भूने हुए माँस और बारूद की गन्ध बैठी है। इस बीहड़, पाश्विक जीवन-शक्ति से भरपूर और उतने ही आत्मघाती चरित्र का निर्माण सिर्फ़ शब्दों से ही नहीं हुआ होगा; इसमें कुछ ऐसे गूढ़ तत्त्वों का समावेश है, जिसे शब्दों में व्याख्यायित भी नहीं किया जा सकता।

इस किताब को पहली बार पढ़ते समय क्या आपको ठीक वैसी ही अनुभूति नहीं हुई थी जैसी किसी जीव विज्ञानी को तब होती है जब अचानक उसे कोई दुर्लभ प्रजाति का जीव दिखायी देता है?

मैं इस अनुवाद के लिए आपका बहुत आभारी हूँ। यह आसानी से अनूदित हो जाने लायक गद्य नहीं था।..."

14 अक्तूबर, 2008

"इस बीच मैंने *भूख* भी पढ़ ली...किताब पढ़ने के बाद मेरे दिमाग़ में बहुत देर तक न जाने क्या-क्या चकराता रहा। मैं कहीं से भी ऐसा कुछ पकड़ नहीं पा रहा था कि सम्भल सकूँ, स्थिर हो सकूँ या कुछ सोच सकूँ। मेरे पास उस सूक्ष्म दृष्टि और गहनतर बोध का अभाव है जिसके बग़ैर इस कृति को हाथ लगाना गुनाह है।

मगर जैसा कि आप जानती हैं, कई बार अच्छी-अच्छी चीज़ें ऐसे ऐरों-ग़ैरों के हाथ पड़ जाती हैं और वे उस चीज़ का मतलब समझे बग़ैर उसका इस्तेमाल भी कर

लेते हैं और कई बार लेने के देने भी पड़ जाते हैं।

मैंने *भूख* को भरपेट भकोस लिया लेकिन उसके बहुत देर बाद मुझे समझ में आया कि इस भयानक भूख ने मेरे अन्दर की दबी हुई वर्षों पुरानी प्यास को फिर से भड़का दिया है...''

—मनोज रूपड़ा के ख़तों से

❑❑